Jodi Stuber / Jennifer Marshall Bleakley

Solomon – Ein vereinsamtes Pferd findet ein neues Zuhause und berührt Herzen

Über die Autorinnen

Jodi Stuber ist Mitgründerin und Leiterin von HopeWell, einer gemeinnützigen Therapie-Ranch. Dort werden kostenlose Dienste für Einzelpersonen, Kinder und Familien angeboten. Zu den HopeWell-Programmen gehören Unbridled Potential (Ungezügeltes Potential), das Kindern mit besonderen Bedürfnissen die Möglichkeit bietet, mit Pferden zu arbeiten, und das Solomon-Projekt für Veteranen mit posttraumatischer Belastungsstörung. Jodi lebt mit ihrer Familie in Weidman, Michigan.

Jennifer Marshall Bleakley ist Autorin der Bücher Joey – wie ein blindes Pferd uns Wunder sehen ließ und Hoffnung kommt auf leisen Pfoten, die beide in deutscher Sprache bei Gerth Medien erschienen sind. Sie hat einen Masterabschluss in Psychologischer Beratung und als Trauerberaterin für Kinder und Familien gearbeitet. Jennifer lebt mit ihrer Familie und jeder Menge Tiere in Raleigh, North Carolina.

Jodi Stuber & Jennifer Marshall Bleakley

SOLOMON

Ein vereinsamtes Pferd
findet ein neues Zuhause
und berührt Herzen

Eine wahre
Geschichte

Aus dem Amerikanischen von Laura Kutter

GerthMedien

Für meine Liebsten: Ty, Jessica, Richard und Hope
Jodi Stuber

Für Darrell, Andrew und Ella
Jennifer Marshall Bleakley

Bevor du anfängst zu lesen

Alle Begebenheiten in diesem Roman sind dem wahren Leben entnommen. Um jedoch die Privatsphäre der Kinder und Veteranen der US-Armee zu schützen, die zur HopeWell-Familie gehören, wurden die Namen mancher Personen sowie einige Details über ihr Leben geändert. Manche Charaktere sind aus mehreren tatsächlich existierenden Personen zusammengesetzt. Manche Ereignisse und deren chronologische Abfolge wurden komprimiert, sodass sie eine besser zusammenhängende Geschichte bilden.

Während ich diesen Text schreibe, leben einige der im Buch erwähnten Tiere noch immer auf der HopeWell-Farm, wo sie weiterhin eine aktive Rolle in der Mission von HopeWell spielen, nämlich eine Umgebung zu schaffen, in der sowohl Kinder als auch Erwachsene – einschließlich der Veteranen, der aktiven Mitglieder des US-Militärs und deren Familien – Liebe, Hoffnung und Erlösung erfahren dürfen und die Kraft erleben, die darin liegt, selbst mitten im Leid eine Bestimmung zu finden.

Jennifer Marshall Bleakley

Prolog

Jodis Unterarme schmerzten, während sie den Erdlochbohrer in die Erde drückte. Das Erdreich machte stückchenweise Platz, als sie die Metallklingen immer wieder im harten Boden drehte. Schließlich befand sie das Loch für tief genug und wuchtete einen hölzernen Zaunpfahl hinein. *Waren das jetzt sechs oder sieben?* Sie wusste es schon gar nicht mehr. Mithilfe ihres Fußes schaufelte sie den Haufen Dreck wieder in das Loch zurück.

Leeren.

Füllen.

Leeren.

Füllen.

Wenn man den menschlichen Geist doch nur genauso leicht wieder auffüllen könnte wie diese Erdlöcher.

Sie trampelte das Erdreich rund um den Zaunpfahl wieder fest, bis es einen stabilen Eindruck machte. Zufrieden mit ihrem Werk maß sie weitere drei Meter ab und begann mit dem Prozedere wieder von vorn. Ihre Hände begannen zu krampfen. Aber sie würde nicht aufhören. Sie konnte nicht. Der physische Schmerz in ihren Armen bot ihr eine willkommene, wenn auch nur vorübergehende Ausflucht aus dem stechenden Schmerz, der in ihrem Herzen brannte.

Jodi stieß den schweren Bohrer erneut in den Boden. Kleine Steinchen und Grasbüschel stoben auf. Sie wischte sich ein paar ihrer blonden Haarsträhnen aus dem Gesicht und hinterließ dabei eine Dreckschliere. Also unterbrach sie kurz ihre Arbeit, zog die Handschuhe aus und zwang ihre widerspenstigen Haarsträhnen zurück in den Pferdeschwanz. Sie warf einen Blick auf die Reihe aus Zaunpfählen, die das ansonsten unberührte Grundstück unterbrachen.

War es wirklich erst drei Jahre her, dass sie dieses Land gekauft hatten?

Es fühlte sich an wie ein ganzes Leben.

Einst hatte hier eine Farm floriert, doch nun war das Land lange nicht genutzt worden und daher von allerlei Grünzeug überwuchert. In der leichten Brise wiegten sich lange Grashalme. Zurückgelassene Maschinen waren von Weinranken überwuchert. Große Holzblöcke lagen überall auf dem Ackerland verstreut und verrotteten, wobei sie einer Vielzahl an Insekten Zuflucht und Nahrung boten.

Jodi machte sich wieder an die Arbeit. Sie rammte den Erdlochbohrer in das begonnene Loch und traf einen Stein. Der Schmerz schoss ihr durch den ganzen Arm und ließ sie innehalten.

Was tue ich hier eigentlich? Es ist Wochenende und noch dazu Memorial Day! Ich sollte jetzt mit Ty und den Kindern grillen.

Mitten in der Nacht hatte die Sache mit dem Zaun nach einer hervorragenden Idee geklungen. Eigentlich sogar weniger nach einer Idee als mehr nach einem Befehl von ganz oben. Vielleicht sogar einer Bestimmung?

Die Mittagssonne kam ihr noch heißer vor als sonst und allmählich begann sie sich zu fragen, ob sie diesen Eindruck von letzter Nacht wirklich richtig im Gedächtnis hatte – und ob mit ihrer geistigen Gesundheit alles in Ordnung war.

Vielleicht verliere ich wirklich den Verstand. Man sagt ja, dass Trauer das verursachen kann.

Schließlich überwand Jodi ihre Zweifel und arbeitete weiter. Sie grub Löcher, „pflanzte" Zaunpfähle und trampelte das Erdreich drumherum fest.

Und das, obwohl sie doch überhaupt keinen Zaun brauchten.

Sie hatten keine Pferde. Kein Vieh. Ja, nicht einmal einen Garten.

Aber irgendetwas trieb sie an. Eine Sehnsucht, wie sie sie noch nie zuvor gespürt hatte, ließ ihre Arme weiter graben, selbst als die Muskeln zu protestieren begannen. Ein Versprechen – tief in der Nacht in ihre schmerzende Seele geflüstert – hielt ihre gesamte Aufmerksamkeit auf diese eine Sache gerichtet: *Bau einen Zaun!*

Diese Sehnsucht – diese Bestimmung – war größer als ihre Trauer.

Größer als ein normaler Traum.

Als die Sonne begann, über den Baumwipfeln unterzugehen, lehnte Jodi sich schließlich an den Erdbohrer und sah sich an, was sie geschafft hatte.

Hölzerne Zaunpfähle standen in Reih und Glied – Wächter auf einer überwucherten Weide.

Jodi wölbte ihren Rücken. Jeder Muskel im Leib tat ihr weh, doch die waren nicht der Grund für das plötzliche Beben in ihrem Herzen.

„Ich kann es sehen", flüsterte sie voll fassungsloser Freude. Tränen liefen ihr in feinen schlammigen Schlieren über die Wangen. „Ich kann es sehen ..."

1

Vier Jahre später

Jodi streckte sich, um im hinteren Teil ihres Vans nach dem Zettel zu suchen, auf dem sie sich die Wegbeschreibung notiert hatte. „Na also, da ist er ja!“ Sie fixierte den Zettel zwischen Finger und Lenkrad und versuchte, ihr Gekritzel zu entziffern. An dem Tag, an dem Ken angerufen hatte, war sie so abgelenkt gewesen, dass sie nur rasch die grundlegendsten Informationen auf den Zettel geschmiert hatte, um sich dann wieder ihrer vierseitigen To-do-Liste anzunehmen. Nun wünschte sie sich, sie hätte sich die Zeit genommen, leserlich zu schreiben.

Die Nachmittagssonne schien ihr in die Augen und machte es schwer, die Straßenschilder zu lesen. An einem fuhr sie vorbei und bremste dann vor dem nächsten Wegweiser ab.

„Ich glaube, das ist die richtige Straße“, murmelte sie und bog vom zweispurigen Highway in einen Feldweg ein. Dann warf sie einen weiteren Blick auf die letzten Zeilen ihrer hingekritzelten Wegbeschreibung: letztes Haus. Nach offenem Feld. Sackgasse.

Das Sackgassen-Schild ein paar Meter weiter stimmte sie zuversichtlich, und so fuhr sie weiter den schmalen Weg hinunter. Gestrüpp und nah am Weg stehende Bäume machten diesen sogar noch schmaler, sodass ihr Auto gerade noch so hindurchpasste.

Sie sah sich um und erhaschte einen Blick auf ein weißes Farmhaus, das fast vollständig in einen Vorhang aus immergrünen Pflanzen eingehüllt war. Ein Windstoß wirbelte ein paar Blätter vor ihr auf und ließ sie auf und ab tanzen wie kleine Drachen ohne Leine. Die roten, orangefarbenen und gelben Blätter flatterten und stoben im Wind umher. Im Norden bauschten sich Wolken auf.

Bin ich froh, dass ich mir meinen Mantel geschnappt habe, bevor ich losgefahren bin. Da sie ihr ganzes Leben in Michigan verbracht hatte, wusste sie, dass die ungewöhnlich warmen Temperaturen, die jetzt, Mitte Oktober, noch herrschten, nicht mehr lang anhalten würden. Der Wind und die heranziehenden Wolken deuteten auf kälteres Wetter hin.

Jodi gelangte an eine Wiese, auf der sich mindestens ein Dutzend riesiger Heuballen befand. Das musste das besagte Feld sein. Sie hielt den Wagen kurz an.

„Das ist aber viel Heu", wunderte sie sich laut, und Dankbarkeit machte sich in ihrem Herzen breit. „Das dürfte eine Weile reichen."

Mit acht Pferden, einem Esel und vier Ziegen, die zweimal am Tag gefüttert werden wollten, brauchte sie dauernd Heu – und Geld, um es kaufen zu können. Plötzlich fiel ihr siedend heiß etwas ein: *Wie sollen wir all das nur bis auf unsere Farm kriegen?*

„Das soll Ty herausfinden", kicherte sie in sich hinein, dankbar dafür, einen Ehemann zu haben, der sich gerne Herausforderungen stellte und nicht vor harter Arbeit zurückschreckte.

Jodi ging sachte von der Bremse, als sie die Einfahrt sah, die am Fuße eines kleinen Abhangs lag. Sie folgte der Zufahrt bis zu einem hellbraunen Haus im Stil einer klassischen amerikanischen Ranch, das von Hügeln und Feldern umgeben war.

Als sie ihren Wagen hinter einem großen Pick-up abstellte, atmete sie tief ein, hielt den Atem ein paar Sekunden an und atmete dann wieder langsam aus.

Es war an der Zeit herauszufinden, was wegen der Heuspende auf sie zukam. Was, wenn die Sache nicht funktioniert? Was, wenn ich ihren Bedingungen nicht zustimmen kann? Was, wenn es schlecht endet?

„Was-wenn-Fragen" plagten Jodi schon ihr ganzes Leben. Das war eine Grundeinstellung, die zu ändern sie schon einige Mühe gekostet hatte.

„Und was, wenn alles wunderbar läuft, Jodi Stuber?", fragte sie sich selbst laut. Sie weigerte sich, der Angst die Oberhand zu überlassen. „Hör auf, dich von deinen Bedenken leiten zu lassen."

Ihre aufmunternden Worte wirkten – zumindest vorübergehend –, und ihre Angst wich einer hoffnungsvollen Erwartungshaltung. Es war dieselbe zuversichtliche Erwartung, die sie auch beim Cowboy-Ball vor einer Woche verspürt hatte. Dabei handelte es sich um eine jährlich im Herbst stattfindende Benefizveranstaltung zugunsten ihrer Therapiefarm, HopeWell. Sie und Ty hatten die Ranch vor drei Jahren gegründet, ein Jahr nachdem Jodi die Zäune aufgestellt hatte. Diese vier Jahre waren wie im Flug vergangen, und Jodi wusste, dass nicht nur ihre Klienten von der Therapie profitiert hatten, sondern auch sie selbst. Doch die Farm am Laufen zu halten, bedurfte erheblicher finanzieller Zuwendungen, und diese aufzutreiben war das, was Jodi am wenigsten an ihrer Arbeit mochte. Doch es musste sein; nur so konnten sie ihren kleinen Zoo – Pferde, Esel, Ziegen, Hühner, Enten, Hasen und Hunde – versorgen.

Der Cowboy-Ball machte jedes Jahr viel Spaß, doch er kostete Jodi und ihr kleines Freiwilligen-Team monatelanges Planen, wochenlange Treffen, um die Sachspenden für die Auktion zu verpacken, sowie tagelanges Dekorieren des Veranstaltungsorts. Und auch dieses Jahr war es so gelaufen. Als der Ball dann endlich stattfand, war Jodi körperlich und geistig völlig ausgelaugt. An jenem Tag war Jodi keine zwei Stunden vor Beginn des Balls von der Ranch nach Hause gerannt, um zu duschen und sich umzuziehen. Dann wollte sie sich zehn Minuten Stille für sich allein gönnen, bevor sie sich zum Bankettsaal begab. In ihrer kurzen Ruhepause klingelte nach nur zwei Minuten ihr Telefon. Sie erkannte die Nummer nicht und hatte auch nicht die Energie, den Anruf entgegenzunehmen, also ließ sie den Anrufer auf die Voicemailbox sprechen. „Noch acht Minuten“, sagte sie zu sich selbst, atmete aus und ließ sich auf den nächsten Stuhl sinken.

Von dieser Benefizveranstaltung hing so viel ab. Sie würde über ihr Budget im kommenden Jahr entscheiden. „Bitte, Herr, lass uns das Budgetziel erreichen“, betete sie. Ihr Handy vermeldete eine Nachricht auf der Mailbox. *Was, wenn das der Caterer ist? Oder jemand, der einen Notfall hat? Was, wenn wir einen Wasserrohrbruch oder ein Gasleck im Haus haben? Oh Mann, wieso bin ich nur nicht rangegangen!* klagte sie innerlich und spielte schließlich rasch die Nachricht ab.

„Hi, Jodi, mein Name ist Ken Bringham. Wir haben einen gemeinsamen Freund, der meiner Frau Sue und mir von der guten Arbeit berichtet hat, die Sie alle tun.“

Gut, mit dem Event ist alles in Ordnung. Jodi atmete nun langsamer und hörte sich den Rest von Kens Nachricht an.

„Wir haben gerade im Radio von der Benefizveranstaltung

gehört, die Sie durchführen, und da haben Sue und ich uns entschieden, Sie anzurufen, um Ihnen eine Spende zukommen zu lassen, und zwar eine ziemlich große. Wir würden das sehr gerne näher mit Ihnen besprechen, wenn Sie mich zurückrufen könnten."

In Jodis Kopf drehte sich alles von der emotionalen Achterbahn, in der sie gerade gefahren war. Eine große Spende!

„Wow, Gott, du wirkst aber wirklich schnell!" Sie lachte und drückte die Rückruftaste.

Je nachdem, wie viel Ken ihnen geben wollte, könnten sie ihr finanzielles Ziel für dieses Jahr erreichen – und das noch bevor die Spendenveranstaltung begann! Vielleicht würden sie ihr Ziel sogar weit übertreffen. Bei diesem Gedanken bekam Jodi rote Wangen.

Natürlich wollten die Leute manchmal Zubehör für die Farm oder Baumaterial spenden, was man sicherlich als große Spende bezeichnen konnte – zumindest, was die Abmessungen anging. War es vielleicht das, was er meinte? Jodi bemühte sich, ihre Stimme fest und freundlich klingen zu lassen, als Ken ans Telefon ging.

„Na, das war aber ein schneller Rückruf", sagte er lachend.

Jodi wünschte sich plötzlich, sie wäre etwas cooler an die Sache rangegangen und hätte ihn erst am nächsten Tag zurückgerufen, doch nun war es dafür ohnehin zu spät. Da konnte sie auch gleich ehrlich zu ihrem Eifer stehen.

„Sie wissen auf jeden Fall, wie Sie jemanden zu einem Rückruf animieren", scherzte sie. „Ich bin gerade auf dem Weg zu unserem Cowboy-Ball, der Spendenveranstaltung, aber ich wollte mich bei Ihnen melden, bevor der Abend vorbei ist. Ken, ich danke Ihnen sehr, dass Sie darüber nachdenken, an HopeWell zu spenden!"

„Oh, von der Spende können Sie aber mit Sicherheit ausgehen!“, sagte Ken. „Wir haben davon gehört, wie sehr Sie und Ihre Pferde vielen aus unserer Gemeinschaft helfen, und wir haben den Eindruck ...“, er zögerte kurz, bevor er weitersprach, „nun, wir haben Eindruck, dass wir etwas haben, das eigentlich Ihnen gehören sollte.“

Jodi war neugierig, aber auch etwas enttäuscht. Sie hatte das unbestimmte Gefühl, dass Ken nicht von Geld sprach. Ihr Traum, noch vor dem Beginn der Veranstaltung finanziell völlig ausgesorgt zu haben, begann sich in Wohlgefallen aufzulösen. Doch sie schüttelte das Gefühl rasch ab und erinnerte sich daran, dass jeder, der für ihre Farm spenden wollte, ihre Dankbarkeit, ihren Respekt und ihre Aufmerksamkeit verdiente.

„Nun, jetzt bin ich aber neugierig“, sagte sie und stand auf, um ihren Rücken zu dehnen.

„Wir haben eine Menge Heu, das wir Ihnen gern geben würden. Ein Dutzend großer Ballen, um genau zu sein. Und als extra Bonus – oder vielleicht sollte ich eher sagen, als Bedingung –“, stellte er richtig und kicherte kurz, „gibt es zum Heu noch ein Pferd dazu. Einen sechsjährigen Wallach namens Harley.“

Jodi ließ sich wieder auf ihren Stuhl fallen. ‚Ein Pferd?‘, formte sie lautlos mit den Lippen.

„Harley ist ein guter Junge und hat unserer Familie nichts als Freude bereitet. Und er ist ein Naturtalent im Umgang mit Kindern. Aber wir können ihm einfach nicht mehr geben, was er braucht. Wir glauben, Sie könnten es. Und, nun ja, es würde uns freuen, wenn Sie ihn kennenlernen und unsere Geschichte hören. Und wenn Sie dann zu demselben Schluss kommen wie wir, würden wir ihn gern auf HopeWell sehen.“

Jodi ging zum Spülbecken und sah durch das Fenster den Pferden beim Grasen zu. Sie hatte nicht vorgehabt, die Herde noch einmal zu vergrößern. Acht Pferde schienen ihr eigentlich genug zu sein. Was das Finanzielle anging, waren acht Pferde eher schon zu viel des Guten. Doch irgendetwas an Kens Stimme brachte sie dazu, das Angebot in Betracht zu ziehen. Und mit Sicherheit hatte der Mann es verdient, dass jemand seine Geschichte hörte. Jodi hatte den Menschen nicht viel anzubieten, aber sie konnte ihnen zuhören, wenn sie über etwas reden wollten. Außerdem konnte HopeWell das Heu definitiv gut gebrauchen.

Jodi atmete tief ein, bevor sie antwortete.

„Ken, es wäre mir eine Ehre, vorbeizukommen und Harley kennenzulernen. Und wir wären wirklich dankbar für Ihr Heu. Würde es nächste Woche gehen?"

Nachdem sie sich auf einen Tag und eine Uhrzeit geeinigt hatten, kritzelte Jodi rasch die Adresse und die Wegbeschreibung auf irgendeine Werbesendung, die gerade auf dem Tresen lag. Nachdem sie aufgelegt hatte, riss sie das Stück Papier ab und legte es in ihren Tagesplaner. Es war nun Zeit, zur Spendenveranstaltung zu gehen.

Sie machte sich keine allzu großen Sorgen. Aus Erfahrung wusste sie bereits, dass ihr Adrenalinspiegel ansteigen würde, sobald der erste Gast ankam. Und so war es auch. Das Abendessen war köstlich, ihre Ansprache kam gut an und die Auktion war ebenso unterhaltsam wie profitabel. Sie hatten zwar sicherlich nicht deutlich mehr eingenommen, als sie brauchen würden, aber es würde im kommenden Jahr für den tagtäglichen Bedarf auf HopeWell reichen.

Nun, da Jodi auf dem Parkplatz vor Kens und Sues Haus in ihrem Auto saß, schüttelte sie all die Gedanken an die letzte Woche ab und zog den Schlüssel aus dem Zündschloss. Jetzt galt es, sich auf die unmittelbar bevorstehende Begegnung zu konzentrieren. Und dennoch konnte sie nicht umhin, darüber nachzudenken, ob sie auf der Benefizveranstaltung wohl genug eingenommen hatten, um noch ein weiteres Pferd durchzubringen. Das Heu, das sie auf der Herfahrt gesehen hatte, würde zwar eine Weile reichen, um die Herde zu ernähren, doch ein weiteres Pferd bedeutete auch weitere Rechnungen vom Tierarzt und vom Hufschmied. Außerdem würden sie Zeit investieren müssen, um das neue Pferd an die Kinder und Erwachsenen zu gewöhnen, mit denen es zusammenarbeitete.

Sie packte Sonnenbrille und Schmierzettel sicher in das Seitenfach ihrer Handtasche und holte ein paar Flyer über die Arbeit auf HopeWell aus dem Handschuhfach. Als sie aus dem Wagen stieg, erregte etwas auf ihrer rechten Seite ihre Aufmerksamkeit. Ein Reh – ein kleines Weibchen – stand völlig regungslos da, den Kopf erhoben, den Blick fest auf etwas gerichtet, das in weiter Ferne lag. Jodi war überrascht, mitten am Tag ein Reh so nah bei einem Haus stehen zu sehen.

„Was tust du denn hier draußen, Kleines?“, fragte sie und machte ein paar vorsichtige Schritte auf das Tier zu. „Geht es dir gut?“

In diesem Moment brach ein Zweig unter ihrem Schuh. Sie fuhr zusammen, doch das Reh bewegte sich nicht einen Zentimeter. Jodi blinzelte gegen die Nachmittagssonne ... und lachte laut los. „Du bist gar nicht echt, stimmt's?“, sagte sie kichernd und über sich selbst den Kopf schüttelnd. „Und ich mache mir hier Gedanken um ein Plastikreh!“

Sie ging die drei Stufen zur Haustür hinauf, doch noch ehe sie anklopfen konnte, wurde die Tür schon geöffnet.

„Sie müssen Jodi sein."

„Und Sie sind wohl Ken und Sue", erwiderte sie und nickte der Frau zu, die direkt hinter Ken stand.

„Schuldig im Sinne der Anklage", scherzten die beiden und luden sie ein hereinzukommen.

Ken und Sue schienen Mitte oder Ende vierzig zu sein – nicht viel älter als sie selbst und Ty. Sue führte sie ins Esszimmer, wo Tee und frisch gebackene Kekse bereitstanden. Sie begannen ein lockeres Gespräch über die erwartete Kältefront und ihr Bedauern über das Ende der milden Temperaturen. Erst als das Teekränzchen beendet war, wechselten sie das Thema und kamen auf Pferde zu sprechen.

Pferde waren eins von Jodis Lieblingsthemen, und das schon, seit sie mit fünf Jahren ihre Eltern um ein weißes Pony angebettelt hatte. Damals versprach sie hoch und heilig, das Tier in ihrem Zimmer zu halten und es mit Keksen und Hamburgern zu füttern. Fünfunddreißig Jahre später hatte sie nun ihr Pony und gleich mehrere andere Pferde obendrauf. Inzwischen hatte sie glücklicherweise gelernt, dass Pferde draußen im Freien viel besser zurechtkommen und mit Heu und Getreide auch besser gedeihen als mit Fastfood.

„Dann erzählen Sie mir mal ein wenig über Harley", sagte sie, da sie spürte, dass die beiden es kaum erwarten konnten, mit ihrer Geschichte loszulegen.

Kens und Sues Gesichter hellten sich auf. Es war offensichtlich, dass sie Harley sehr liebten. Dann fiel Jodi wieder ein, was Ken am Telefon gesagt hatte. „Sie können Harley etwas geben, was wir ihm nicht geben können." Was könnte er damit gemeint haben?

„Unser Junge ist einsam“, begann Sue und beantwortete damit Jodis ungestellte Frage. „Wir hatten jahrelang drei Pferde, unsere drei Musketiere. Sie waren die allerbesten Freunde. Obwohl Ken und ich aus gesundheitlichen Gründen nicht viel reiten konnten, haben uns die Pferde viel Freude bereitet. Es hat uns einfach gefallen, sie auf der Weide zu beobachten und für sie zu sorgen. Doch vor zwei Jahren ist unser ältester Wallach gestorben; und letztes Jahr haben wir auch unsere Stute verloren. Harley ist ganz allein zurückgeblieben und der arme Kerl ist furchtbar einsam.“

Einsam. Jodi spürte einen Kloß im Hals, als Sue das Wort aussprach. Eine ihr wohlbekannte Leere legte sich um sie wie ein alter Schal.

„Es tut mir leid um Ihren Verlust.“

Sue nickte. „Danke. Es war eine schwere Zeit für uns und Harley.“

„Vor ein paar Monaten kam ich einmal von der Arbeit nach Hause, und da sah ich Harley glücklich und zufrieden neben diesem Plastikreh stehen,“ erzählte Ken. „Er war aus seiner Koppel ausgebrochen. Ich nehme an, er dachte sich, ein Plastikfreund sei immer noch besser als gar keiner.“

Jodi wusste nicht, ob sie lachen oder weinen sollte. Das Bild eines großen Pferdes neben einem kleinen Plastikreh war ebenso lustig wie herzzerreißend.

„Nachdem Harley dann zum vierten Mal ausgebrochen war, wussten wir einfach, dass er etwas Besseres verdient hat.“ Ken nahm die Hand seiner Frau. „Aber wir können es uns einfach nicht leisten, uns mehr Pferde anzuschaffen.“

„Ich habe dann mit einer Freundin über unsere Situation gesprochen, und die erwähnte ihre Farm“, erklärte Sue. „Sie sagte mir, Sie würden Familien dabei helfen, mit schwerwiegenden Problemen zurechtzukommen, indem Sie sie mit Ihren Pferden arbeiten lassen. Wir denken, dass Harley gut auf Ihre Ranch passen würde. Und ich liebe diesen Namen einfach – HopeWell, Quelle der Hoffnung. Es fühlt sich einfach richtig an, wissen Sie?“

„Ich weiß genau, was Sie meinen“, sagte Jodi. Die Ranch war tatsächlich eine Quelle der Hoffnung für sie und so viele andere geworden. „Dürfte ich Harley denn kennenlernen?“

Ken lächelte, als er aufstand.

Die drei gingen hinters Haus, wo ein wunderschönes kastanienbraunes Quarterhorse mitten auf der Koppel stand.

„Komm her, Harley“, rief Ken.

Harleys Kopf schoss nach oben, seine Ohren richteten sich aufmerksam auf. Er lief direkt an den Zaun zu Ken und begrüßte ihn. Ken lehnte sein Gesicht an die Schnauze des Pferdes. Diese Szene wirkte so intim, dass Jodi einen Moment wegsah. Dann begann Harley, bei Sue nach Leckerbissen zu suchen. Seine struppigen Lippen wühlten sich erst um ihre Schultern, dann reckte er den Kopf weiter über den Zaun und begann, ihre Taschen abzusuchen.

„Okay, okay“, lachte Sue. „Ich ergebe mich.“ Sie holte ein Leckerli aus ihrer hinteren Tasche und bot es Harley an, der es begeistert annahm.

Jodi stand ein paar Meter vom Zaun entfernt, da sie beobachten wollte, wie Harley mit seinen Besitzern interagierte. Ty würde bald ankommen und Ryan, ihren Hufschmied und Pferdetrainer, und Aimee, eine Freiwillige, die Tiermedizin studierte, mitbringen. Jodi hatte die drei gebeten, ihr bei der Bewertung des Pferdes zu helfen. Etwas in ihr sagte ihr, dass Harley zur HopeWell-Herde dazustoßen würde, doch sie musste sich zunächst mit dem Team beratschlagen.

Ken räusperte sich.

„Ich hatte immer den Eindruck, dass Harley etwas Besonderes ist“, sagte er, während er geistesabwesend das Pferd streichelte. „Doch erst vor ein paar Monaten habe ich entdeckt, wie besonders er ist.“

„Was ist denn vorgefallen?“

„Unsere Tochter brachte ihre Kinder auf einen Besuch vorbei. Nach dem Mittagessen gingen die Kinder nach draußen, um Verstecken zu spielen. Colin, unser fünfjähriger Enkel, beschloss, dass er ein besonders gutes Versteck finden musste. Damit war er definitiv erfolgreich. Nach einer Weile bat uns sein Bruder, ihm bei der Suche nach Colin zu helfen. Sue schlug vor, ich sollte in der Scheune und in Harleys Unterstand suchen, aber ich konnte mir nicht vorstellen, dass er so weit gelaufen war. Er ist noch so ein kleiner Kerl, verstehen Sie?“

Jodi konnte sehen, dass Ken den Moment noch einmal durchlebte.

„Während der Rest der Familie überall im Garten suchte, ging ich zur Scheune. Die Tür war fest verschlossen, und es war ziemlich dunkel dort drin. Ich rief nach Colin, doch er antwortete nicht. Also ging ich zu Harleys Unterstand. Harley stand darin und ruhte sich aus. Als ich näher kam, bemerkte ich etwas – und ich blieb wie angewurzelt stehen. Colin saß völlig unbesorgt unter Harley!“

Jodi konnte sich nicht vorstellen, ein kleines Kind unter einem Fünfhundert-Kilo-Tier sitzend aufzufinden. Selbst ihre eigenen Kinder – obwohl schon im Teenageralter – hatten immer noch einen ziemlichen Respekt vor Pferden.

„Was haben Sie dann getan?“, fragte sie, und ihre Worte waren kaum lauter als ein Flüstern.

Ken kicherte. „Ich kämpfte erst einmal jeden Impuls nieder, das Kind anzuschreien. Dann ging ich entspannt auf Harley zu und fragte Colin, was er denn da tue.

‚Ich verstecke mich hier, Opa', sagte er. Ich erklärte ihm, dass Harley kein Versteck ist; dass er ein großes Pferd mit schweren Füßen ist und versehentlich auf ihn treten könnte."

„Und was hat Colin dann getan?", fragte Jodi.

„Er sah Harley an, dann mich, und dann sagte er: ‚Nein, das würde er nicht tun. Harley ist vorsichtig.'"

Jodi musste lachen.

„Nun, der gute alte Harley bewegte sich kein einziges Mal. Keinen Zentimeter. Nicht mal ein Muskelzucken. Er stand so still da, wie man es sich nur vorstellen kann. Es störte ihn nicht das kleinste bisschen, dass da ein kleiner Besucher unter seinem Bauch hockte." Ken kraulte Harley das Kinn.

„Und wie haben Sie Colin dann da unten herausbekommen?"

„Ich habe das einzig Vernünftige getan: meinen Enkelsohn mit Eiscreme bestochen. Hat auch wunderbar funktioniert."

„Bei mir hätte das auch wunderbar funktioniert."

Jodi sah sich an, wie gerade Harley stand und welchen Eindruck er insgesamt machte. Ein Hinterhuf war leicht eingeknickt, die Lippen entspannt, die Ohren zur Seite gedreht. Er war das Ebenbild eines zufriedenen, friedlichen Pferdes. Ein sanfter Riese.

Ken und Sue beschrieben noch andere Begebenheiten, die ihre Enkel mit Harley erlebt hatten. „Er hat jedes einzelne Mal geduldig und behutsam reagiert", sagte Ken.

„Sind Sie sich sicher, dass Sie Harley nicht für Ihre Enkel behalten möchten?", fragte Jodi.

„Nein, er sehnt sich einfach so sehr nach einer Herde“, erklärte Sue. „Und unsere Enkel kommen ohnehin nicht so oft dazu, uns zu besuchen. Wir würden Harley liebend gern behalten, aber wir wollen auch, dass er ein gutes Leben hat.“

Ken nickte zustimmend.

In der Ferne hörte Jodi Autotüren zuschlagen. Ihr Team war wohl gerade angekommen. Ken hob die Hand.

„Sue und ich können das Team holen und es herbringen. Warum lernen Sie Harley in der Zwischenzeit nicht etwas besser kennen?“

„Ich glaube, das ist eine ganz hervorragende Idee.“

Sue und Ken entfernten sich, und Jodi ging näher an Harley heran. Kurz vor dem Zaun blieb sie stehen. Harley drehte ein Ohr in ihre Richtung und rupfte unterdessen an einem Büschel Gras. Jodi ließ ihre Hände locker an der Seite und behielt eine entspannte Körperhaltung bei. Sie wollte Harley klarmachen, dass sie keine Gefahr darstellte.

„Hallo, Harley“, sagte sie leise. „Ich bin Jodi.“

Harley hob den Kopf und richtete seine dunklen Augen auf Jodi.

„Ich freue mich wirklich sehr, dich kennenzulernen“, flüsterte sie.

Harley ging drei Schritte auf sie zu und bewegte seine Lippen, als würde er einen unsichtbaren Riesenkaugummi kauen. Er und Jodi beobachteten sich über den Zaun hinweg. Jodi hätte so gerne die Hand ausgestreckt und ihn an der feinen weißen Linie an seiner Schnauze gestreichelt. Doch sie wollte nichts überstürzen, das Pferd nicht überfordern. Harley sollte den ersten Schritt tun.

„Ich habe gehört, du bist hier draußen etwas einsam. Dein kleiner Rehfreund ist wohl keine so tolle Gesellschaft, was?“

Jodi sprach mit freundlicher und leiser Stimme. Harleys Ohren schnellten in ihre Richtung. „Es ist nicht einfach, einsam zu sein, oder, Harley? Es tut weh, jemanden zu vermissen, der eigentlich hier sein sollte."

Jodis Stimme wurde immer leiser. Sie schloss die Augen und atmete tief ein. Konzentrier dich, Jodi, befahl sie sich selbst. Bleib im Hier und Jetzt.

Harley riss sie mit einem lauten Schnauben aus ihren Gedanken.

Sein Gesicht war nur noch wenige Zentimeter von ihrem entfernt. Das grobe Haar an seinem Kinn kitzelte sie an der Wange. Sie drehte den Kopf und atmete ebenfalls aus – so begrüßten sich Pferde untereinander. Jodi hob die Hand und legte sie auf dem Nacken des Pferdes ab. Sie konnte ihr Spiegelbild in seinen Augen sehen. „Du wirst nicht mehr einsam sein, mein Süßer."

So standen die beiden beieinander, atmeten ein und aus.

„Na, es sieht wohl so aus, als wäre unsere Anwesenheit hier nicht relevant", hörte sie Ty sagen. „Ich kann dich aber auch keine Sekunde allein lassen, ohne dass dich irgendein heißer Hengst aufgabelt."

„Das ist ein Wallach", stellte Jodi richtig und versuchte dabei, Harley nicht zu stören.

„Du kannst es ruhig zugeben: Du hast einfach eine Schwäche für große, dunkle, attraktive Typen – sofern sie denn vier Beine und einen Schweif haben", sagte Ty lachend.

„Na dann, ihr Lieben", sagte sie, nun an ihre menschliche Herde gewandt, „ist es wohl Zeit, euch den neuesten Zuwachs für HopeWell vorzustellen. Ich meine natürlich, nur unter der Voraussetzung, dass ihr damit auch einverstanden seid", fügte sie verlegen hinzu.

„Lasst uns den Jungen mal ansehen", sagte Ryan und kletterte durch die Bretter des Zauns.

Jodi und Aimee verdrehten amüsiert die Augen, während sie den Weg durch das Tor auf die Koppel wählten. Ken brachte Harveys Zaumzeug und den Sattel aus der Scheune herbei. Das Pferd stand völlig ruhig da, während Ryan es sattelte und aufstieg. Harley hatte offensichtlich keinerlei Probleme damit, geritten zu werden. Ryan wies Harley an, rückwärts und vorwärts und dann im Schritt zu gehen. Der Wallach befolgte jede der Anweisungen. Während Ryan Harley eine Gangart nach der anderen gehen ließ, beobachtete Aimee, wie sich das Tier bewegte und welches Temperament es an den Tag legte. Dann stieg Ryan ab und entfernte den Sattel, damit Aimee Haut, Hufe und Zähne überprüfen konnte. Als sie fertig war, gab sie Jodi das Daumen-hoch-Zeichen.

„Scheint ein gesunder, gehorsamer Wallach zu sein", erklärte Aimee.

Ken und Sue strahlten wie stolze Eltern. Doch hinter ihrem Lächeln konnte Jodi auch Schmerz erkennen. Wahrscheinlich, so dachte sie, fühlte sich das so ähnlich an, wie wenn man erfuhr, dass das eigene Kind auf einem weit entfernten College angenommen wurde. Ein aufregendes neues Kapitel begann, doch es markierte auch das Ende eines anderen, sehr geliebten Kapitels. Jodi spürte eine Welle der Dankbarkeit und der Wertschätzung und nahm sich fest vor, die beiden über Harleys Leben auf HopeWell auf dem Laufenden zu halten.

Harley.

Das war ein wirklich guter Name, doch Jodi gab gern jedem einzelnen Pferd einen neuen Namen, wenn es sein neues Leben auf HopeWell beginnen sollte.

Während Aimee und Ryan das Sattelzeug wegbrachten und Ty mit Ken und Sue die Organisation des Pferdetransports besprach, standen Jodi und Harley einfach still da. Er senkte den Kopf, um ein paar Grashälmchen abzureißen, wobei ein kleiner Halm an seiner Unterlippe hängen blieb. Seine Augen wanderten zu ihren.

„Du hast sehr weise Augen", flüsterte sie.

Er ging zwei Schritte auf sie zu.

„Und die Tatsache, dass du einfach instinktiv wusstest, was zu tun war, als der kleine Colin sich unter deinem Bauch versteckte, sagt mir, dass du auch einen sehr weisen Verstand hast."

Nun stand das Pferd ganz nah bei ihr.

„Was hältst du von dem Namen Solomon? Er war der weiseste Mensch, der je gelebt hat. Und er war ein König. Majestätisch – so wie du."

Harley drückte seine Schnauze an Jodis Gesicht und atmete aus.

„Das nehme ich mal als ein Ja."

Jodi sah auf. Alle starrten sie und Harley hoffnungsvoll an. Plötzlich fühlte es sich an, als stünde unglaublich viel auf dem Spiel. Die Was-wenn-Fragen, die sie die letzten zwei Stunden so gut in Schach gehalten hatte, prasselten nun mit Wucht auf sie ein.

2

„Denkst du, es geht ihm gut da hinten?“, fragte Jodi, an Ty gewandt. Sie drehte sich auf ihrem Sitz so weit, wie der Sicherheitsgurt es zuließ. „Ich kann ihn durch dieses winzige Fenster vorn am Hänger gar nicht sehen.“

Sie hatten drei Wochen warten müssen, bis die Ergebnisse von Solomons Coggins-Bluttest endlich da waren – ein Test, der in Michigan Pflicht war, um sicherzustellen, dass das Tier nicht an infektiöser Anämie litt, einer hochansteckenden und potenziell tödlichen Erkrankung. Da das Testergebnis negativ war, musste Solomon nicht in Quarantäne, und Jodi konnte es kaum erwarten, ihn in sein neues Zuhause zu bringen.

Jodi rief Tania an – die freiwillige Koordinatorin und Mitarbeiterin für die Kinderprogramme auf HopeWell –, um sie wissen zu lassen, dass sie in fünfzehn Minuten da sein würden.

„Wir sind alle bereit“, sagte Tania. „Solomon erwartet ein richtiges Empfangskomitee.“

Jodi hatte immer Freude daran, ein neues Pferd auf die Ranch zu bringen. Seit sie und Ty HopeWell 2004 eröffnet hatten, hatten sie ein gutes Dutzend Neuankömmlinge feierlich willkommen geheißen, und sie war immer wieder genauso begeistert wie beim ersten Mal.

„Weißt du noch, als wir Promise auf die Farm geholt haben?“, fragte sie Ty, nachdem sie das Telefonat mit Tania beendet hatte.

„Wie könnte ich denn jemals unser erstes Pferd vergessen – wo es doch genau die Rasse war, die du als Kind immer wolltest?“, sagte er. „Eigentlich ist mir da zum ersten Mal aufgegangen, dass HopeWell mehr als nur eine Ranch sein würde. Und als wäre das nicht genug, erfuhren wir gleich am nächsten Tag von zwei weiteren Pferden, die dringend ein Zuhause brauchten – und das waren wieder zwei Rassen, die du dir als Kind immer gewünscht hattest.“

Es stimmte. Mit fünf hatte Jodi ihre Eltern immer bekniet, ihr ein weißes Pony zu kaufen, und mit zwölf wollte sie unbedingt einen Vollblüter, weil das die erste Rasse war, die sie je geritten hatte; als sie dann sechzehn war, war sie ganz verrückt nach fuchsfarbenen Quarterhorses mit weißen Fesseln – mit so einem hatte sie nämlich als Teenagerin in der Landjugend gearbeitet. Jedes dieser Pferde, die in ihrer Vergangenheit wichtig für Jodi gewesen waren, war wie ein Hinweis auf einen Gott gewesen, den sie damals noch gar nicht kennengelernt hatte. Jedes dieser Pferde hatte Wunden geheilt, die sie selbst gar nicht hätte benennen können, und jedes hatte Hoffnung in ihr Herz gesät. Als Kind hätte sie sich niemals träumen lassen, dass diese ganz besonderen Pferde ihr eines Tages helfen würden, eine Therapieranch zu eröffnen.

„Ich kann's immer noch nicht glauben, dass Gott uns zu genau diesen Pferden geführt hat.“

Als Ty mit dem Pick-up auf einen der Kieswege einbog, die nach HopeWell hinaufführten, warf Jodi einen Blick über die Schulter, um sicherzugehen, dass der Anhänger noch da war.

„Bisher hab' ich noch keinen verloren“, scherzte ihr Mann.

Wenige Minuten später konnten sie schon die unbefestigte

Einfahrt der Ranch sehen. Sobald Jodi den aus alten Hufeisen gebastelten Schriftzug „Willkommen in HopeWell" sah, entspannte sie sich.

Daheim

Während sie am Sandplatz und an den Roundpens vorbeifuhren, konnte Jodi nicht anders, als ein Dankgebet dafür zu flüstern, dass sie schon so weit gekommen waren. Ja, es lag noch ein langer Weg vor ihnen. Sie mussten unbedingt endlich den überdachten Sandplatz fertigstellen, den sie enorm reduziert von einem Mann aus der Gegend hatten kaufen können. Der herzensgute Veteran hieß Kurtis und unterstützte das Anliegen von HopeWell. Ein solcher Platz würde es ihnen ermöglichen, auch bei rauerem Wetter Therapiestunden abzuhalten, doch bis dahin hatten sie noch eine Menge Arbeit vor sich. Es wäre sicherlich auch nett, wenn Jodi sich irgendwann einmal selbst ein kleines Gehalt zahlen und vielleicht sogar ein paar Mitarbeiter anstellen könnte. Doch sie kamen zurecht. Und, was für Jodi ohnehin wichtiger war, Menschen erfuhren auf der Ranch Frieden und Heilung von tiefen Verletzungen.

Ja, mehr zu haben wäre sicher schön, doch sie war überaus dankbar für alles, was sie bereits hatten. Als Ty dann auf den Parkplatz vor dem Büro der Ranch einbog, sah sie sie: Über zwanzig Kinder standen vor der großen Weide und hielten Schilder hoch, mit denen sie Solomon in seinem neuen Zuhause willkommen hießen. Hinter ihnen standen einige Erwachsene, die genauso begeistert bei der Sache schienen. Und richtig abgerundet wurde der Empfang von der gesamten HopeWell-Pferdeherde, die sich hinter den Menschen aufgereiht hatten, als hätte man sie für ein Fotoshooting aufgestellt. Jodi musste sich zusammenreißen, um nicht zu weinen.

„Das tun sie jedes Mal, oder?", fragte Ty mit Blick auf die Pferde.

„Ja, das tun sie!", antwortete Jodi voller Begeisterung. „Ich glaube, sie sind genauso neugierig und aufgeregt wie wir – vielleicht sogar noch mehr – und wollen auch unbedingt wissen, wer in diesem Hänger ist."

Aus dem Nichts spürte Jodi plötzlich, wie sich eine Woge von Druck und Anspannung in ihr auftürmte. Sie musste daran denken, was die nächsten Tage mit sich bringen würden. Ein neues Pferd in eine bestehende Herde zu integrieren, war nicht ohne. Sosehr sie es auch liebte, ein neues Pferd auf die Farm zu bringen, den Prozess der Integration in die Herde mochte sie überhaupt nicht. In einer Pferdeherde dreht sich alles um Hierarchie; die Tiere machen einander immer wieder den Rang streitig und etablieren dann eine neue Rangfolge, und dauernd gibt es Gerangel um Positionen. Das bedeutet für das neue Pferd meistens, dass es erst mal ganz unten auf der Hierarchieleiter steht. Und die bestehende Herde setzt alles daran, es das auch wissen zu lassen: Es wird getreten und gemieden, gejagt und gekniffen, damit es nur ja merkt, was Sache ist. Natürlich beruhigt sich das alles meistens, sobald die Pferde sich ein wenig aneinander gewöhnt haben, doch diese ersten Tage können für alle Beteiligten sehr stressig werden – Pferde wie Menschen.

Als Ty das Gespann parkte und den Motor ausschaltete, entdeckte Jodi ihre sechzehnjährige Tochter Jessica und ihren fünfzehnjährigen Sohn Richard. Beide lehnten am Verandageländer des Modulhäuschens, das HopeWell als Büro diente. *Sie sind hier!* Jodis ganzes Gesicht hellte sich auf. Begeistert winkte sie den beiden. Jessica erwiderte die Geste mit einem kurzen Heben der Hand, während Richard nur mit einem knappen Nicken reagierte. Doch Jodi machte ihr mangelnder Enthusiasmus nichts aus. Sie freute sich einfach, dass die beiden Teenager sich überhaupt entschieden hatten, an diesem Empfang teilzunehmen.

Stubers stiegen aus dem Pick-up aus und fand sich sofort von einer Horde Kinder umgeben.

„Wie sieht er aus, Ms. Jodi?"

„Wie groß ist er?"

„Kann ich auf ihm reiten?"

Jodi lächelte die Kinder an und versuchte dabei, zu jedem einzeln Blickkontakt aufzunehmen, bevor sie sie als Gruppe ansprach.

„Danke an euch alle, dass ihr gekommen seid! Solomon ist ein hübscher Junge mit rötlich braunem Fell und einer feinen weißen Blesse. Er ist groß, aber nicht zu groß. Und ich bin mir sicher, dass er sich freuen wird, euch alle kennenzulernen, sobald er sich in seinem neuen Zuhause eingewöhnt hat. Aber zuerst müssen wir ihn ausladen und ihn erst mal ankommen lassen."

Die Kinder hüpften auf und ab. Alle bis auf ein kleines Mädchen, dass sich an den Saum von Jodis Mantel klammerte. Sie hieß Shontell.

„Was ist denn los, meine Liebe?", fragte Jodi und bückte sich, um dem Mädchen in die Augen sehen zu können.

„War Solomon traurig, weil er von seiner Familie wegmusste?"

Jodi legte der Kleinen eine Hand auf die Schulter. Sie wusste, dass Shontell schon mehr als die Hälfte ihres jungen

Lebens als Pflegekind verbracht hatte, daher überraschte Jodi diese Sorge um Solomon überhaupt nicht.

„Danke, dass du das fragst, Shontell. Es freut mich sehr, dass Solomon hier so eine verständnisvolle und liebe Freundin haben wird. Weißt du was? Ich bin mir sicher, dass Solomon seine Menschenfamilie vermissen wird. Sie haben ihn sehr liebgehabt. Aber er war auch sehr einsam dort. Alle seine Pferdefreunde waren gestorben, und er war fast immer allein. Ich denke, er wird eine Weile traurig sein, aber letztendlich wird er sich über die vielen neuen Freunde und die große neue Familie freuen, die sich um ihn kümmert und ihn liebhat. Was denkst du?"

Shontell schielte in den Hänger hinein und versuchte, einen Blick auf das Pferd darin zu erhaschen. „Ich glaube auch, dass er hier glücklich sein wird."

Herr, ich danke dir für dieses süße Mädchen. Bitte beschütze ihr wundervolles Herz, betete Jodi leise.

„Na, wollen wir den ganzen Tag um den Anhänger herumstehen oder wollen wir ein Pferd ausladen?", fragte Ty in die Menge.

„Das Pferd ausladen!"

Tania führte die Kinder zum Pavillon, von dem aus sie eine gute Sicht haben würden, aber nicht in Gefahr geraten konnten. Ein paar Erwachsene, die freiwillig auf der Ranch mithalfen, öffneten das Gatter zu der kleinen Koppel, auf der Solomon seine ersten Tage verbringen würde. Sie grenzte an die große Pferdeweide, auf der ein Großteil der Herde lebte. So konnten sich die Pferde zwar schon einmal begrüßen und sich aneinander gewöhnen, hatten dabei jedoch zunächst eine klare Grenze zwischen sich.

Jodi stieg durch die Seitentür an der Stirnseite des Anhängers ein. „Hey, Großer“, sagte sie mit leiser Stimme. „Wie geht’s dir?“

Solomon war gespannt wie eine Feder und beobachtete aufmerksam jede von Jodis Bewegungen.

„Na, bereit, deine neue Familie kennenzulernen?“, fragte sie, während sie den Führstrick vom Haken losknotete.

Solomon stampfte auf den Boden des Anhängers, als Ty die Rampe hinten entriegelte. Er ließ sich nicht lange bitten und begann sofort, rückwärts aus dem Hänger zu steigen, als hätte er seinen Lebtag noch nichts anderes getan. Ihn einzuladen hatte sie eine gute Dreiviertelstunde gekostet, doch das hier würde wohl nicht lange dauern. Während Jodi ihm mit dem Strick in der Hand die Rampe hinunterfolgte, hörte sie freudiges Kreischen und Stimmengewirr aus der Richtung des Pavillons.

„Da ist er ja!“

„Ich sehe ihn!“

„Geh weg! Ich will ihn auch sehen!“

Sobald Solomon mit allen vier Hufen den Boden berührt hatte, erstarrte er. Auf der Suche nach der Quelle all dieser neuen Geräusche bewegten sich seine Ohren hin und her wie Radarantennen.

„Es ist alles gut, mein Junge,“ versuchte Jodi ihn zu beruhigen. „Das sind nur deine Fans, die dich sehr lieben und sich freuen, dass du da bist.“

Nun gesellte sich das eine oder andere Wiehern zu den Kinderstimmen. Solomons Ohren schnellten in die Richtung des neuen Geräuschs.

Jodi neigte sich zu ihm. „Dein Empfangskomitee wird wohl von Minute zu Minute größer. Hab’ Geduld mit deiner neuen

Herde. Ich weiß, dass sie dich lieben werden, aber es könnte ein Weilchen dauern, bis ihnen das klar wird, okay?" Solomon schnaubte. Jodi machte es ihm nach.

„Du bist daheim", sagte sie und rieb ihm mit der Hand den Nacken.

Tania und eine andere freiwillige Helferin namens Amanda kamen auf Jodi zu.

„Können wir Hallo sagen?", fragte Tania.

Jodi winkte sie zu sich her. „Na klar!"

Während Jodi dem Pferd zwei ihrer treuesten und fähigsten Freiwilligen vorstellte, bemerkte sie, dass Ty auf der Veranda des Büros mit Richard und Jessica redete. Die beiden lachten über etwas, das ihr Vater sagte. Ty fiel es so viel leichter, den Umgang mit den Kindern locker und lustig zu halten. Jodi wünschte sich, sie könnte in diesem Bereich mehr so sein wie er, doch an den meisten Tagen fühlte sie sich alles andere als locker und lustig. Während Tania und Amanda wegen Solomon ganz aus dem Häuschen waren und sich über den Blaustich in seinem kastanienbraunen Fell unterhielten, sah Jodi, wie Richard unten gegen das Verandageländer trat und den Kopf schüttelte. Kurz darauf schüttelte auch Jessica entschuldigend den Kopf. Dann gingen die beiden Richtung Haus. Ty sah bedauernd zu Jodi. *Sieht so aus, als hätten sie wohl doch kein Interesse daran, noch länger dabei zu sein.*

Wie konnte es nur so weit kommen? fragte sie sich zum hundertsten Mal. Vor drei Jahren hatte Jodi die Vision gehabt, sie und ihre Familie würden gemeinsam Menschen dabei helfen, Heilung und Frieden zu finden. Diese Vision hielt sie am Laufen, wenn es hart wurde – als sie etwa bemerkte, wie viel Zeit und Geld der Betrieb so einer Pferderanch kostete; wie viel

Erfahrung sie *nicht* hatte; und wie sehr es sie emotional auslaugte, aus ihrer Komfortzone zu kommen und andere darum zu bitten, ihr Geld, ihre Zeit und ihre Begabungen einzubringen, um ihren Traum Wirklichkeit werden zu lassen. Wann immer sie jedoch darüber nachdachte aufzugeben, sah sie ihre Familie vor sich, wie sie zusammenarbeiteten, um anderen Menschen Hoffnung und Licht zu bringen, und hielt an ihrer Vision fest.

Zunächst blieben sie noch alle gemeinsam dran – sie arbeiteten als Team zusammen, stellten Zäune auf, beseitigten Gebüsch und bereiteten ihr damals ungenutztes Land als Pferdeweide auf. Die Arbeit war hart und ermüdend, doch für Jodi war sie heilsam. Eigentlich hatte sie gedacht, dass sie das auch für Ty und die Kinder wäre.

Als ihr erstes Pferd auf die Ranch kam, jubelte Jessica, und Richard half, den Schimmel auszuladen. Doch nachdem noch vier weitere Pferde hinzugekommen waren und HopeWell von einem spaßigen Familienprojekt zur zeitraubenden, lebensverändernden Realität geworden war, löste sich Jodis idyllischer Wunschtraum in Wohlgefallen auf. Je mehr Zeit sie in HopeWell investierte, desto weniger taten es ihre Kinder. Und wenn sie bei der Arbeit auf dem Hof helfen sollten, reagierten sie immer häufiger mit Seufzen oder Augenrollen. Nach sechs Monaten war von Richards und Jessicas Begeisterung für das neue Abenteuer nichts mehr übrig – sie sahen es nur noch als mühsame Pflicht.

Irgendwie konnte Jodi das ja auch verstehen. Immerhin hatte sie früher ihre gesamte Zeit damit zugebracht, für ihre Kinder da zu sein und sie zu Hause zu unterrichten, und nun war sie Therapie-Ranch-Managerin in Vollzeit, die es trotzdem noch irgendwie schaffte, ein Auge auf den Heimunterricht zu haben. Sicherlich fehlte ihren Kindern ihr altes Leben. *Aber konnten sie denn nicht sehen, wie viel Gutes sie in HopeWell bewirkten?*

Jodi fühlte einen Klumpen im Hals, als sie Jessica und Richard im Haus verschwinden sah. Es war ein sicherer Hafen für ihre Kinder geworden. Der eine Ort, an dem sie für sich sein konnten.

Jodi war klar, dass sie vielleicht klarere Grenzen zwischen ihrem Privatleben und der Arbeit auf HopeWell ziehen sollte. Doch bei all den Menschen, die ihre Zeit und Aufmerksamkeit nötig hatten und von denen so viele seelisch litten – wie könnte sie sie je wegschicken?

Jodi schüttelte ihre Sorgen ab; die würden morgen auch noch da sein. Heute musste Solomon auf seinen vorübergehenden Weideplatz gebracht werden.

Ty kam auf Jodi zu und nahm sie in den Arm. „Bist du bereit, dem Burschen sein Zimmer zu zeigen?"

„Na klar."

Jodi schnalzte und begann, Solomon in Richtung des kleinen Feldes zu führen, das dem Büro gegenüberlag. Sie lief langsam, damit er ein wenig Gras zupfen konnte. Als sie schließlich an ihrem Ziel angekommen waren, hielt Ty das Tor auf, während Jodi Solomon hindurchführte. Er spazierte erst selbstbewusst hinein, doch dann erstarrte er. Seine Nüstern weiteten sich, als er die Gerüche seiner neuen Umgebung einatmete – ganz besonders die seiner neugierigen Nachbarn jenseits des Maschendrahtzauns.

„Na, was sagst du?", fragte Jodi, während sie mit den Fingern durch seine Mähne fuhr.

Er schlug mit dem Schweif nach einer lästigen Fliege und stampfte mit einem Huf auf. Dann näherte er sich der Herde, die sich vor dem Zaun aufgereiht hatte, um ihn zu begrüßen. Jodi stellte ihm unterdessen alle vor.

„Unsere wunderschönen Stuten stehen dort am Ende der Schlange. Miracle ist die kastanienbraune. Sie ist die älteste Stute – und jedem eine gute Freundin, der durch unsere Tore kommt. Die zwei schwarz-weißen Schönheiten neben ihr sind Destiny und ihre Mutter Lady. Viele unserer Jungs sind ganz vernarrt in die beiden", setzte Jodi Solomon kichernd in Kenntnis.

Solomon hob und senkte seinen Kopf mehrmals rasch und riss dabei ein paar Büschel Gras ab. *Auch Pferde kennen Stressessen.* Nach ein paar Minuten hob er schließlich den Kopf und trat noch ein paar Schritte näher an den Zaun heran. Jodi folgte ihm, den Führstrick lose in der Hand haltend.

Dann fuhr sie mit der Vorstellungsrunde fort. „Das Pferd hier am anderen Ende ist Beau – er ist ein guter Junge, genau wie du. Er sieht dir sogar ein bisschen ähnlich, findest du nicht? Wir glauben, er stammt zum Teil von Tennessee Walking Horses ab. Und dann haben wir hier Justice. Er ist ein Mustang und kann einen ganz schön herausfordern. Aber ich wette, ihr werdet gut miteinander zurechtkommen. Als Nächstes haben wir hier Opie. Er steht jetzt schon eine ganze Weile ganz unten in der Hierarchie und freut sich deshalb bestimmt besonders über deine Ankunft."

Jodi hoffte, dass Opie nicht zu hart darum kämpfen würde, in der Befehlskette nach oben zu kommen. „So, und hier haben wir ..." – ein ohrenbetäubender Eselsschrei unterbrach Jodi. Solomon riss den Kopf hoch und versuchte die Quelle des Geräuschs zu finden.

„Nun, es sieht wohl so aus, als hätte Bubba Jack es satt zu warten, bis er dran ist." Jodi musste lachen und zeigte mit einer Kopfbewegung in Richtung eines grau-weißen Esels, der zwischen den Stuten und den älteren Wallachen stand. „Bubba Jack ist ziemlich charakterstark, aber er wird dir ein Freund fürs Leben sein." Solomon hatte bei Bubba Jacks Unterbrechung innegehalten, doch nun bewegte er sich wieder langsam vorwärts, bis sie nur noch etwa drei Meter vom Zaun entfernt waren.

„Neben Opie steht Samson. Die Kinder nennen ihn Surfer Boy, wegen seiner langen blonden Mähne. Aber lass dich von diesem Spitznamen nicht täuschen. Er ist recht ruhig und leise und kommt toll mit den Kindern zurecht. Und schließlich haben wir hier noch Victory", sagte Jodi, einen ihrer Lieblinge anlächelnd. „Er ist hier der Boss. Oh, und er ist ein Quarter Horse, wie du! Außerdem ist Victory der Älteste hier und ein sehr guter Anführer."

Victory gab ein lautes Wiehern von sich, um dem Neuankömmling klarzumachen, wer hier das Sagen hatte. Solomon riss den Kopf hoch und legte die Ohren an. Victory drehte sich zur Seite, um seine Größe zu demonstrieren. Solomon machte daraufhin einen Schritt zurück. Er erkannte Victorys Dominanz an. Nachdem Jodi Solomon durch sein gesamtes vorläufiges Zuhause geführt hatte – einmal am Zaun entlang, dann zum Wassertrog und zur Heuraufe –, nahm sie ihm das Halfter ab und ließ ihn laufen.

„Ich komme dann mit deinem Abendessen wieder", versprach sie ihm.

Die Freiwilligen hatten schon ein Heunetz aufgehängt, doch in ein paar Stunden würde Jodi wiederkommen, um den Pferden ihr abendliches Futter auszuteilen und ihnen ihre Nahrungsergänzungsmittel zu geben. Ty öffnete das Tor, als Jodi darauf zulief.

„Und, wie stellt er sich an?“

„Ich glaube, ganz gut“, sagte Jodi. „Hat nur etwas mit Stressessen zu kämpfen.“

„Hervorragende Idee!“, rief Ty und legte seiner Frau einen Arm um die Schulter. „Ich glaube, das sollten wir jetzt auch tun. Was gibt's zum Mittagessen?“

Als sie am Wohnhaus ankamen, hielt Ty inne, um sich die Schuhe auszuziehen, während Jodi hineinging, um nach den Kindern zu sehen. Jessica und Richard sahen im Wohnzimmer fern.

„Habt ihr schon gegessen?“

Richard zeigte auf einen Teller, auf dem noch Spuren von Traubenmarmelade und ein paar Chipskrümel zu sehen waren.

„Ich habe keinen Hunger“, sagte Jessica.

Jodi wusch ihre Hände am Spülbecken. Sie stellte etwas übrig gebliebenes Chili zum Aufwärmen in die Mikrowelle und ging dann zurück ins Wohnzimmer.

„Danke euch beiden, dass ihr rausgekommen seid, um Solomon zu sehen. Es war schön, dass ihr dabei wart.“

„Er scheint ein gutes Pferd zu sein“, sagte Richard.

„Also, wenn du ihn nachher mal sehen willst, kannst du mitkommen, wenn ich ihn füttere. Da wird auch niemand anders dabei sein.“

„Vielleicht ...“, murmelte Richard.

Jodi unterdrückte ein schweres Seufzen und ging zurück in die Küche. Genau in diesem Moment piepste die Mikrowelle und Ty kam herein. Sie setzten sich an den kleinen Küchentisch, von dem Jodi jedoch alle paar Minuten aufsprang, um nach Solomon zu sehen, der Beau und Victory beobachtete, wie sie am Zaun entlangrannten.

„Ich muss mich nach dem Mittagessen mit Tania zusammensetzen. Wir müssen über ein neues Kind sprechen, das nächste Woche herkommt“, erklärte Jodi ihrem Mann, während sie ihre Schüssel ausspülte.

„Dann lasse ich dich das machen und fange mit meiner Tour für heute an“, sagte er.

Wie Ty es schaffte, seinen Vollzeitjob als Postbote weiterhin auszuüben und Jodi nebenbei noch beim Führen der Farm zu helfen, war ein absolutes Wunder, aber auch ein unglaublicher Segen. Da war es nicht verwunderlich, dass der arme Kerl abends kaum einen kompletten Film schaffte, ohne einzuschlafen.

„Hast du heute noch Arbeit auf HopeWell zu erledigen?“, rief Jessica ihnen vom Wohnzimmer aus zu. „Du hast doch gesagt, du fährst mit mir neue Schuhe für Sonntag kaufen. Meine Stiefel sind zu klein. Und morgen können wir das nicht machen, weil ich da auf Caseys Geburtstagsfeier bin.“ Jessica kam in die Küche und sah ihre Mutter an. „Du hast es vergessen, oder?“

Jodi ließ die Schultern sinken. Sie hatte ihre Verabredung zum Einkaufen völlig verdrängt. Sie sah auf die Uhr. Wenn ich mich jetzt gleich mit Tania treffe und meine Telefonate auf Montag verschiebe, kann ich mit Jessica Einkaufen fahren und trotzdem rechtzeitig zur Fütterung wieder da sein.

„Natürlich habe ich es nicht vergessen,“ schwindelte sie. „Ich muss mich nur vorher kurz mit Tania treffen und dann können wir los. Iss doch schon mal was, während ich weg bin, dann bist du fertig, bis wir losfahren.“

Jessica sah ihre Mutter skeptisch an, nickte dann aber.

In nur zwanzig Minuten hatte Jodi es schließlich geschafft, mit Tania alles für die Ankunft des neuen Kindes zu klären, den Zeitplan für Montag so umzuschreiben, dass sie zwei Stunden Zeit hatte, um mit Spendern zu telefonieren, und einen Termin mit dem Tierarzt Dr. Pol auszumachen, damit dieser Solomon einmal gründlich untersuchen konnte.

Die Fahrt zum Einkaufszentrum war leise verlaufen. Jessica hatte nur einsilbig auf Jodis Fragen nach ihrem Tag geantwortet. Doch als sie dann den zweiten Schuhladen betraten, hatte der Teenager schon deutlich bessere Laune, und Mutter und Tochter konnten miteinander lachen und sich locker unterhalten, während sie die perfekten Schuhe suchten. Nachdem sie mindestens zehn Paar anprobiert hatte, entschied sich Jessica endlich für ein süßes Paar „Kirchenstiefel", wie sie sie nannte. Als sie wieder daheim waren, half Jessica ihrer Mutter mit dem Abendessen, während Richard den Tisch deckte. Jodi stellte gerade den Eintopf auf den Tisch, als Ty durch die Hintertür eintrat.

„Das riecht aber lecker", sagte er, während er seinen Mantel aufhängte.

Jodi aß schnell; sie war nervös und konnte es kaum erwarten, endlich nach Solomon zu sehen. Außerdem war ihr klar, dass die ganze Herde auf ihr eigenes Abendessen wartete.

„Ihr zwei könnt ruhig mit rauskommen zu Solomon, nachdem ihr eurem Vater mit der Küche geholfen habt," rief Jodi auf dem Weg zur Hintertür.

Aus dem Grunzen und Murmeln, das daraufhin vom Tisch zu hören war, konnte sie kein einziges verständliches Wort ausmachen.

Nachdem Jodi neun große Schüsseln voller Getreide und diversen Nahrungsergänzungsmitteln an die Pferde verteilt hatte, stellte sie sich zu Solomon. Der fahle Himmel würde bald der Dunkelheit weichen.

„Die Kinder hatten wohl Besseres zu tun.“ Sie seufzte, während sie dem Tier mit der Hand über den Rücken strich. „Nimm es nicht persönlich. Es liegt nicht an dir. Es liegt an mir.“

Solomon legte sein breites Kinn auf Jodis Schulter und schnaubte.

„Wenn sie diesen Ort doch nur so wahrnehmen könnten wie ich“, fuhr sie fort, als würde sie mit einem Freund sprechen. Sie streckte die Hand aus und kraulte ihn seitlich am Gesicht. „Dieser Ort – die Menschen, die Tiere –, das ist alles so … es ist …“ Ihr blieben die Worte im Hals stecken; Angst und Einsamkeit überkamen sie, doch sie schüttelte sie rasch ab.

„Irgendwann werden sie schon herkommen“, erklärte sie. „Oder?“

Sie war sich nicht sicher, ob sie diese Frage an das Pferd, an sich selbst oder an Gott richtete. Doch Jodi hoffte, dass irgendjemand darauf antworten würde.

3

Am nächsten Morgen wachte Jodi auf, lange bevor die Sonne aufging, und konnte es nicht erwarten, nach Solomon zu sehen. So leise wie möglich lief sie die Treppe hinunter, darauf bedacht, nicht auf eine knarzende Fußbodendiele zu treten und dadurch die Kinder zu wecken. Dabei machte sie oft Scherze darüber, dass Richard und Jessica es glatt verschlafen würden, wenn die gesamte Pferdeherde einen Ausflug durch ihre Zimmer unternähme.

Nach einem kurzen Frühstück, bestehend aus Toast und Kaffee, schnappte sich Jodi ihre Frühwinter-Kleidung – einen kuschligen Mantel, eine Fleece-Mütze, Arbeitshandschuhe und Stiefel – und ging zur Hintertür hinaus. Traverse, der gelbbraune Labradormischling der Familie, folgte ihr auf dem Fuß. Draußen war es gerade hell genug, um auf eine Taschenlampe verzichten zu können.

Jodi machte sich auf den Weg zur großen Weide, die mitten auf ihrem Grundstück lag. Sie liebte es, um diese Uhrzeit auf der Ranch herumzulaufen. Alles war dann so still, so friedlich. Keine lauten Maschinengeräusche, keine Menschen, die nach Aufmerksamkeit verlangten. Die Pferde waren gerade noch als weit entfernte Silhouetten auszumachen. Viele schliefen noch. So hatte sie Gelegenheit, die Ruhe einzuatmen, die über der Ranch lag, sich für das zu wappnen, was dieser Tag für sie bereithalten würde, und ein paar ungestörte Momente mit Gott im Gebet zu verbringen.

Solche Gebetsspaziergänge machte sie inzwischen regelmäßig, und sie genoss diese Gewohnheit sehr. Sie waren ihr Intermezzo, bevor der Tag seinen Lauf nahm. Sie betete für alle, die heute durch die Pforten von HopeWell gehen würden – die Freiwilligen und jene, denen sie dienen würden. Sie betete für die stetig wachsenden Bedürfnisse der Farm. Sie betete für ihre Familie. Und für die vielen Tiere, die sich in ihrer Obhut befanden. Sie liebte HopeWell und fühlte sich geehrt, Teil einer so wichtigen Sache zu sein. Doch die Wahrheit war …

Ein lauter Eselsschrei hallte über die Stille der Ranch. „Ich komme ja, ich komme“, rief Jodi zurück. *Das ist der falsche Moment, um sich in seinen Gedanken zu verlieren, wenn ein ungeduldiger, hungriger Esel auf dich wartet.* „Aber ein paar Minuten wirst du dich schon noch gedulden müssen“, sagte sie. „Erst muss ich nach jemand anderem sehen.“

„Guten Morgen, Solomon.“ Er stand, noch im Halbschlaf, auf seiner kleinen Koppel. „Wie ist die erste Nacht gewesen?“ Solomons Ohren drehten sich in ihre Richtung, dann begann er, auf sie zuzugehen. Als er am Zaun ankam, stupste er sie an der Schulter an und atmete laut aus. Jodi lehnte sich an seine Schnauze und erwiderte seinen Gruß mit ihrem eigenen Atem. „Guten Morgen, mein Süßer.“

Victory wieherte, woraufhin Solomon ein paar Schritte zurücksetzte. „Alles gut, es ist alles in Ordnung“, sagte Jodi und hob die Hände in spielerischem Sich-Ergeben vor Victory. „Ich hole euch ja schon euer Frühstück. Meine Güte, ihr habt aber schlechte Laune, wenn ihr Hunger habt.“

Die nächste Stunde verbrachte sie damit, Heuraufen zu füllen, Schüsseln mit Kraftfutter und Nahrungsergänzungsmitteln aufzufüllen, diese Schüsseln bei den Pferden abzuliefern und Wasser in ihre Tröge zu gießen. Während der Arbeit betete sie weiter; sie betete, dass Solomon sich schnell eingewöhnen möge und für die Heilung der Gefühle all derer, die heute auf die Farm kommen würden. „Und, Herr, ich danke dir noch einmal dafür, dass du mich dazu erwählt hast, HopeWell zu gründen. Du wusstest, wie sehr ich es brauchte, und hast mir versprochen, bei mir zu sein." Sie holte tief Luft. „Wenn ein Versprechen Gottes alles ist, was du hast, dann lebe so, als wäre es alles, was du brauchst", sagte sie laut und fühlte sich umso entschlossener, ihm weiterhin zu folgen, wohin er sie auch führte.

Sie schob gerade die leere Schubkarre zurück in den Futterschuppen, als Ty um die Ecke kam. „Guten Morgen, Frühaufsteherin. Hast du denn noch irgendetwas an Arbeit für den Rest von uns übriggelassen?"

„Ich wollte nach Solomon sehen, und als die anderen Pferde mich erst gesehen hatten, beschlossen sie, dass es Zeit zum Frühstücken war." Jodi steckte ihre Hände in die Taschen und bereute es, keine Handwärmer dort hineingetan zu haben. „Außerdem hält es mich warm, wenn ich zu tun habe."

Eine Stunde später kamen mehrere Freiwillige an, um den Bau der Reitplatz-Überdachung fortzusetzen. Das kleine Team arbeitete den ganzen Vormittag durch, und Jodi behielt währenddessen immer Solomon im Blick, der wiederum die anderen Pferde nicht aus den Augen ließ. Victory, Samson und Justice patrouillierten am Zaun entlang wie die Schweizergarde vor dem Vatikan. Hin und wieder wieherten sich die Pferde gegenseitig zu. Bubba Jack war mitten auf der Weide und rannte, buckelte und wirbelte herum, offenbar fest entschlossen, seine Dominanz zu zeigen. Die Mätzchen des kleinen Eselchens entsprachen allerdings überhaupt nicht dem furchteinflößenden Verhalten, das er zweifelsohne demonstrieren wollte. Aber immerhin, sie waren unterhaltsam für die Freiwilligen und verwirrend für Solomon.

Jodi genoss ein kurzes Mittagessen mit Tania, Amanda und Ty unter dem Pavillon, bei dem sie diskutierten, wann sie Solomon auf die große Weide bringen sollten. „Für mich sieht es so aus, als wäre er bereit", sagte Tania im Brustton der Überzeugung. Jodi beobachtete Solomon, wie er am Zaun Nase an Nase mit Lady stand. Es stand außer Zweifel, dass Solomon für die Herde bereit war. Die eigentliche Frage war: War die Herde auch bereit für ihn?

Eine Woche später durfte Solomon auf die große Weide zu den anderen. Nach wenigen Minuten zog ein explosives, hohes Wiehern jedermanns Aufmerksamkeit auf sich. Victorys Signal wirkte wie ein Startschuss auf alle: Solomon begann zu rennen, und alle anderen jagten ihm hinterher, wobei Bubba Jack das Schlusslicht war. Der Anblick von neun rennenden Pferden wäre so schön gewesen – ja geradezu majestätisch –, wäre dieses Schauspiel nicht gleichermaßen angsteinflößend. Jodi hatte Solomon schon in der vergangenen Woche auf die Weide bringen wollen, doch dauernder Regen und ein hartnäckiger Schnupfen hatten sie den Termin nach hinten verlegen lassen. Jodi kaute auf ihrer Unterlippe, während sie die Jagd der Pferde beobachtete.

Wieso kann ein neues Pferd in eine Herde zu integrieren nicht genauso einfach sein, wie es war, ein Kind seiner neuen Vorschulklasse vorzustellen? Ein gemeinsames Spielzeug, ein paar Cracker und Saftpäckchen reichten für gewöhnlich völlig aus, um aus eben noch fremden Kindern die besten Freunde zu machen. Vorschulkinder jagten einander nicht in vollem Tempo hinterher und drehten sich dann um, um mit aller

Kraft nach dem anderen zu treten. Und wenn sie denn mal zubissen – was ihre eigenen Kinder glücklicherweise nie getan hatten –, dann taten sie das nicht mit der Beißkraft von einer Tonne Gewicht. Jodi war froh, dass sie Handschuhe trug. Andernfalls hätten ihre fest geballten Fäuste vermutlich Spuren in ihrer Handfläche hinterlassen.

„Denen geht es gut", versuchte Ty sie zu beruhigen. Doch ein Blick zu ihrem Ehemann verriet Jodi, dass er mit diesen Worten auch sich selbst Mut zusprach.

„Gut, dass du nicht später von der Weide runtergekommen bist", stellte Tania fest. „Das ist ein bisschen, wie wenn man beim Angeln einen Fisch wieder freilässt", sinnierte Jodi. „Fang das Pferd auf der kleinen Koppel ein, und dann lass es so schnell wie möglich auf der großen wieder laufen."

Die Herde galoppierte – angeführt von Solomon – an den drei Zuschauern vorbei. Ihre Hufe dröhnten wie Donner.

„Oh Mann, ich hoffe wirklich, sie erwischen ihn nicht", sorgte sich Jodi. Sie hasste es, mit anzusehen, wie die Pferde, die sie so sehr liebte – die Pferde, die so gute Arbeit verrichteten –, einander traten und bissen und kratzten. Dabei wusste sie doch genau, dass die Natur nun einmal so funktionierte, dass dies ein gottgegebener Instinkt war. Wenn es aber nach ihr ginge, hätte Gott ihnen den Instinkt geben sollen, solche Angelegenheiten durch Kuscheln und Schmusen zu klären.

Sie konnte nichts tun, außer dazustehen und zuzusehen. Sie würde nur einschreiten, wenn die Dinge sich wirklich gefährlich entwickelten. Zugegeben, in der Anfangszeit von HopeWell hatte sie dieses Herdenverhalten noch als gefährlich empfunden. Doch das Team, das sie um sich versammelt hatte, um die Ranch zum Laufen zu bringen, hatte ihr glücklicherweise helfen können, das Verhalten der Pferde zu lesen und besser zu interpretieren. Daher war ihre Toleranz solchen stressigen Interaktionen gegenüber inzwischen deutlich höher. Dennoch gehörten diese Herdenkämpfe bis zum heutigen Tag zu den Dingen, die sie am wenigsten an ihrem Job mochte.

Das Pferderennen endete genauso abrupt, wie es begonnen hatte. Victory hörte als Erstes auf. Die Stuten zogen sich nach rechts zurück und standen, die Ohren auf Solomon gerichtet, beieinander. Als Beau, Justice und Samson vom Galopp ins Traben übergingen, bog Solomon nach links und hielt inne, den Schweif am Zaun entlangstreifend. Bubba Jack jedoch hatte entweder nicht bemerkt, dass der Anführer der Herde angehalten hatte, oder wollte schlicht nicht, dass das Spiel aufhörte – er rannte in einem großen Kreis um die anderen Pferde herum. Solomon sah erst neugierig zu Bubba Jack, dann richtete er seine Aufmerksamkeit wieder auf die Herde, die etwa sechs Meter entfernt stand.

Opie ließ sich einen Moment Zeit, um in der Luft zu schnuppern, dann ging er langsam auf Solomon zu. Seine schwarz geringelten Ohren waren angelegt, das Kinn eingezogen, die Augen weit. Solomons Ohren schossen nach vorn, und seine Nüstern weiteten sich. Er neigte den Kopf von Opie weg. Jodi wusste, was als Nächstes kommen würde, kurz bevor es passierte. Als Opie nur noch etwa einen Meter von Solomon entfernt war, drehte er sich rasch um und schlug aus. Es war nicht deutlich zu sehen, ob er Solomon dabei auch tatsächlich traf. Solomon erwiderte den Tritt halbherzig und zog sich dann ein paar Schritte seitlich zurück. Stolz darauf, dass er gezeigt hatte, wer hier der Größte war, tänzelte Opie zu seiner Herde zurück. Dabei hielt er seinen Schweif so hoch, dass es aussah, als laufe er auf einer Parade.

Nur Minuten später war die Ordnung wiederhergestellt, die Pferde verteilten sich auf der Weide und begannen zu grasen. Jodi nutzte die kurze Erholungspause, um tief Luft zu holen und ihre Lungen mit der knackig frischen Morgenluft zu füllen. Nachdem es zwei Tage lang kalt genieselt hatte, tat der klare blaue Himmel gut – selbst bei Temperaturen nahe dem Gefrierpunkt.

„Da sich die Herde wohl auf einen vorübergehenden Waffenstillstand geeinigt hat, was haltet ihr da von einer Kaffeepause, Ladies?“, schlug Ty vor.

„Dazu sage ich, dass dein brillanter Verstand einer der Gründe ist, aus denen ich dich geheiratet habe“, antwortete Jodi.

„Könnt ihr mir einen Kaffee mitbringen, wenn ihr zurückkommt?“, fragte Tania. „Ich bleibe so lange hier und behalte alles im Auge.“

„Deine Bestellung wird in ein paar Minuten hier sein“, versicherte Jodi ihr. „Eine ganze Thermoskanne voll.“

Kurz vor dem Bürohäuschen warf Jodi noch einen kurzen Blick auf die Weide. Genau in diesem Moment drehte sich Beau schwungvoll zu Solomon und trat zu.

Oje! Wo sind nur die Saftpäckchen und Cracker, wenn man sie braucht?

Drei Stunden und zwei Tassen Kaffee später stand Jodi draußen vor der Weide. Doch diesmal waren ihre Gedanken bei dem kleinen Jungen, der die Ranch gerade verlassen hatte. „Shawn tut mir so leid“, sagte sie zu Linda, einer Psychotherapeutin, die freiwillig Stunden auf HopeWell leistete. „Ich weiß einfach nicht, wie wir dem Kleinen am besten helfen können. Letzte Woche hat er keine Verbindung zu Beau oder Lady herstellen können. Ich war mir sicher, dass Bubba Jack gut zu ihm passen würde. Ich meine, Bubba Jack passt eigentlich zu jedem."

Linda betrachtete nachdenklich den Esel, der an einem Führstrick zufrieden zwischen ihnen graste.

„Ich denke, Bubba Jack weiß einfach nicht, was er mit Shawns Energie anfangen soll – oder mit seiner Unberechenbarkeit", stellte sie fest. „Ich glaube, Shawns Ausraster und dass er seinem Ärger immer so laut Luft macht, machen Bubba Jack nervös. Diese emotionale Reaktion scheint Shawn zu spüren – und vielleicht sogar zu internalisieren –, und das lässt ihn noch aufgeregter werden. Und schon stecken wir in einem Teufelskreis."

„Die Pferde haben noch nie mit jemandem gearbeitet, der so stark von Autismus betroffen war", sagte Jodi. „Ich wüsste gar nicht, wie ich anfangen sollte, ihnen beizubringen, Kindern wie Shawn zu helfen. Vielleicht könnten wir sie desensibilisieren, was laute menschliche Geräusche und plötzliche Bewegungen angeht?"

Die beiden Frauen verbrachten die nächsten zwanzig Minuten damit, im Pavillon zusätzliche Trainingsmethoden für einige der Pferde zu besprechen. In der Zwischenzeit würden sie Shawn einfach Zeit mit den Hasen verbringen lassen in der Hoffnung, dass die kleineren Tiere besser zu ihm passen würden.

Nach dem Gespräch sahen sie dem „Jagt-den-Neuen"-Spiel auf der Weide noch etwas zu.

„Armer Solomon", murmelte Jodi. „Er muss völlig erschöpft sein. Eigentlich müssten sie das sogar alle sein. Sie haben sich aus Angst total ausgepowert – völlig unnötiger Stress."

„Wie du mir schon oft erklärt hast", begann Linda, „muss die Herde erst einmal Vertrauen zu ihrem neuen Mitglied aufbauen, und das gehört nun einmal zum Prozess dazu. So wird das Pferd mit den Dynamiken innerhalb seiner neuen Herde vertraut gemacht, richtig? Gib ihnen Zeit. Sie werden es schon hinkriegen."

Jodi wusste Lindas ruhige, gelassene Art ebenso zu schätzen wie ihre konkrete Herangehensweise an Probleme. Da sie als Therapeutin mit der menschlichen Psyche zu tun hatte und sich als Pferdebesitzerin auch mit diesen Tieren gut auskannte, verstand Linda sowohl die Eigenheiten des Verhaltens von Pferden als auch die Herausforderungen des menschlichen Herzens.

Jodi wusste, dass die Mätzchen auf der Weide ganz normal waren. Warum macht mich das so nervös? Warum will ich Solomon so sehr beschützen?

Diese Fragen trieben sie um, während sie die morgendliche Arbeit auf der Ranch verrichtete und auch während sie im Büro saß. Sie dachte darüber nach, während sie das Mittagessen für ihre Kinder kochte und nachdem sie deren Heimunterrichts-Aufsätze über die Titanic korrigiert hatte. Und sie dachte immer noch darüber nach, als sie abends mit zwei Freiwilligen die Tiere fütterte.

Nachdem alle Arbeiten auf der Ranch und im Haushalt getan waren und Jodi ihren Helfern eine gute Nacht gewünscht hatte, warf sie einen Blick zu Solomon hinüber. Er wirkte so eifrig und hoffnungsvoll, ein Teil der Herde zu werden. Und doch so einsam. Ob ihm Ken und Sue wohl fehlten? Oder sein Rehfreund aus Plastik? „Gott, warum wühlt mich Solomons Anpassungsprozess so auf?"

Sie wartete auf eine Antwort – darauf, dass sich plötzlich eine innere Gewissheit einstellte.

Nichts passierte.

Stattdessen hörte sie Jessica aus der Richtung zwischen Wohnhaus und Bürohäuschen rufen: „Mom! Dad sagt, das Essen ist fertig! Kommst du?"

„Bin gleich da."

Sie drehte sich zurück zu den Pferden. „Bitte versucht, miteinander auszukommen, okay? Ihr braucht einander. Und ich will, dass ihr das versteht – je früher, desto besser."

Eins der Pferde wieherte. Solomon wandte den Kopf in Jodis Richtung.

„Halt durch, mein Junge", murmelte sie. „Es wird besser … hoffe ich."

Jodi streckte ihre Schultern und holte tief Luft. Sie konnte es sich jetzt nicht erlauben, von der Rolle zu sein. Dafür hingen zu viele Menschen von ihr ab.

„Reiß dich zusammen, Jodi", maßregelte sie sich selbst.

Sie schob die Schubkarre zurück in die Scheune, in der das Heu lagerte, verriegelte das Tor und stapfte zum Haus. Ty und die Kinder lachten, als sie in die Küche kam.

„Ihr scheint ja Spaß zu haben. Was ist so lustig?"

„Nur etwas, das Dad gesagt hat", erklärte Jessica. „Man muss dabei gewesen sein, um es zu verstehen."

Autsch.

„Also, das Abendessen riecht lecker", sagte Jodi und gab sich Mühe, fröhlich zu klingen.

Ein Gefühl der Einsamkeit zog ihr das Herz zusammen wie ein Schraubstock, während sie zu Abend aß. Sie hörte sich an, was jeder zu erzählen hatte, nickte und lächelte im richtigen Moment. Sie versuchte, auch etwas über ihren Tag mitzuteilen, insbesondere über Solomons Integrationsprozess – oder besser gesagt seinen noch nicht gelungenen Integrationsprozess. Jessica und Richard hörten nur mit halbem Ohr zu, und auch wenn Ty ehrlich interessiert wirkte, konnte er doch sein Gähnen nicht unterdrücken.

Es ist ihnen egal. Und warum sollte es auch anders sein? Die Ranch war ihr Traum. Letztendlich waren die Probleme, die dort auftraten, die ihren. Als Jodi mit dem Abwasch begann, kam Ty hinzu, um zu helfen.

„Ich mach das schon", versicherte sie ihm. „Du hast gekocht. Ich wasche ab."

„Du bist die Beste", sagte er.

„Ich weiß", log sie.

Ty ging in seine Werkstatt, um zu werkeln, und Jodi schickte die Kinder nach oben, damit sie ihre Schularbeiten zu Ende brachten. Während sie so in der stillen Küche stand, starrte sie aus dem Fenster zur großen Weide. Die Dunkelheit verschluckte alles bis auf den Schein der Lampe an der Hintertür. Ob Solomon wohl immer noch abseitsstand? Ob er sich je als Teil der Herde fühlen würde?

Jodi schrubbte wie verrückt in einer Pfanne herum, bis ihre Fingerspitzen verschrumpelt waren wie Rosinen und die Pfanne vor Sauberkeit glänzte.

4

Der nächste Morgen brach hell und klar an – auf der Ranch ebenso wie in Jodis Herzen. Die einsame Dunkelheit der vergangenen Nacht wich einem hellen Tag voller neuer Möglichkeiten. „Herr, ich danke dir, dass du die Tiere heute Nacht beschützt hast", flüsterte Jodi, als sie beim Arbeiten ihr Zwiegespräch mit Gott führte. „Bitte hilf den Pferden, sich schnell an Solomon zu gewöhnen, und Solomon, sich hier schnell einzufinden." Jodi unterbrach ihr Gebet, um den Hühnern Futter in den Trog und Wasser in die Tränke zu füllen. Als sie aus dem Hühnergehege trat, wandten sich ihre Gebete ihren Kindern zu. „Gott, bitte hilf mir, eine gute Verbindung zu Jessica und Richard aufzubauen, wenn sie nachher vorbeikommen, um mir beim Dekorieren der Ranch zu helfen. Ich bin so froh, dass sie sich dieses Jahr wieder dazu bereiterklärt haben, aber ich mache mir auch so große Sorgen, etwas Falsches zu sagen oder zu tun."

Als sie an diesem Morgen das Haus verlassen hatte, hatten die Kinder noch geschlafen, also hatte sie ihnen eine Notiz geschrieben. Sie sollten kommen, um ihr zu helfen, sobald sie mit ihren morgendlichen Schularbeiten fertig waren.

Plötzlich fühlte sie ein großes Unbehagen. *Was, wenn sie gar nicht kommen wollen? Sollte ich sie wirklich zwingen?* Immerhin sollte das ein lustiges Gemeinschaftsprojekt sein – eine Gelegenheit, die Ranch gemeinsam zu genießen und miteinander verbunden zu sein. Doch in letzter Zeit endete vieles, von dem Jodi dachte, es würde ihnen allen Spaß machen, mit einer noch größeren Distanz zwischen ihr und ihren Kindern. Gedankenversunken wie sie war, bemerkte sie zunächst gar nicht, dass sie schon an der Weide angekommen war.

„Schön, euch wiederzusehen", begrüßte sie die Herde. „Ich nehme mal an, ihr habt euer Getreide schon aufgefuttert und könntet jetzt etwas Heu vertragen, oder?"

Die ganze Herde antwortete mit einem Wiehern. Jodi öffnete das Tor und schob die Schubkarre hindurch. Sie verteilte das Heu portionsweise auf die vielen über die ganze Pferdeweide verteilten Boxen. Victory bediente sich – wie immer – als Erstes, dann folgten Beau, Justice, Miracle, Samson, Lady, Destiny, Opie und zuletzt – in seiner ganz eigenen Liga – Bubba Jack. Weit hinter dem kleinen Esel stand, die anderen beim Fressen beobachtend, Solomon. Seine Ohren zeigten nach vorn, er stand entspannt da und hatte den Kopf in Richtung Herde gewandt. Jodi schnappte sich zwei Handvoll Heu aus der Box, die sie soeben befüllt hatte, und ging zu ihm.

„Ach, mein Süßer", sagte sie, „es tut mir leid, dass du noch nicht Teil der Gruppe bist."

Die Haare an Solomons Kinn kitzelten ihre Handfläche, als er sich an dem Heu bediente. Eine Erinnerung an ihre eigene Einsamkeit stieg in Jodi hoch. Eine schmerzhafte Erinnerung, die sie stets unterdrückte, die jedoch ebenso ein Teil von ihr war wie ihre Liebe zu Pferden oder ihr Bedürfnis, verletzten Menschen zu helfen.

„Kann ich dir ein Geheimnis verraten?", fragte sie leise. „Ich weiß, wie weh es tut, abgelehnt zu werden. Alles fühlt sich dann so dunkel an. So hoffnungslos." Jodi sah an Solomon vorbei in Richtung der entfernt stehenden Bäume. In ihrem Herzen reiste sie zurück in ihre Jugendzeit, als ihre alles verzehrende erste Liebe mit einer schmerzhaften Trennung endete und in ihr eine Spirale aus Depression und Verzweiflung in Gang setzte.

„Ich wollte so unbedingt geliebt werden, dass ich einen Teil von mir selbst aufgab. Dann verlor ich diese Beziehung und damit auch mich selbst."

Jodi hielt inne. Sie atmete zitternd ein und kraulte Solomon im Nacken. „Ich wollte nicht mehr mit anderen Menschen zusammen sein. Ich hatte keine Freude mehr. Und irgendwann ... vielleicht, um mich selbst zu bestrafen, oder aber vielleicht, um endlich wieder Kontrolle über irgendetwas zu haben ... hörte ich einfach auf zu essen."

Als müsste sie Solomon davon überzeugen, dass er keinen Nahrungsentzug zu befürchten hatte, reichte sie ihm eine weitere Handvoll Heu. „Irgendwann fiel es den Leuten auf. Meinen Eltern, den Lehrern. Sie sahen, dass ich langsam verschwand. Da meldeten sie mich bei einer Gruppe der Landjugend an. Ich schätze mal, sie hofften, mich um Tiere zu kümmern, würde mir helfen, mich auch wieder um mich selbst zu kümmern." Einen Moment lang ging sie in Gedanken in diese Zeit zurück und sah sich selbst vor ihrem inneren Auge, wie sie jede wache Minute damit verbracht hatte zu lernen, wie man Kaninchen versorgt, bevor sie schließlich ihr Herz an die Pferde verlor.

Solomon stupste mit seiner Schnauze an ihre Schulter und holte sie damit in die Gegenwart zurück. Jodi hatte zwar kein Heu mehr, dafür kraulte sie ihn aber gerne am Rücken. „Weißt du, wenn ich heute zurückschaue, dann fällt mir auf, wie Gott dieses Programm genutzt hat, um mich zu ihm zu ziehen ... ich suchte nicht einmal nach ihm, aber er sah mich genau. Genauso wie er dich gesehen und hergebracht hat."

Es ist so viel leichter, mit einem Pferd zu sprechen als mit einem Menschen. Sie vertrieb ein paar Fliegen von ihrem neuen „Gesprächspartner“ und flüsterte: „Du bist geliebt, Solomon. Ob du es fühlst oder nicht, und egal, ob die Herde dir Liebe zeigt oder nicht, ich verspreche dir, dass du geliebt bist. Du bist gewollt. Und es ist wichtig, dass du da bist.“

Sie ließ ihre Hand über Solomons Rücken gleiten und lehnte ihren Kopf an seinen Hals. Während sie so dastand und den Geruch nach Pferd, Heu und Morgenluft einatmete, war es, als würden die Worte, die sie gerade zu Solomon gesagt hatte, in ihr eigenes Herz geflüstert.

Du bist geliebt.

Du bist gewollt.

Du bist wichtig.

Solomons Nüstern lagen direkt vor Jodis Gesicht. Er atmete aus. Sie tat es ihm gleich und lehnte ihre Stirn an die feine weiße Blesse auf seiner Schnauze. Sie hörte den Rest der Herde kauen und spürte einen kalten Windhauch auf ihrem Gesicht. Doch sie konzentrierte sich auf Solomon. Aus irgendeinem Grund rief er in ihr starke Emotionen hervor. Gefühle, die sie bislang so angestrengt vor allen hatte verbergen wollen – und am meisten vor sich selbst. Sie hörte, wie eine Autotür zugeschlagen wurde, dann noch eine und noch eine dritte – die Freiwilligen waren angekommen. Jetzt musste sie sich zusammenreißen, ein Lächeln aufsetzen und an die Arbeit gehen. Sie kraulte Solomon noch ein letztes Mal.

„Lass dich nicht zu sehr von ihnen herumschubsen. Du darfst genauso hier sein wie sie; dieses Heu gehört dir genauso wie ihnen.“

Während sie die Schubkarre wieder durch das Gatter hinausschob, ging Solomon zu der Heubox, die Bubba Jack und

Opie gerade verlassen hatten. Ein paar Portionen konnte er sich einverleiben, bevor Opie ihn wieder davonjagte.

Einige Stunden später kamen Jessica und Richard ins HopeWell-Büro. Jodi und Linda sahen gerade Pläne für eine Tour durch, die sie später am Nachmittag mit einer Gruppe Drittklässler durchführen wollten. Erst vor zwei Wochen war ein achtjähriges Mädchen namens Haley infolge von Komplikationen während einer Routine-OP verstorben. Haleys Lehrerin, Mrs. Jeffries, hatte sich einige Tage nach dem Tod der Kleinen an Jodi gewandt und gefragt, ob ein paar ihrer Schüler nach HopeWell kommen könnten.

„Ich möchte einfach, dass sie einen sicheren Ort haben, an dem sie mit ihrer Trauerarbeit beginnen können", hatte sie am Telefon erklärt. Jodi hatte schon zuvor über Freunde von dieser herzzerreißenden Geschichte gehört. So sandte sie Mrs. Jeffries eine E-Mail mit den notwendigen Einverständniserklärungen, die die Eltern und Erziehungsberechtigten der Kinder unterschreiben mussten. Ihr war klar, dass eine Sitzung mit einem Pferd nicht alles wie von Zauberhand wiedergutmachen würde. Sie wusste aber auch – sowohl aus wiederholter Beobachtung als auch aus erster Hand –, dass die Interaktion mit Pferden, insbesondere solchen, die für therapeutische Arbeit ausgebildet waren, Menschen dabei helfen konnte, die Verarbeitung und Heilung aller möglichen Schmerzen und Verluste anzugehen. Sie hoffte, dass das auch mit den sieben Kindern der Fall sein würde, die heute auf die Ranch kommen würden. Und da das Wetter von Minute zu Minute kälter wurde, war sie umso dankbarer, dass die Überdachung der Reithalle inzwischen so weit aufgebaut war, dass sie die Einheit darin würden abhalten können.

Jodi winkte Jessica und Richard ins Büro.

„Hey, ihr zwei! Ich bin so froh, dass ihr hier seid", sagte sie und strahlte. „Ms. Linda und ich sind gerade fertig geworden."

Linda grüßte Jessica und Richard mit einem warmen Lächeln und Bemerkungen darüber, wie schnell sie doch wüchsen. Jodi beobachtete ihre Kinder, während sie mit Linda sprachen. *Wann hat Jessica diese Körperhaltung entwickelt? Und seit wann ist Richard so kantig?* Die beiden wurden wirklich schnell größer – zu schnell. Noch vor vier Jahren waren sie ihr kleiner Mann und ihre kleine Prinzessin gewesen. *Vor vier Jahren waren sie alle so glücklich gewesen. Vor vier Jahren waren sie ...*

Die Trauer kam unerwartet und traf sie wie ein Tsunami. Sie klammerte sich an die Rückenlehne ihres Stuhls. Sie befahl sich, den Schmerz auszuhalten, noch bevor sie ihn wieder herunterschlucken konnte. Glücklicherweise unterhielt sich Linda mit den Kindern über ihr Lieblingsessen an Thanksgiving und darüber, wie groß der Weihnachtsbaum dieses Jahr ihrer Meinung nach sein sollte.

„Nun ... meine Thanksgiving-Elfen", sagte Jodi ein paar Minuten später mit angespannter Stimme, aber immerhin stabileren Emotionen. „Seid ihr bereit, mir zu helfen, etwas Feiertags-Glanz auf die Ranch zu bringen?"

„Ich glaube nicht, dass es so etwas wie Thanksgiving-Elfen überhaupt gibt", sagte Jessica mit einer perfekten Mischung aus jugendlicher Genervtheit und kindlichem Amüsement.

„Dann sollten wir eben dafür *sorgen*, dass es sie gibt", erwiderte Jodi. Ihre Begeisterung verdrängte die Trauer.

Sie zog eine Santa-Claus-Mütze aus einer Deko-Box und einen Truthahn aus Pappe aus einer anderen. Sie stülpte die

Mütze über den Truthahn und setzte Richard die Konstruktion auf den Kopf.

„Seht ihr! Ein Thanksgiving-Elf", sagte sie lachend.

Jessica unterdrückte ein Kichern, doch als Richard dann anfing, die Melodie von „Jingle Bells" zu gackern, brach sie in Lachen aus. Mit ihren Kindern zu lachen, war ein Geschenk. *Wie lange ist es her, dass wir zusammen von Herzen gelacht haben?* Jodi wusste es nicht mehr.

„Ich finde, Thanksgiving-Elfen sind perfekt. Schließlich dekorieren wir ja für Thanksgiving und Weihnachten", sagte sie. „Wir wollen Thanksgiving und alles, wofür es steht, nicht vernachlässigen, also werden wir im Büro und an den Außenwänden mancher Gebäude kleine Dankbarkeits-Erinnerungen aufhängen. Aber da nächste Woche schon unser Tag der offenen Tür unter dem Motto „Weihnachtsfreude" stattfindet, dekorieren wir dafür auch gleich mit."

Richard und Jessica nickten. Sie wussten, dass in Michigan jeder Zeitpunkt nach Halloween als angemessen für eine Weihnachtsveranstaltung galt.

Nachdem sie die Deko auf drei Haufen verteilt hatte, bastelte Jodi noch zwei weitere Thanksgiving-Elfen-Hüte. Damit gingen sie alle drei an die Arbeit. Sie hängten Schilder und Schriftzüge mit den Worten „Dankbarkeit" und „Sei dankbar" im Büro auf, hängten zwei Gebinde mit Erntedank-Thema an die Türen der Futterscheune und der Sattelkammer und bauten neben dem überdachten Pavillon eine Thanksgiving-Auslage aus Heuballen, Apfelkisten und mehreren Plastikkürbissen. Für den Tag der offenen Tür dekorierten Jessica und Richard einen Plastiktannenbaum, den sie bis zu der Veranstaltung im Büro aufbewahren würden. Außerdem behängten sie den Pavillon rundum mit Girlanden und Lichterketten.

„Gut gemacht, liebe Elfen", sagte Jodi zwei Stunden später, als sie auf einem Picknicktisch sitzend ihr Werk bewunderten. „Ich finde, Thanksgiving-Deko passt toll zu Weihnachtsdeko. Wir sollten Thanksgivingnachten einführen!"

Richard stimmte zu und sah seine Mutter begeistert an. „Wir können einen riesigen Korb mit Weihnachtssüßigkeiten füllen!"

„Das klingt lecker", stimmte sie ihm zu, „aber dann würden alle Tiere ausbrechen, um den Korb zu plündern. Kannst du dir Bubba Jack mit Schokolade vorstellen? Das wäre das totale Chaos. Damit könntest du eine Massenpanik hervorrufen."

„Also, ich finde, das klingt lustig!", sagte Richard lachend und streichelte dabei eine der vielen streunenden Katzen, die auf HopeWell gelandet waren.

Dieser Moment fühlte sich so gut an. So natürlich. So ... normal.

„Wie geht es eigentlich Solomon?"

Moment mal! Fragt Jessica etwa gerade nach einem der Pferde? Wow! Bleib cool, Jodi! Lass dir nichts anmerken!

„Ziemlich gut, denke ich. Obwohl er sich, glaube ich, ein bisschen schwertut, sich anzupassen", antwortete sie ehrlich. „Die Herde weiß noch nicht so recht, was sie von ihm halten soll, aber er gibt nicht auf. Ich wünschte nur, dass sie sich mal beeilen und ihn akzeptieren könnten."

Jessica wirkte nachdenklich.

„Denkst du, er wünscht sich, er wäre nicht hergekommen?", fragte der Teenager leise.

Jodi sah zur Weide hinüber, doch die Pferde waren nicht in Sichtweite. Vermutlich grasten sie gerade auf der gegenüberliegenden Seite des Feldes.

„Ich hoffe nicht", antwortete sie. „Er wurde zwar sehr geliebt, aber er war in seinem alten Zuhause auch sehr einsam. Ich denke ... Ich hoffe ...", korrigierte sie sich, „dass, auch wenn er noch nicht zur Herde dazugehört, die Aussicht auf Gemeinschaft immer noch besser ist als gar keine Gemeinschaft."

Jessica starrte Richtung Weide.

„Ich denke ...", begann sie.

„Jodi, Mrs. Jeffries hat gerade angerufen", rief Amanda, die ihr seit kurzem mit den administrativen Aufgaben half, von der Veranda des Büros. „Weitere acht Kinder haben eine ausgefüllte Einverständniserklärung und wollen heute Nachmittag mitkommen. Also hätten wir insgesamt fünfzehn. Sie bittet um Rückruf, um ein paar Dinge zu besprechen, bevor die Kinder herkommen."

Mehrere Gedanken schossen gleichzeitig durch Jodis Kopf.

Jetzt haben wir eine doppelt so große Gruppe für heute Nachmittag.

Wir müssen ein paar logistische Fragen überdenken.

Was wollte Jessica gerade sagen?

Ihr wurde schwer ums Herz, als sie bemerkte, dass sich die Haltung ihrer Tochter veränderte.

„Das ist gar kein Problem, Amanda. Ich komme noch schnell vorbei, bevor die Kinder kommen, und gehe dann kurz zum Mittagessen nachhause."

Dann wandte sie sich wieder zu ihrer Tochter. „Tut mir leid, meine Süße. Was wolltest du gerade sagen?"

„Ach, nichts", antwortete Jessica und beendete die Unterhaltung mit einer Handbewegung. „Komm, Richard. Wir sollten uns wieder an unsere Schularbeiten machen."

„Es tut mir leid, ihr zwei. Diese große Gruppe Kinder hat vor kurzem eine Klassenkameradin ..."

„Wir wissen, dass du wichtige Dinge zu tun hast, Mom. Wir können uns selbst Mittagessen machen", sagte Jessica und machte sich auf den Weg zum Haus.

Richard folgte seiner Schwester, aber rief dabei seiner Mutter zu: „Denk an die Idee mit dem Korb! Alle würden es lieben!"

Jodis halbherziges Kichern erstarb schnell, als sie die zwei Thanksgiving-Elfen-Hüte auf dem Picknicktisch sah, wo ihre Kinder sie zurückgelassen hatten. Sie legte ihren dazu.

Nachdem sie Mrs. Jeffries zurückgerufen hatte, schrieb sie eine Nachricht an Linda: *Wir teilen die große Gruppe in zwei kleinere.* Dann ging sie ins Haus, um ein spätes Mittagessen abzustauben und nach Jessica und Richard zu sehen. Hoffentlich hatten sie wirklich verstanden, warum sie gehen musste. Sie hasste es, so oft das Gefühl zu haben, als müsste sie sich zwischen der Ranch und ihren Kindern entscheiden. Sie tat, was sie konnte, um es allen recht zu machen, und doch hatte sie dauernd den Eindruck, als würde sie alle nur enttäuschen. So war das nicht gedacht gewesen. Ihre Kinder sollten genauso in HopeWell involviert sein wie sie. Das war von Anfang an der Plan gewesen. Wann hatte sich das geändert? Wie war der Ort, der ihr so viel Hoffnung brachte – der so vielen so viel Hoffnung brachte – zum Gegenstand des Konflikts mit ihren Kindern geworden?

Im Haus war es still, als sie eintrat. „Jessica? Richard? Seid ihr oben?"

„Ich schon", antwortete Richard. „Ich mache gerade Mathe fertig. Ich glaube, Jess ist auf der Veranda."

„Ich komm hoch und sehe nach."

Sie fand Jessica auf ihrer überdachten und verglasten

Veranda unter einem Berg Kuscheldecken begraben auf der Bank sitzend.

„Was tust du denn hier draußen?", fragte Jodi sanft. „Ist dir nicht kalt?"

„Mir geht's gut", erwiderte Jessica, ohne den Blick von dem Buch in ihren Händen zu heben.

„Kann ich dir irgendwas holen, während ich mein Essen warm mache?"

„Nö. Ich brauche nichts."

Jodi wollte nicht aufgeben. „Was liest du da?"

„Sturmhöhe."

„Ich weiß noch, dass ich das auch in der Schule gelesen habe", sagte Jodi. „Es war gut. Aber ein bisschen deprimierend, findest du nicht?"

„Ich mag es."

Nach einigen stillen Momenten brach Jodi schließlich das Schweigen.

„Mein Schatz, du wolltest mir vorhin etwas sagen, als uns Amanda unterbrochen hat. Möchtest du mir sagen, was es war?"

Sie biss sich auf die Lippe, als Jessica ein Eselsohr in ihr Buch knickte und ihre Fleecedecke zurechtrückte.

„Ich weiß es nicht mehr."

„Jess, ich glaube, das tust du sehr wohl. Und ich glaube, es war dir wichtig. Würdest du es mir bitte sagen?"

„Du musst nicht mit mir reden als wäre ich eins deiner HopeWell-Kinder. Mir geht's gut. Ich war einfach nur neugierig wegen Solomon, mehr nicht. Ist keine große Sache."

Jessica stand auf und sammelte ihre Decken zusammen.

„Mir wird kalt. Ich werde in meinem Zimmer zu Ende lesen."

Als Jodi ihre Tochter gehen sah, tat es ihr im Herzen weh. Gott, warum muss es so schwer sein? Früher ist es mir so leichtgefallen, mit Jessica zu reden. Verliere ich sie?

Wo kommt denn dieser Gedanke her? Ich verliere Jessica nicht. Jessica ist ein Teenager, da gehört dieses launische Verhalten einfach dazu.

Bei Jodi war es so gewesen. Tatsächlich war es sogar so, dass ihre Liebe zu Pferden und ihr Wissen darum, wie sie ein verletztes Herz berühren konnten, im Laufe ihrer eigenen Teenager-Jahre entstanden waren – als die Angst und das Drama des ersten gebrochenen Herzens begonnen hatten, sie aufzufressen. Später erzählte Jodi den Leuten oft, dass die Pferde sie zu Gott geführt hätten – obwohl ihr damals gar nicht klar war, dass *er* es war, den sie da erlebte. Dass die Pferde nur ihre Gesellschaft suchten, völlig unbeeindruckt davon, wie sie aussah oder was sie getan hatte, dass die Tiere einfach nur bei ihr sein wollten, das pflanzte einen Samen in ihr Herz. Einen kleinen Gedanken, dass sie es vielleicht – aber nur vielleicht – wert war, dass man sich mit ihr abgab. Eines Tages, Jahre später, begann der Same zu keimen, als sie einen liebevollen und guten Gott kennenlernte, der sie genug liebte, um Pferde in die Welt zu setzen, die sie letztendlich zu ihm führten.

Jodi aß zu Ende, überprüfte Richards Algebra-Aufgaben – dankbar um die Lehrer-Ausgabe des Buches, die alle Lösungen enthielt – und sah nach Jessica, die ganz in die Moore der *Sturmhöhe* vertieft war. Dann ging sie zurück zum Büro, um ein paar Anrufe und Rückrufe zu erledigen und Papierkram von einigen neuen Klienten durchzusehen, die um ihre Dienste baten. Sie würden wahrscheinlich nur noch einmal kommen können, bevor es zu kalt wurde und die Ranch in die Winterpause ging.

Nachdem sie ihren letzten Anruf hinter sich gebracht hatte, warf sie einen Blick auf die Uhr. „Schon vier?“ Ihr Blick fiel auf die „Sei dankbar“-Karte, die Richard zuvor dort aufgehängt hatte, und sie musste lächeln.

Genau in dem Moment kamen Linda und Amanda ins Büro. „Oh, hier ist es aber angenehm!“, sagte Linda und schloss rasch die Tür gegen den beißenden Wind. „Meinst du, die Kinder wollen vielleicht lieber hier Brettspiele spielen, statt mit den Pferden zu arbeiten?“

„Keine Chance“, sagte Jodi lachend.

Die drei Frauen schnappten sich Halfter und Führstricke und gingen dann auf die Koppel, um Bubba Jack, Opie, Samson und Lady zu holen. Jodi fiel etwas zurück, als sie der Weide näher kamen, und sah zu den Pferden. Sie hatte nicht vorgehabt, so lange im Büro zu sein. Ty würde bald nach Hause kommen. Sie wusste, dass er sich daheim um alles kümmern würde, doch ein Gefühl der Schuld nagte an ihr. Sie war die Mutter. Sollte nicht sie diejenige sein, die daheim alles im Griff hatte? Sie seufzte resigniert, bevor sie sich wieder auf die anstehende Aufgabe konzentrierte. Es fiel den Frauen nicht schwer, die Pferde einzusammeln, mit denen sie arbeiten würden. Sie brachten sie zur Reithalle, wo sie ihnen Halfter und Führstrick abnahmen und sie frei herumlaufen ließen, bis die Kinder kamen.

Einige Minuten später hörte Jodi, wie ein großes Fahrzeug auf die Einfahrt einbog. Als sie den überdachten Sandplatz verließ, um ihre Gäste zu begrüßen, rannte eine Gruppe Kinder auf sie zu.

„Schau mal, da! Am Zaun – richtig echte Pferde!“, rief ein kleines Mädchen.

Jodi fühlte, wie ihr vor Freude und Mitgefühl warm ums

Herz wurde. Ja, ihre eigenen Kinder brauchten sie und würden immer Vorrang haben. Doch diese Kleinen hier brauchten sie auch. Sie brauchten HopeWell und die Heilung, die dieser Ort ihnen bieten konnte.

5

Als Jodi Mrs. Jeffries und die Kinder begrüßte, fiel ihr ein bekanntes Gesicht auf.

„Hi, Shontell", sagte sie.

Shontell strahlte sie aus großen braunen Augen an.

„Haley war meine Freundin", erzählte sie. „Sie hat in der Pause immer mit mir gespielt. Aber sie ist gestorben, und jetzt können wir nicht mehr miteinander spielen."

Es brach Jodi das Herz, dass dieses kleine Mädchen in seinem jungen Leben schon so viel Verlust hatte erleben müssen. Ihr einziges Zuhause und die einzige Familie, die sie je gekannt hatte, hatte sie verloren, als ihre Mutter verhaftet wurde und ins Gefängnis kam. Und jetzt auch noch ihre Freundin Haley. Jodi hätte die Kleine am liebsten in den Arm genommen und sie vor jedem weiteren Schmerz bewahrt. Wenn das nur möglich wäre.

„Oh, meine Kleine, es tut mir so leid, dass du deine Freundin verloren hast."

„Kann ich die Pferde sehen?", fragte Shontell.

„Aber klar doch! Heute kannst du eine Menge Pferde sehen!"

Shontells Gesicht hellte sich auf, und wo gerade noch Traurigkeit gewesen war, strahlte jetzt die reine Freude. Jodi verspürte einen Anflug von Neid und war sich nicht sicher, ob sie damit auf Shontells Fähigkeit reagierte, ihre Trauer abzuschotten, oder auf ihre Fähigkeit, dazu zu stehen. Um das herauszufinden, blieb ihr aber keine Zeit. Jodi hieß alle weiteren Kinder willkommen und stellte ihnen kurz die Ranch vor, bevor sie sie in zwei Gruppen aufteilte und jeder Gruppe eine Leiterin zuteilte, die ihnen die Tiere zeigen sollte. Das Ziel dieser Gruppeneinheit war es, den Kindern ein sicheres Umfeld zu bieten, in dem sie sich mitteilen konnten, wenn sie wollten. Niemand würde sie zwingen zu reden. Der Schwerpunkt lag einfach darauf, für sie da zu sein. Die Kinder konnten selbst entscheiden, wie schnell sie vorangehen wollten.

Sie hatten bereits ausgemacht, dass Jodi in der Reithalle bleiben würde, wo sie den Kindern die vier Pferde vorstellen würde, die sich innerhalb der Umzäunung bewegten. Shontells Gruppe ging zunächst mit Linda hinaus zu den Hasen, während Amandas Gruppe erst mal auf dem Sandplatz blieb. Die Gesichter der Kinder, als die Pferde sich ihnen näherten … – einfach unbezahlbar. Einige machten große Augen, anderen blieb der Mund offen stehen, und manche neigten den Kopf, als Samson und Opie sich über das hölzerne Geländer lehnten. Normalerweise berührte es Jodie immer, die authentische Ehrfurcht und ungeheuchelte Freude in den Gesichtern der Kinder zu sehen, wenn sie auf die Pferde trafen. Doch heute machte es sie aus irgendeinem Grund traurig. Bubba Jack stupste sie über den Zaun an der Schulter. *Mein hingegebenes Publikum ist hier, um mich zu sehen, nicht um dir dabei zuzusehen, wie du deine Gefühle sortierst*, schien sein alles andere als sachter Stupser zu bedeuten.

„Benimm dich mal, Bubba Jack“, wies ihn Jodi zurecht. Sie übte sanften Druck auf seine Brust aus, um ihn einige Schritte rückwärts gehen zu lassen. „Sie mögen hier sein, um dich zu sehen, aber das entschuldigt nicht dein schlechtes Benehmen, mein Freund!“

Bubba Jack machte ein paar betont langsame Schritte nach hinten und ließ dann einen ohrenbetäubenden Schrei hören. Einige der Kinder hielten sich die Ohren zu. Ein paar zuckten zusammen. Ein kleiner Junge imitierte den Esel – er warf den Kopf zurück und gab sein eigenes *I-aah* von sich. Bubba Jack war im siebten Himmel! Er antwortete sofort, was dazu führte, dass die Reithalle von einem regelrechten Choral aus *I-aah* und Gelächter erfüllt wurde. Ihrem albernen Esel war es gelungen, einer Gruppe trauernder Kinder ein Lachen zu schenken. Da waren seine schlechten Manieren sofort vergeben. Jodi küsste das Tier auf den Kopf und ging dann dazu über, den Kindern Interessantes über ihre neuen Freunde zu erklären und ein paar Geschichten zu erzählen.

„Bubba Jack und Samson stammen von derselben Farm im Norden."

Ein kleiner Junge sah Jodi traurig an und fragte: „Wollten ihre alten Besitzer sie denn nicht mehr haben?"

Jodi ging in die Hocke, um dem Jungen in die Augen zu sehen.

„Die Leute, die sich um Bubba Jack und Samson kümmerten, mussten in ein kleineres Haus ziehen und hatten dort keinen Platz mehr für die beiden. Als sie von HopeWell erfuhren, dachten sie, das wäre ein guter Ort für ihre geliebten Tiere. Sie wollten, dass Bubba Jack und Samson anderen Leuten dabei helfen konnten, glücklich zu sein, so wie sie sie glücklich gemacht hatten."

Jodi machte eine Handbewegung zu dem kastanienbraunen Araber, der auf dem Sand umherschritt. Wie auf Befehl hielt Opie inne und sah zu ihr und der Gruppe Kinder hinüber.

„Das ist Opie“, sagte sie, mit dem Finger auf das kleine Pferd mit den zierlichen Knochen zeigend. „Kann mir jemand sagen, welchen Buchstaben ihr auf seinem Gesicht lesen könnt?“

Sofort reckten sich kleine Kinderhände in die Luft. Jodi wählte ein zierliches Mädchen mit wildem Lockenkopf aus. „T“, antwortete dieses leise.

„Ganz genau!“

„Wie ist Opie hierhergekommen?“, fragte eine neugierige junge Stimme.

„Opie wurde auf einer Farm zurückgelassen, als sein Besitzer wegzog“, erklärte Jodi. „Er wurde dort von einer sehr netten Frau gefunden und gerettet, die eine Pflegeeinrichtung betrieb – eine besondere Farm, auf der Pferde aufgenommen werden. Sie behielt Opie dort, bis sie von HopeWell erfuhr, und so durfte Opie dann zu uns.“

„Ich will auch hier wohnen!“, rief ein kleiner Junge.

Lady wählte diesen Augenblick, um sich in den Dreck zu legen und sich hin und her zu wälzen, wobei ihre Beine in sämtliche Richtungen schlenkerten. Die Kinder brachen in Lachen aus. Einige Jungs fingen an, ihre Arme in der Luft herumschlackern zu lassen und so Ladys Bewegungen nachzuahmen. Lady beendete ihr spontanes Sandbad, stand auf und schüttelte sich einmal von Kopf bis Schweif. Dann stellte sie sich zu Opie in die Mitte des Sandplatzes. Nun holte Jodi die Kinder paarweise in den umzäunten Bereich des Platzes, sodass sie die Pferde bürsten und ein paar Minuten mit ihnen verbringen konnten. Die Kinder stellten sich eifrig an und gaben sich alle Mühe, geduldig zu sein. Das dritte Paar, das zu Jodi und den Pferden hereinkommen durfte, hatte eine ganze Liste an Fragen, die sie stellen wollten.

„Kennen die Pferde eigentlich ihren Namen?“

„Ist Bubba Jack ein einziger Name oder ein Vor- und ein Nachname?“

„Mögen Pferde Pizza?“

„Sind Pferde manchmal traurig?“

Jodi fiel auf, dass die Augen des kleinen Jungen nach Opie suchten, als er diese Frage stellte.

„Das sind sie mit Sicherheit. Pferde können sogar alles Mögliche fühlen. Sie können glücklich, traurig oder einsam sein.“ Sie hielt einen Moment inne und wandte sich dann den anderen Kindern zu, die mit Amanda jenseits des Zauns warteten. „Was gibt es denn noch für Gefühle, die Menschen haben können?“

„Albern?“, rief ein kleines Mädchen.

„Vielleicht eifersüchtig? Wenn ihr Freund einen Apfel kriegt und sie nicht?“, schlug ein anderes vor.

„Da wäre ich wütend!“, erwiderte ein Junge.

„Kann Pferden etwas peinlich sein?“, fragte ein anderer.

„Menschen können wirklich viel fühlen, nicht wahr?“, sagte Jodi. „Und wisst ihr was? Das können Pferde auch. Zum Beispiel habt ihr gerade gesehen, dass sich Bubba Jack und Lady ein bisschen albern aufgeführt haben, oder?“ Die Kinder nickten und kicherten. Ein paar machten sogar Bubba Jacks Brüllen und Ladys Gezappel nach.

„Manchmal sehe ich, dass Opie einsam wirkt, wenn die anderen ihn nicht mit ihnen zusammen fressen lassen. Und manche unserer Pferde verhalten sich manchmal wütend oder eifersüchtig. Und dann gibt es natürlich noch ein Gefühl, über das wir noch nicht gesprochen haben, das Pferde aber auch haben können. Habt ihr eine Idee, was das sein könnte? Habt ihr schon mal Angst gehabt?“

Einträchtiges Nicken war die Antwort, und ein paar der Kinder wurden genauer:

„Ich habe Angst vor Spritzen!"

„Ich habe Angst vor dem Dunkeln."

„Ich habe Angst vor Brokkoli!"

„Ich habe Angst, dass ich so sterben werde wie Haley."

Jodi konnte nicht ausmachen, wer diese letzten Worte gesprochen hatte, doch sie ließen alle verstummen. Es kam Jodi so vor, als wären sogar die Pferde als Reaktion auf die Emotionen der Kinder stiller geworden. Jodi hatte schon oft gehört, dass ein Pferd weiß, was man fühlt, noch ehe man es selbst merkt, und aus Erfahrung konnte sie das nur bestätigen. Ihre bemerkenswerte Fähigkeit, selbst kleinste Bewegungen zu bemerken und darauf zu reagieren, sowie die Tatsache, dass Pferde den menschlichen Herzschlag selbst aus über einem Meter Entfernung noch hören konnten, machten es nicht besonders verwunderlich, dass Pferde Menschen oft besser einschätzen konnten, als Menschen das untereinander vermochten.

„Wir wissen viel über Angst, nicht wahr? Danke, dass ihr mir mitgeteilt habt, was euch Angst macht. Wisst ihr was? Vor den meisten Dingen, von denen ihr gerade gesprochen habt, habe ich auch Angst."

„Echt jetzt?", fragten einige Kinder völlig verdattert. „Aber Sie sind doch erwachsen!"

„Ja, ich *bin* erwachsen, aber Erwachsene bekommen genauso Angst wie Kinder. Und Pferden geht es auch so." Jodi nickte in Richtung des hinteren Teils des Sandplatzes. „Wollt ihr wissen, wovor Lady vor ein paar Tagen wirklich Angst hatte?"

Eifriges, erwartungsvolles Kopfnicken.

„Vor einer Plastiktüte vom Lebensmittelgeschäft!" sagte Jodi.

„Einer Plastiktüte?", fragte der Brokkoli-phobe Junge von vorhin skeptisch.

„Wirklich wahr", versicherte Jodi. „Eine Plastiktüte wurde auf die Weide geweht, Lady machte einen Satz in die Luft, wieherte und rannte dann los, so schnell sie konnte, um davon wegzukommen."

Einige Kinder lachten, doch ein kleines Mädchen sah sie sehr ernst an und fragte: „Warum hatte sie solche Angst vor der Tüte?"

Jodi wartete ab, bis sich die anderen Kinder beruhigt hatten. „Lady ist es einfach nicht gewöhnt, Plastiktüten zu sehen, und hatte keine Ahnung, was das überhaupt war. Wisst ihr, manchmal haben wir die größte Angst vor den Dingen, die wir nicht verstehen." Jodi machte eine kurze Pause, damit die Kinder ihre Worte verarbeiten konnten.

„Aber Pferde sind doch so groß und Plastiktüten können ihnen nicht wehtun", stellte ein Junge klar.

„Das ist richtig. Aber das wissen sie nicht immer. Pferde haben einen Instinkt – das ist etwas, das man von Geburt an kann –, und der bringt sie dazu, vor allem wegzurennen, das ihnen wehtun könnte. Da Pferde ja keine Klauen oder spitze Zähne haben, mit denen sie sich beschützen könnten, sagt ihnen ihr Instinkt, dass sie wegrennen sollen, sobald sie irgendetwas sehen, das auch nur gefährlich sein könnte – ganz besonders dann, wenn sie dieses Ding noch nie zuvor gesehen haben. Ihr Instinkt ist es auch, der dazu führt, dass sie sich immer in einer Gruppe aufhalten wollen. Bei Pferden nennen wir das eine Herde. Das tun sie, weil es in der Gruppe für sie sicherer ist. So können sie sich damit abwechseln, nach Gefahren Ausschau zu halten."

Als hätten sie für diesen Moment geprobt, kamen Bubba

Jack, Lady, Samson und Opie in der Mitte des Sandplatzes zusammen.

Jodi führte die Kinder näher an Lady heran und fragte: „Sieht Lady gerade ängstlich aus?“

„Nein“, antworteten die Kinder im Chor.

„Lady kennt diesen Sandplatz, sie kennt mich und nun kennt sie auch euch. Und außerdem hat sie ihre Freunde dabei. Lady fürchtet sich im Moment nicht, weil sie darauf vertraut, dass wir uns gut um sie kümmern und dass ihre Freunde bei ihr bleiben. Es ist fast so, als würde sie ihre Angst mit ihnen teilen. Findet ihr, dass es gut ist, seine Ängste mit Leuten zu teilen, denen man vertraut?“

Einige Kinder nickten.

„Es ist eine gute Sache, wenn ihr jemandem, dem ihr vertraut, von euren Ängsten erzählt. Oder wenn ihr etwas nicht versteht. Oder wenn euch etwas traurig oder wütend oder glücklich macht“, fuhr Jodi fort. „Wenn wir mit vertrauten Menschen über unsere Gefühle reden – zum Beispiel darüber, was uns Angst macht –, dann können diese Menschen uns dabei helfen, nicht mehr so viel Furcht zu haben.“

„Wie würden diese Leute das denn machen?“, fragte der brünette Lockenkopf.

„Vielleicht haben sie ja in der Vergangenheit etwas Ähnliches schon selbst erlebt und können euch sagen, dass am Ende alles gut wird. Oder sie könnten euch zeigen, dass das, wovor ihr so viel Angst habt, eigentlich nur wie diese Plastiktüte ist – überhaupt nicht so gefährlich, wie ihr dachtet. Vielleicht sagen sie euch aber auch, dass es tatsächlich angebracht ist, sich zu fürchten, weil die Situation wirklich angsteinflößend ist, aber sie versprechen euch gleichzeitig, bei euch zu bleiben, sodass ihr nicht allein seid.“ Jodi zeigte auf die Herde, die sich auf dem Platz zusammendrängte. „So wie es unsere Pferde gerade tun."

Einige Kinder sahen zu den Pferden hinüber, während Jodi ihre spontane Ansprache beendete. „Es freut mich so für euch, dass ihr Menschen habt, denen ihr euch anvertrauen könnt – Menschen wir Mrs. Jeffries, eure Eltern und die Menschen, die sich um euch kümmern – und nun auch mich und meine Freunde auf HopeWell, mitsamt unseren Pferden." Sie beugte sich vor und sprach leiser, als würde sie ihnen gleich ein Geheimnis verraten. „Mit Pferden kann man toll reden und seine Gefühle mitteilen, weil sie genau wissen, wie es ist, Angst zu haben. Und ...", sie machte eine kurze dramatische Pause „sie können auch gut Geheimnisse bewahren!"

Mehrere Mädchen kicherten.

„Das stimmt wirklich. Meine Pferde haben noch nie irgendwem meine Geheimnisse verraten", sagte Jodi lächelnd. Ihr Handy-Alarm erinnerte sie daran, dass es nun an der Zeit war, mit den Kindern zur nächsten Station zu gehen.

„Wir haben noch zehn Minuten, bevor Ms. Amanda euch noch ein bisschen mehr von der Farm zeigt. Wenn ihr nochmal zu den Pferden möchtet, stellt euch bitte hier an", sagte sie und zeigte auf das Gatter. „Und wenn ihr gerne für eines unserer Pferde, für Haley oder für sonst irgendjemanden einen kleinen Brief schreiben oder ein Bild malen möchtet: Dafür haben wir auf dem kleinen Tisch dort drüben jede Menge Papier, Filzstifte und Buntstifte und auch Umschläge, in die ihr eure Briefe stecken könnt."

Zehn Minuten später winkte Jodi der ersten Kindergruppe zum Abschied und der zweiten zur Begrüßung. Diese Gruppe hatte jede Menge zu berichten von Hasen, Ziegen und den Pferden, die sie auf der großen Weide gesehen hatten. Sie liebte die Energie, die die Kinder mit in die Reithalle brachten. Bubba Jack ging es genauso. Kaum waren die Kinder angekommen, ließ er einen weiteren ohrenbetäubenden Eselsschrei hören, da er offensichtlich auch am Gespräch beteiligt werden wollte.

Das Kennenlernen verlief bei der zweiten Gruppe im Großen und Ganzen wie bei der ersten. Jodi war dankbar, dass sie durch die Interaktion mit den Pferden Gelegenheit hatte, über so große Begriffe wie Angst und Einsamkeit zu sprechen, ohne die Kinder zu überfordern. Als sich auch die Zeit mit dieser Gruppe dem Ende zuneigte, kamen die beiden Gruppen wieder zusammen und Jodi führte alle Kinder gemeinsam hinaus zum Pavillon. Sie nahm sich Zeit, Fragen über die Tiere zu beantworten, bis die Eltern und Betreuer der Kinder ankamen. Zwischen all den Verabschiedungen und Danksagungen spürte Jodi plötzlich ein Ziehen an ihrem Mantel. Shontells große braune Augen sahen sie an.

„Kann ich das neue Pferd sehen?"

Jodi brauchte einen Moment, um zu verstehen, was Shontell von ihr wollte.

„Ach ja, richtig, du warst ja hier, als wir Solomon hergebracht haben, nicht wahr?"

„Ja. Warum war er denn heute Abend nicht da?", fragte das Mädchen.

„Er gewöhnt sich immer noch auf HopeWell ein und muss seine neuen Freunde erst einmal kennenlernen. Und da wollten wir ihm keine Angst einjagen, indem wir ihn an einen fremden Ort bringen."

„Gefällt es ihm hier?", fragte Shontell.

Jodi wollte so sehr Ja sagen und Shontell versichern, dass er es hier toll fand, dass seine neuen Freunde ihn liebten und dass von hier an alles wunderbar sein würde. Aber sie konnte sie nicht anlügen.

„Ich hoffe, dass es ihm gefällt“, sagte sie ehrlich. „Es fällt ihm noch ein bisschen schwer, mit seinen neuen Kumpels zurechtzukommen. Die wissen noch nicht so recht, was sie von ihm halten sollen. Ich glaube sogar, dass sie ein bisschen Angst vor ihm haben, und deswegen behandeln sie ihn nicht so gut.“

„Das passiert manchmal“, sagte Shontell mit einer Autorität, wie man sie nur durch persönliche Erfahrung gewinnt. „Können wir ihn angucken gehen?“, fragte sie noch einmal.

Jodi zögerte. Solomon hatte keine Kinder mehr um sich gehabt, seit er vor über zwei Wochen auf die Ranch gekommen war. Andererseits wollte sie Shontell aber auch nicht enttäuschen.

„Weißt du was“, sagte sie und legte ihre Hand auf Shontells Schulter. „Wenn deine Pflegemutter Ja sagt, gehen wir rüber auf Solomons Weide. Wir können nicht hineingehen, aber wenn er zum Zaun kommt, kannst du ihm Hallo sagen. Wir überlassen es ihm. Wie klingt das?“

Shontell nickte eifrig. „Super!“

Die Pflegemutter gab Shontell die Erlaubnis, und so führte Jodi sie hinüber zur Koppel. Sie hielt kurz beim Sicherungskasten, um den Strom für den Weidezaun abzudrehen. Normalerweise war dieser immer eingeschaltet, um die neugierige und zielstrebige Herde davon abzuhalten, ein fröhliches Stelldichein auf der ganzen Ranch abzuhalten. Doch nun waren Opie, Bubba Jack, Samson und Lady noch in der Reithalle, und Victory und die anderen waren ganz auf ihre abendliche Heu-Ration fokussiert, die gerade verteilt worden war. Als sie der Weide näher kamen, hob Solomon den Kopf, weitete die Nüstern und stellte die Ohren nach vorn gerichtet auf.

„Hi, Solomon!“, rief Shontell ihm zu. „Magst du rüberkommen und mir Hallo sagen?“

Wie könnte man das nicht? fragte sich Jodi voll Mitgefühl mit dem kleinen Mädchen. Doch Solomon bewegte sich nicht vom Fleck. Der Rest der Herde sah in ihre Richtung, doch als den Tieren klar wurde, dass Jodi keine Leckerlis für sie dabeihatte, wandten sie sich wieder ihrem Heu zu. Sie wollte der Kleinen gerade erklären, dass Solomon noch etwas Zeit brauchte, um sich einzuleben, als dieser plötzlich anfing, auf sie zuzulaufen. Sie musste sich zusammenreißen, vor lauter Überraschung nicht mit offenem Mund dazustehen.

„Er kommt!“, quietschte Shontell.

Ihr Gesicht strahlte vor Freude. Bei allem, was sie in ihrem jungen Leben schon durchgemacht hatte, erschien es wie ein Wunder, dass etwas so Simples wie ein herannahendes Pferd ihr solche Freude bereiten konnte.

„Wow ...“, hauchte Shontell und machte einen Schritt zurück, um das große kupferfarbene Pferd auf der anderen Seite des Gatters auf sich wirken zu lassen. „Er ist echt groß.“

Das Pferd und das Mädchen standen einander einige Augenblicke lang von Angesicht zu Angesicht gegenüber. Jodi behielt die anderen Pferde im Blick, doch die waren so mit ihrem Heu beschäftigt, dass sie keinerlei Interesse an dem besonderen Treffen am Gatter zu haben schienen.

„Ms. Jodi?“ Jodis Aufmerksamkeit kehrte zurück zu der Szene vor ihren Augen. „Ich finde diese weiße Linie auf Solomons Gesicht so schön. Sie sieht aus, als hätte jemand mit Kreide darauf gezeichnet. Kann ich sie anfassen?“

Jodi wollte Solomon nicht drängen oder unnötig Öl ins Feuer der Herdendynamik gießen. Sie arbeitete mit ihren Pferden zwar immer hart daran, dass sie menschliche Berührung tolerierten – insbesondere Kraulen, Streicheln und Stupsen – doch mit Solomon hatte sie noch nicht genug Zeit verbracht, um sich sicher zu sein, dass er das tolerieren würde. Sie wollte lieber auf Nummer sicher gehen. Also ging sie in die Hocke, um mit Shontell zu sprechen.

„Ich glaube, heute sollten wir Solomon lieber nur mit Worten begrüßen. Aber vielleicht kannst du die weiße Linie an seiner Schnauze berühren, wenn du das nächste Mal da bist, okay?"

„Okay", stimmte Shontell zu.

Jodi konnte die Enttäuschung des Mädchens spüren, doch Shontell hob einfach die Hand, um Solomon zu winken. Jodi sah erstaunt zu, wie er sich über das Gatter lehnte, den Kopf senkte und seine Schnauze direkt vor ihre Augen hielt. Shontell stand da wie erstarrt. Sie warf Jodi einen fragenden Blick zu, während Solomon völlig ruhig dastand – Ohren nach vorn gerichtet, Lippen entspannt, alle vier Füße ruhig. Shontell bekam fast so runde Augen wie das Pferd und sah Jodi weiter mit dieser unausgesprochenen Bitte um Erlaubnis an. Jodi nickte und formte ein *Okay* mit den Lippen. Das Gesicht des Mädchens erhellte sich, während sie vorsichtig den rechten Zeigefinger hob und damit ganz sanft die feine weiße Linie entlangfuhr, die zwischen Solomons Augen begann und bis zu seiner Nase führte.

„Hi Solomon. Ich bin Shontell. Ich bin acht Jahre alt", flüsterte sie, während sie ihre Hand wieder senkte. „Unsere Namen fangen beide mit S an."

Solomon nickte zweimal und zog den Kopf dann wieder über das Gatter zurück.

„Danke, Ms. Jodi", sagte das Mädchen strahlend. Sie warf einen Blick hinter Jodi und sah dort ihre Pflegemutter. „Ich glaube, ich muss jetzt los. Tschüss, Solomon! Ich bin froh, dass du jetzt mein Freund bist!"

Sprachlos winkte Jodi ihr hinterher.

Nun, das wird ja wohl ... Das war doch ein Zufall, oder? Solomon konnte doch nicht wissen, was Shontell von ihm wollte ... oder? Sie betrachtete Solomon, wie er da vor dem Gatter stand.

„Du hast der Kleinen gerade den Tag gerettet. Vermutlich hast du sie für die ganze Woche glücklich gemacht. Unglaublich, was du ihr da für ein Geschenk gemacht hast ..." Sie streckte die Hand aus und fuhr sanft die feine weiße Linie auf seiner Schnauze nach. „Danke."

„Was ist denn hier los?", fragte Linda neugierig.

„Ich bezweifle, dass du mir das glauben wirst, was ich dir jetzt erzähle", sagte Jodi, immer noch völlig verblüfft über Solomons Sensibilität.

„Versuch es."

Als Jodi mit ihrer Erzählung fertig war, hatte Linda dieses Funkeln in den Augen, das oft bedeutete, dass sie eine Idee hatte, die sie ausprobieren wollte.

„Ich traue mich gar nicht zu fragen, was gerade in deinem Kopf vorgeht, Linda."

Linda kicherte. „Ich denke nur, es wäre an der Zeit, Solomon alles beizubringen, was er als HopeWell-Pferd können muss", sagte sie ganz nüchtern.

„Aber er gewöhnt sich doch gerade erst in die Herde ein", protestierte Jodi. „Ich bin mir sicher, dass er noch nicht so weit ist."

Linda lächelte. „Ich glaube, er hat dir gerade mitgeteilt, dass er sehr wohl so weit ist. *Und* wir haben einen wundervollen kleinen Jungen, der ihn kennenlernen muss."

„Meinst du etwa Shawn?", fragte Jodi, den Zwölfjährigen vor Augen, den sie bislang so erfolglos mit einem der Pferde hatten zusammenbringen wollen. „Aber nicht einmal unsere dafür *trainierten* Pferde kommen mit seinem unberechenbaren Verhalten zurecht. Wie soll Solomon also bitte mit Shawn arbeiten können?"

„Nenne es eine Ahnung, aber ich glaube, es ist einen Versuch wert. Und Shawn braucht was Größeres als die Hasen, mit denen er bislang arbeitet."

Jodi blickte von Linda zu Solomon und dann zu dem Fleck, an dem Shontell keine zehn Minuten zuvor noch gestanden hatte. Ihr fiel wieder ein, wie sanft der Wallach seinen Kopf zu dem Mädchen gesenkt hatte. Und wie er zu wissen schien, was sie wollte. Während ein kalter Windstoß Jodi ins Gesicht fuhr, erwärmte plötzlich ein Versprechen ihr Herz. Ein Versprechen, das Gott ihr gegeben hatte – nämlich, dass er Leben aus Tod, Hoffnung aus Schmerz und Licht aus Dunkelheit hervorbringen würde.

Sie wusste zwar nicht genau, welchen Platz Solomon in diesem Versprechen einnahm, doch sie war bereit und willens, es auszuprobieren.

6

„Na, komm schon, Solly, lauf nicht weg“, bat Jodi das Pferd und benutzte dabei seinen Kosenamen. „Ich will dich doch nur zur Anbinde-Stelle bringen.“ Sie zeigte auf den Balken, der keine fünf Meter entfernt stand.

„Okay“, gab sie nach und hielt das Halfter und den Führstrick hoch, die sie die ganze Zeit hinter dem Rücken versteckt hatte. „Da sind sie ... siehst du? Da gibt es wirklich nichts zu fürchten. Das ist dein Ticket zu etwas Spaß außerhalb der Weide.“

Solomon hörte auf zurückzuweichen. Er sah erst Jodi an, dann die Gegenstände in ihrer Hand. Und ging wieder drei Schritte rückwärts.

Mist. Jodi sah auf die Uhr. Zwei Stunden hatte sie noch, bevor sie sich fürs Weihnachtsshopping mit Jessica umziehen musste. Es hatte sie unglaublich gefreut, dass ihre Tochter sie wegen eines Geschenks für Richard um Rat gefragt hatte. Und sie war schier ausgeflippt vor Freude, als Jessica ihr einen gemeinsamen Weihnachtsbummel vorschlug. Zugegebenermaßen hatte es sie etwas verletzt, dass der Teenager einen Kleiner-Finger-Schwur verlangte, dass sie weder zu spät kommen noch in letzter Minute absagen würde. Doch da beides in letzter Zeit sehr viel öfter vorkam, als es sollte, hatte sie freudig den kleinen Finger hergegeben. Ihre Bereitschaft, ein so verbindliches Versprechen abzugeben, hatte ihrer Tochter ein strahlendes Lächeln ins Gesicht gezaubert. Und Jodi hatte auch keinerlei Zweifel gehabt, dass sie das Versprechen würde halten können, als sie vor fünfundvierzig Minuten die Koppel betreten hatte, um Solomon zu seiner offiziellen Trainingseinheit zu holen. Doch seit sie durch das Gatter getreten war, lieferte sich der Wallach mit ihr ein fröhliches „Fang mich doch"-Spiel.

„Bleib", befahl sie, als würde sie mit ihrem Hund Traverse sprechen. „Du brauchst überhaupt keine Angst zu haben. Komm schon, du musst einer Mutter helfen!"

Solomon blickte von Jodi zu seinen Koppelkumpels. Er stampfte zweimal mit dem Fuß auf, lief zu Bubba Jack und versenkte den Kopf in der Heubox.

„Das nehme ich mal als ein Nein", murmelte Jodi.

Auch wenn es Wochen gedauert und einige Herausforderungen gekostet hatte, nun gewann die Herde Solomon endlich lieb und nahm ihn bei sich auf. Sosehr es Jodi auch begeisterte, dass auf der Weide endlich Frieden herrschte, so hatte sie es doch eilig, das Training mit Solomon zu beginnen. Sie war zuversichtlich, dass er schnell lernen würde. Bis Weihnachten waren es noch zwei Wochen, und wenn sie jetzt mit der Arbeit anfingen, hätte er mehrere Monate Vorbereitungszeit, bevor die Therapien im April wieder anfingen.

Jodi fand es furchtbar, dass sie die Therapieeinheiten im Winter nicht weiterführen konnten. In einer perfekten Welt hätte HopeWell rund ums Jahr geöffnet. Doch die Winter in Michigan hatten mit einer perfekten Welt meist wenig zu tun. Sie war nur dankbar, dass das eiskalte Wetter lange genug gewartet hatte, dass sie noch ihren Tag der offenen Tür für die momentanen Klienten und Freiwilligen hatten durchführen können. Diese Veranstaltung im November – die letzte große des Jahres – war immer bittersüß. Jodi würde ihre

Klienten vermissen, von denen viele für sie schon zur Familie gehörten. Sie machte sich Sorgen um diejenigen, die finanziell schlecht dastanden, und fragte sich, wie sie wohl durch den Winter kommen würden. Sie sorgte sich auch um die, die starke emotionale Schmerzen hatten, die trauerten, die einsam und isoliert waren. Manchmal schien die Gabe des Mitgefühls und des Erbarmens mehr Fluch als Segen zu sein.

Jodi zwang sich, ihre Gedanken wieder auf die Gegenwart zu richten. Außer für ihre Klienten zu beten und sich telefonisch ab und zu bei ihnen zu melden, gab es nichts, was sie im Moment tun konnte. *Also eigentlich ... gibt es ja doch etwas, das ich tun kann. Ich kann Solomon trainieren, sodass unsere Klienten, wenn sie wiederkommen, ein weiteres Pferd haben, mit dem sie arbeiten können.*

Mit neuer Entschlossenheit ging sie langsam auf Solomon zu.

„Ich weiß, dass du das schaffst", beteuerte sie ihm. Solomon drehte sich um und trabte zu Victory.

„Na toll", seufzte Jodi. „*Jetzt* versteht ihr euch. Vergiss mal nicht, dass das derselbe ist, der dich *drei volle Tage lang* gejagt hat!" Sie wurde am Ende des Satzes lauter, weshalb sich einige Köpfe zu ihr wandten.

Während sie ihrer Frustration freien Lauf ließ, kam Bubba Jack zu ihr und senkte den Kopf für sie. Jodi lachte.

„Siehst du, Solomon!", rief sie. „Bubba Jack liebt das Halfter. Er *liebt* es, mitkommen zu dürfen."

Da Bubba Jack bereit war, etwas zu erleben, legte Jodi das Halfter um seinen Kopf und nahm den Führstrick in die Hand. Wie eine Fernsehköchin, die bei der Zubereitung eines Menüs jeden einzelnen Schritt für ihre Zuschauer ausführlich kommentiert, führte Jodi nun für Solomon jede Bewegung detailliert aus.

„Zunächst einmal legen wir dieses wunderschöne – und ganz weiche – blaue Halfter um deinen Kopf. Die Farbe wird so toll aussehen auf deinem kastanienbraunen Fell! Wenn das Halter erst befestigt ist, klippe ich diesen Führstrick ein und wir gehen zusammen zum Gatter. Dann öffne ich das Gatter, und wir gehen gemeinsam zu dem Anbinde-Balken dort drüben."

Nachdem Bubba Jack fertig aufgehalftert war, sah Jodi zu Solomon. Irgendwie hoffte sie, dass er von ihrer gründlichen Schritt-für-Schritt-Unterweisung so beeindruckt sein würde, dass er sich eifrig hinter Bubba Jack anstellen würde, um endlich selbst an der Reihe zu sein. Jedoch ... – er stand am gegenüberliegenden Ende der Koppel und drehte ihr den Rücken zu.

Na, ganz toll.

Bubba Jack schlug mit dem Schweif und richtete die Ohren Richtung Gatter. Von ihm aus konnte es losgehen.

Jodi sah wieder auf die Uhr. Halb drei. Eine Idee nahm in ihrem Kopf Gestalt an – vielleicht würde es Solomon ja inspirieren, wenn sie mit Bubba Jack einen kurzen Spaziergang zum Balken und zurück machte, und vielleicht würde er dann auch einen Spaziergang machen wollen.

„Komm, Bubba Jack, auf geht's", sagte sie und schnipste mit dem Führstrick.

Das musste man Bubba Jack nicht zweimal sagen; der struppige Esel hob Kopf und Schweif und machte sich auf direktem Weg auf zum Gatter. Jodi musste kichern, als er durch den Ausgang tänzelte.

Sie folgte dem Esel zur Anbinde-Stelle, wo Bubba Jack den Ablauf schon in- und auswendig kannte: Der Balken ist der

Ort, an dem ich von meinen Fans angehimmelt, gebürstet und gestriegelt werde. Dann gehe ich mit meinem menschlichen Begleiter spazieren oder, wenn der Mensch klein genug ist, lasse ihn eine Runde auf mir reiten. Zuletzt geht es zurück auf die Weide, wo mich mein wohlverdientes Leckerli erwartet.

Als Bubba Jack am Balken ankam, sah er zweimal nach links und rechts.

„Heute musst du mit mir vorliebnehmen, Bubba. Ich kann dich einmal ordentlich am Rücken kraulen, bevor ich dich wieder auf die Weide bringe.

Das Tier senkte den Kopf, und Jodi kraulte ihm den Rücken, den Nacken und das Hinterteil. Das schien ihn versöhnlich zu stimmen. Als sie ihn zurück auf die Weide brachte, bemerkte sie, dass Solomon sie beobachtete.

„Na, willst du es mal versuchen?"

Solomon lief nicht weg.

Ein Fortschritt? Jodi wagte es, Hoffnung zu hegen. Sie nahm Bubba das Halfter ab.

„Danke für deine Hilfe."

Jodi sah noch mal auf die Uhr. In fünfundvierzig Minuten muss ich unbedingt los. Das sollte reichen, um es noch einmal mit Solomon zu versuchen. Sie ging langsam auf ihn zu.

„Hey, Solomon", sagte sie leise, „möchtest du mal das hübsche Halfter ausprobieren, das Bubba Jack gerade anhatte?"

Solomon hob den Kopf und schlug mit dem Schweif. Als sie noch etwa zwei Meter von ihm entfernt war, drehte er sich um und ging davon. Doch Jodi war fest entschlossen, diesmal zu gewinnen. Sie musste. Wenn sie jetzt aufgäbe, würde er nur eines daraus lernen: dass wegzulaufen eine effektive Methode war, um etwas nicht tun zu müssen, was er nicht tun wollte. Sie würde nicht zulassen, dass seine Angst triumphierte.

Sie ging wieder auf ihn zu. Solomon beäugte sie misstrauisch und entfernte sich um ein paar weitere Schritte.

Während Jodi Solomons Schritte imitierte und ihm dadurch wie bei einem Walzer über die Koppel folgte, kamen ein paar der anderen Pferde dazu, um sich das anzusehen. Doch als ihnen klar wurde, dass es keine Leckerlis abzustauben gab, zogen sie wieder davon. Ihre Beinmuskulatur fing an zu brennen, während sie dem Wallach über die Koppel folgte. Glücklicherweise gab er auf, bevor sie es tat, und blieb in der Nähe des Wassertrogs stehen. Dieses Mal bewegte er sich nicht, als Jodi näherkam und schließlich nah genug stand, um ihm den Hals kraulen zu können.

„Guter Junge, Solomon", sagte sie mit sanfter Stimme. „Ich weiß, dass es dir Angst macht, aber sieh dir an, wie tapfer du bist." Sie hob das Halfter langsam zu seinem Kopf. „Jetzt lass uns das schnell anlegen, kurz zum Balken spazieren und dann gleich wieder zurückkommen. Dann kann ich gehen ..."

Solomon ergriff die Flucht. Erst als er die Weide schon halb durchquert hatte, blieb er stehen.

Jodi sah auf die Uhr, um zu sehen, wie viel Zeit ihr noch blieb. *Vier Uhr!* Während ihres Tänzchens mit Solomon hatte sie jedes Zeitgefühl verloren. Sie hatte keine Wahl. Sie würde morgen noch mal von vorne anfangen müssen. Und diesmal würde sie den ganzen Tag dafür reservieren.

„Ich bin da!", rief Jodi, als sie das Haus durch die Hintertür betrat. Sie war in weniger als fünf Minuten von der Weide hergesprintet und rang nach Luft.

„Jess?", rief sie, während sie die Tür hinter sich schloss.

Jessica kam in die Küche. „Du bist hier!“, sagte sie, unfähig, ihre Überraschung darüber zu verbergen. Sie hob die linke Augenbraue leicht an. „Gehen wir immer noch einkaufen?“

„Na klar! Gib mir kurz zehn Minuten zum Umziehen.“

Jodi kickte die Stiefel in die Ecke, schlug sich die Dusche aus dem Kopf und zog sich rasch um. Fünf Minuten später war sie zurück in der Küche.

„Wow! Das nenn ich mal schnell!“, sagte Jessica mit dem kaum erkennbaren Anflug eines Lächelns.

Keine Medaille und kein Preis der Welt könnte es je mit diesem Lächeln aufnehmen.

Die Einkaufstour war ein voller Erfolg. Sie beide fanden, wonach sie gesucht hatten, sogar zu reduzierten Preisen. Jessica konnte das Videospiel kaufen, das sie für Richard gesucht hatte, und Jodi fand neue Acrylmalstifte und Baumschmuck-Rohlinge zum Selberverzieren. Damit hatte sie vor Jahren für die Kinder angefangen, und irgendwann war es dann zu einem kleinen Nebenerwerb geworden. Doch nachdem sie HopeWell eröffnet hatten, beanspruchte die Farm ihre gesamte Zeit und Aufmerksamkeit. Nachdem sie ein paar weitere Weihnachtsgeschenke eingekauft hatten, gingen die beiden Frauen zum Abendessen zu Culver’s. Während sie ihre Milchshakes schlürften, überraschte Jessica ihre Mutter damit, dass sie sich wieder nach Solomon erkundigte.

„Ehrlich gesagt bin ich seinetwegen ein paar Minuten zu spät dran gewesen“, gestand Jodi, bevor sie ihrer Tochter von ihrem missglückten Trainingsversuch erzählte.

„Ich bin mir sicher, dass er es irgendwann verstehen wird“, versicherte ihr Jessica. „Wahrscheinlich braucht er einfach nur ein bisschen Zeit.“

Jodi griff über den Tisch und drückte ihrer Tochter die Hand. „Danke, dass du das sagst. Manchmal vergesse ich, dass nicht alle so schnell vorangehen wie ich. Ich bin froh, dass du mich daran erinnerst."

Einen Augenblick lang löste sich die Distanz zwischen ihnen auf. Jodi wurde bewusst, wie sehr ihr diese kleinen Mutter-Tochter-Momente gefehlt hatten.

„Jetzt aber genug von mir und der Ranch. Ich will wissen, was bei dir so los ist, Jess."

Jessica erzählte ihr kurz von einigen Büchern, die sie in letzter Zeit gelesen hatte, von Jungen, die sie süß fand, und von ihren Träumen für die Zukunft. Dann wurde sie auf einmal leiser.

„Mom, ich mache mir Sorgen um meine Freundin Christy", gestand sie ein. „Ich glaube, sie hat vielleicht eine Essstörung. Und ich weiß nicht, was ich tun soll."

Jodi war immer ehrlich gewesen, was ihre Schwierigkeiten mit diesem Thema in Teenagerjahren anging. Es freute sie, dass Jessica sich ihr damit anvertrauen konnte.

„Christy hat eigentlich niemanden, mit dem sie über solche Sachen reden kann", sagte Jessica. Jodi wusste, dass Christys Eltern gerade eine hässliche Scheidung durchmachten und Christy dabei zwischen den Stühlen saß. „Ich hab ihr gesagt, dass sie jederzeit mit dir darüber reden könnte, Mom, weil du verstehst, wie schwer es ist, ein Teenager zu sein, und weil du nie urteilend wirst und so ..."

„Es wäre mir jederzeit eine Ehre, mit Christy oder auch jeder anderen Freundin von dir zu sprechen, Jess. Und ich bin auch immer für dich da, wenn du mir etwas erzählen möchtest." Der Ernst des Moments wich Gelächter, als sich ein Stückchen Oreo-Keks in Jessicas Strohhalm verklemmte und sie bei dem Versuch, ihn herauszusaugen, ein Gesicht machte wie ein Fisch. Als sie das Restaurant verließen, kicherten sie immer noch.

Auf dem Weg zurück zu ihrem Van kamen sie auf dem Parkplatz an einem Mann vorbei, der ein Schild hielt mit der Aufschrift: „Hungriger Veteran. Bitte helfen Sie, wenn Sie können." Jodi und Jessica sahen einander an, lächelten und gingen zurück ins Restaurant, um eine Gutscheinkarte zu besorgen. Jodi gab dem Mann die Karte und sagte: „Gott segne Sie!" Der Mann nickte dankbar und lief dann rasch ins Restaurant. Während der Heimfahrt sangen Mutter und Tochter aus voller Kehle Weihnachtslieder. Als Jodi das Auto in die Einfahrt lenkte, lachten beide so sehr, dass es wehtat.

Jodi folgte Jessica ins Haus und fühlte sich so leicht wie seit Jahren nicht mehr. Sie war voller Hoffnung, dass dies den Anfang eines neuen Kapitels markierte – nicht nur für sie und Jessica, sondern für die ganze Familie. *Vielleicht komm ich langsam dahinter, wie dieses „Berufstätige-Mutter-Dasein" funktioniert.*

Angezogen von Rauchgeruch gingen sie Richtung Küche. Dort erwartete die beiden ein höchst aufgeregter Ty.

„Ich bin mir nicht sicher, ob das Essen genießbar ist", sagte er. „Und ich bin mir ziemlich sicher, dass der Ofen geputzt werden muss.

Jodi wusste nicht, ob sie lachen, weinen oder Hilfe anbieten sollte. Doch noch ehe sie darüber entscheiden konnte, traf sie plötzlich ein überwältigendes Schuldgefühl. Sie hatte völlig vergessen, ihm Bescheid zu sagen, dass sie und Jessica auswärts essen würden. *Und ich hätte anbieten sollen, auch Ty und Richard etwas mitzubringen*, dachte sie – nun war es zu spät.

„Ähm ... also, ehrlich gesagt haben Jessica und ich schon gegessen“, beichtete sie.

„Wie bitte?“, protestierte Richard aus dem Wohnzimmer. „Warum darf *sie* auswärts essen gehen und ich nicht? Das ist doch nicht fair!“

„Deine Mutter und deine Schwester haben jedes Recht, zusammen essen zu gehen“, mischte sich Ty ein. „Selbst wenn das bedeutet, dass sie uns den Genuss dieses verkohlten Hähnchens allein überlassen.“

Jodi war dankbar für Tys verständnisvolle Art und versuchte, wenigstens etwas von dem allzu dunkel geratenen Fleisch zu retten, doch da war nichts mehr zu machen. Ty und Richard aßen Müsli zu Abend.

Jodi und Ty waren gerade dabei, ins Bett zu gehen, als Richard den Kopf durch die Tür steckte. „Kann ich morgen mit dir einkaufen gehen, Mom?“

Ungläubig starrte Jodi ihren Teenager-Sohn an. Warum um alles in der Welt sollte er auf einmal lieber mit seiner Mutter einkaufen gehen, als Zeit mit seinen Freunden zu verbringen?! Na klar: Culver’s!

„Tut mir leid, morgen muss ich mit Solomon arbeiten.“

„Das ist nicht fair. Wieso darf ich nicht? Jessica bekommt immer, was sie will.“

„Richard, morgen muss ich mit Solomon arbeiten, aber übermorgen kann ich mit dir in die Stadt fahren.“

Noch ehe sie ihren Satz beendet hatte, fragte er schon: „Können wir dann bei Culver’s zu Abend essen?“

Das Lachen, das sie die ganze Zeit zurückgehalten hatte, brach nun aus ihr heraus. „Na klar.“

„Super! Gute Nacht!“

„Na, das war ja leicht!“, sagte Jodi, noch immer lachend.

Ty blickte finster drein.

„Was ist mit dir los?“

„Ich bin echt sauer, Jodi.“

Jodi ging in Gedanken den Tag durch. Hatte sie vergessen, etwas zu erledigen? Hatte sie etwas Falsches gesagt? War heute irgendein Jahrestag?

„Was ist denn los?“

„Alle dürfen zu Culver’s, nur ich nicht!“, neckte er sie.

Sie schlug spielerisch mit einem Kissen nach ihm.

„Wie wär’s mit Sonntag? Vielleicht sollte ich einen Teilzeitjob bei Culver’s annehmen, um mir diese besonderen Verabredungen alle leisten zu können.“

Tys eben noch fröhliches Lachen erstarb. „Nun ... bei dem Wort ‚Teilzeitjob‘ fällt mir etwas ein: Ich habe heute Abend ein paar Rechnungen bezahlt und einen Blick auf unsere Konten geworfen.“

Jodis Magen sank ihr in die Kniekehlen. Sie hatten diese Unterhaltung schon oft genug geführt, und sie wusste, was jetzt kommen würde.

„Wie schlimm ist es?“

„Es ist knapp“, sagte Ty. „Keine Katastrophe, aber da Weihnachten unmittelbar bevorsteht, müssen wir aufpassen.“

Er versuchte, die Nachricht mit einer gewissen Leichtigkeit zu überbringen, doch Jodi spürte die große Last, die auf seinen Schultern lag. Sie hasste es, nicht in der Lage zu sein, etwas zur Haushaltskasse beizusteuern. Sie bekam kein Gehalt, und das ganze Geld, das sie für die Ranch bekamen, reichte gerade, um Futter, Tierarzt und laufende Kosten zu tragen. Ty trug die ganze finanzielle Last allein. Sie war dankbar für seine gute und sichere Arbeitsstelle und die zusätzlichen Jobs, die er hin und wieder annahm. Und erst recht war sie dankbar, dass er auf HopeWell als Hausmeister fungierte. Doch sie hatte Schuldgefühle.

„Wir sind schon öfter knapp zurechtgekommen, und das werden wir auch diesmal", versuchte sie ihm zu versichern.

Ty lehnte sich zu ihr und küsste sie. „Ich liebe dich."

„Ich liebe dich auch. Und ich glaube, dass für alles genug Geld da sein wird."

Und das glaubte sie wirklich. Dennoch notierte sie sich im Geiste, den Baumschmuck zu zählen, den sie vorhin gekauft hatte. Vielleicht war es ja an der Zeit, das kleine Geschäft mit personalisiertem Baumschmuck und anderen kleinen Kunstwerken wieder aufleben zu lassen.

7

Als Jodi am nächsten Morgen aufwachte, war sie innerlich unruhig, wusste aber nicht, warum. Der Himmel war klar, ihr Abend mit Jessica war wundervoll gewesen, und auch wenn das Geld knapp war, war das doch nichts, womit sie und Ty nicht zurechtkommen konnten. *Warum fühle ich mich so?* Sie ging die üblichen morgendlichen Arbeiten durch und murmelte beim Füttern der Tiere ein paar halbherzige Gebete. Sie war so durcheinander, dass sie in der Sattelkammer statt eines Halfters und eines Führstricks, die sie eigentlich brauchte, einen Kontaktstock mitnahm, eine Art Gerte mit Seil, die zum Training der Pferde verwendet wurde.

Jodi ging wieder zurück, um das richtige Material zu holen, doch vor der Tür blieb sie stehen. Was ist los mit mir? Jess und ich hatten endlich wieder guten Kontakt zueinander – eine richtige Verbindung. Dafür bete ich doch schon seit Jahren! Also warum fühle ich mich ausgerechnet jetzt so niedergeschlagen? So reizbar und ruhelos? Sie schüttelte den Kopf in dem verzweifelten Versuch, dadurch Klarheit zu gewinnen. Sie kniff die Augen zusammen, ballte die Hände zu Fäusten, spannte die Muskeln in den Beinen an und zählte bis zehn. Dann entspannte sie die Muskeln wieder. Diese Übung wiederholte sie noch zweimal. Ihre Unruhe verschwand zwar nicht gänzlich, doch immerhin war sie nun ruhig genug, um Solomon zu zeigen, dass er vor dem Halfter keine Angst haben musste.

Er kaufte es ihr allerdings nicht ab.

Oder, dachte Jodi, ihm ist heute mehr nach Jive als nach Walzer.

Sie tat ihr Bestes, um entspannt mit Solomon Schritt zu halten, während er sich rasch zwischen den anderen Pferden hindurchschlängelte, ein paar Minuten zum Grasen innehielt, dann über die Weide trabte und diesen Rhythmus wieder von Neuem begann. Da es ihr Ziel war, ausdauernder zu sein als seine Angst – und nicht, diese noch zu vergrößern –, jagte sie den Wallach nicht, ja sie lief nicht einmal direkt auf ihn zu. Doch nach einer halben Stunde keuchte sie und fing an, ihre Berufswahl ernsthaft zu überdenken. Als sie am Wassertrog anhielt, um wieder zu Atem zu kommen, bemerkte sie, dass Solomon sie beobachtete. Er stand etwa fünf Meter entfernt neben Victory.

„Nur zu, genieß deinen kurzen Moment mit Victory", rief Jodi. „Aber nur, dass du es weißt, diesmal gewinne ich", sagte sie, ihr Seitenstechen massierend.

Diese Trainingseinheit musste positiv enden. Nachdem sie einige Minuten mit geschlossenen Augen dagestanden und ihren Atem beruhigt hatte, richtete sie sich wieder auf und öffnete die Augen. „Oh!" Sie schnappte nach Luft.

Solomon stand nur noch etwa anderthalb von ihr Meter entfernt.

„Na, hallo", sagte sie sanft. „Du weißt wirklich, wie man jemanden überrascht."

Sie ging zwei Schritte vorwärts und bereitete sich innerlich darauf vor, dass Solomon zurückweichen würde. Doch er rührte sich nicht vom Fleck. Sie machte noch zwei Schritte. Sie hob die Hand mit seinem Halfter. Er rührte sich nicht. Sie stellte sich an seine linke Seite und zog den Nasenriemen sachte über seine Schnauze, legte den oberen Riemen hinter seine Ohren auf seinen Hinterkopf, fädelte den Riemen in die Öse und zog ihn fest. Solomon war die ganze Zeit völlig ruhig.

„Was ist denn das jetzt?“, fragte Jodi, halb frustriert, halb amüsiert. „Und was sollte das gestern? Und das ganze Theater heute Früh? Wolltest du nur sichergehen, dass ich genug Cardio-Training mache?“

Sie befestigte den Führstrick am Halfter und lief mit diesem in der rechten Hand in Richtung Gatter. Solomon lief neben ihr her. Bubba Jack begegnete ihnen am Zaun.

„Sorry, Bubba Jack, heute nicht.“

Jodi musste den Esel beiseiteschieben, damit sie an das Gatter konnten. Nach kurzem Zögern gab er widerwillig nach. Nachdem Solomon die Weide verlassen hatte, begann er, das fleckige Wintergras auf der anderen Seite des Zauns zu inspizieren. Grüner war es zwar nicht, doch das tat seiner Faszination keinen Abbruch. Jodi wusste, dass sie ihr Training an diesem Punkt hätte beenden können. Solomon hatte es geschafft. Er hatte das Halfter akzeptiert und war von der Koppel geführt worden. Doch trotz ihres unvorhergesehenen morgendlichen Workouts war sie noch immer rastlos und wollte noch nicht nach Hause. Und als Zeichen ihres Glaubens – oder auch sturer Entschlossenheit – hatte sie bereits einen Putzeimer bereitgestellt, in der Hoffnung, ein paar Minuten mit Solomons Fellpflege verbringen zu können.

„Na, komm, Großer“, sagte sie und zog sanft am Führstrick. „Dann binden wir dich mal an den Balken und striegeln dich ein bisschen. Diese Dreadlocks in deiner Mähne können sicherlich etwas Aufmerksamkeit vertragen.“

Jodi hoffte, dass es sie von ihren unangenehmen Gefühlen ablenken würde, wenn sie sich dem Entwirren von Solomons

Mähne und Schweif widmete. Doch Solomon hielt in seiner Vorwärtsbewegung inne, als sie sich dem Balken näherten. Jodi zog etwas am Strick und bat ihn weiterzugehen. Er riss einige Male den Kopf nach oben und ließ ihn wieder nach unten schnellen.

„Alles in Ordnung“, besänftigte sie ihn. „Wir stellen uns einfach nur neben den Balken, machen den Strick daran fest und putzen dich ein bisschen heraus für deine Freunde.“

Solomon schlug einige Mal mit dem Schweif, bevor er wieder vorwärtsging.

„Du bist ein guter Junge, Solly. Mehr musst du gar nicht tun – einfach vorwärtsgehen.“

Als sie fast am Balken angekommen waren, hörte sie ein Auto zweimal kurz hupen. Ty streckte den Arm aus dem Fenster und winkte ihr im Vorbeifahren. Sie sprach ein kurzes Gebet für seinen Schutz während seiner Postroute. Dann sah sie in Richtung Haus und fragte sich, ob Jessica und Richard wohl schon ihre morgendlichen Schularbeiten erledigt hatten. An diesem Punkt begannen ihre Gedanken, sich mit Sorgen und Fragen zu überschlagen. Jodi atmete tief aus und stellte verblüfft fest, dass Solomon es ihr gleichtat. Seine Nüstern streiften ihr Kinn.

„Sorry, Kumpel, hab dich ganz vergessen.“

Sie straffte die Schultern. Die Warteliste für einen Therapieplatz auf HopeWell wuchs mit jedem Tag, also musste sie zusehen, dass Solomon auf die Klienten vorbereitet wurde.

Solomons Augen weiteten sich und seine Nüstern bebten, als Jodi den Strick im O-Ring am Anbindebalken befestigte. Sie tat dies mit einem Sicherheitsknoten, der sich im Notfall mit nur einem Handgriff lösen ließ. Dabei ließ sie einen guten halben Meter Schlappseil, sodass Solomons Kopf

Bewegungsfreiraum hatte, er sich aber nicht im Strick verheddern konnte. Sie begann, seinen Rücken zu bürsten, und dabei wanderten ihre Gedanken zurück zur Warteliste. In den Anfangstagen der Ranch war Jodi nicht sicher gewesen, ob sie überhaupt Klienten haben würden. Nun machte sie sich Sorgen, dass es zu viele waren. Während sie mit dem Bürsten zu Solomons Schulter überging, fiel ihr wieder ein, was für einen großen Stapel mit Anfragen sie gestern von Amanda bekommen hatte. Alle wollten Therapieeinheiten im Frühling buchen.

„Es gibt so viele Menschen, die Hilfe brauchen", flüsterte sie in Solomons Ohr.

Als hätte sie ihre Gedanken gehört, rief plötzlich Amanda vom Büro aus nach ihr.

„Wow! Ich habe gerade an dich gedacht", sagte Jodi.

„Nur Gutes, hoffe ich", erwiderte Amanda.

„Ich denke doch immer nur Gutes von dir – es sei denn, du bringst mir wieder einen Stapel Anfragen", neckte Jodi sie. Sie wollte weder Amanda noch sonst irgendwelche Freiwilligen mit ihren Sorgen belasten. Es war nicht deren Aufgabe, ihr Mut zu machen. Sie war die Führungskraft. Letztendlich kam es auf sie an.

„Nun", fuhr Jodi fort, „was führt dich in den HopeWell-Pferdesalon?"

„Ich bin heute früher gekommen, um ein bisschen Papierkram zu erledigen und die letzte Deko vom Tag der offenen Tür wegzuräumen. Ich wollte nur Tschüss sagen, bevor ich gehe."

„Amanda, ich danke dir vielmals für all deine Hilfe. Du machst das alles hier", sie zeigte mit einer ausholenden Armbewegung von links nach rechts, „so viel leichter – und lustiger. Aber ich bin auch froh, dass du dir ein paar Wochen freinimmst, um Zeit mit deiner Familie zu verbringen."

„Brauchst du noch Hilfe bei irgendwas, bevor ich gehe?"

„Ich habe tatsächlich das Entwirr-Spray in der Sattelkammer vergessen. Würde es dir was ausmachen, kurz bei Solomon zu bleiben, während ich es hole? Heute läuft es gut mit ihm – na ja, relativ gut", stellte Jodi richtig. „Aber alleinlassen will ich ihn hier dann doch nicht, und ich brauche ein ganz bestimmtes Spray, habe aber natürlich vergessen, wo ich es hingeräumt habe."

„Kein Problem. Ich passe gern kurz auf Solomon auf."

Jodi ging rasch zur Sattelkammer, brauchte aber ein paar Minuten, um die Tür aufzubekommen. Als sie dann über die Schwelle trat, stolperte sie über den Eimer voller Bürsten, den sie hatte stehen lassen. Sie warf schnell alle Bürsten zurück an ihren Platz und verstaute sie dorthin, wo sie nicht im Weg standen. Nachdem sie das Entwirr-Spray in einem der hinteren Regale gefunden hatte, drehte sie sich um und stieß gegen ein paar Harken – woraufhin diese wie Dominosteine eine nach der anderen umfielen.

„Na, ganz toll! Einfach fantastisch", stöhnte sie. Jodi wusste, dass es eigentlich keine große Sache war, dennoch musste sie sich zusammenreißen, um nicht zu weinen. Heute war definitiv nicht ihr Tag. Nachdem sie die Harken wieder in Reih und Glied aufgestellt hatte, verließ sie die Sattelkammer so schnell wie möglich, damit nichts mehr schiefgehen konnte.

Was ist denn heute nur los mit mir?

Während sie Richtung Anbindebalken zurücklief, wurde ihr bewusst, dass sie jede Motivation verloren hatte, Solomon zu putzen. *Ich werde nur diese eine verfilzte Stelle in seiner Mähne entwirren und ihn dann zurück auf die Weide bringen.*

Und dann lege ich mich vielleicht eine halbe Stunde hin, um dieses komische Gefühl loszuwerden ...

„Jodi!", hörte sie Amanda schreien. „Hilfe!"

Solomon rannte wie von Sinnen um den Balken herum, wodurch sein Führstrick sich mit jeder Runde fester zog. *Oh nein! Was hat ihn bloß erschreckt?* Jodi bewegte sich vorsichtig in seine Richtung, senkte die Stimme und redete sanft und ruhig auf den großen Wallach ein.

„Ho, Großer ... hooo."

Leider trieb Solomons Instinkt ihn dazu, vor lauter Angst immer angestrengter und schneller von dem wegzurennen, was er als Gefahr wahrnahm. Seine Hufe schleuderten Erdklumpen rund um den Balken in die Luft. Genau dieses Szenario beschrieb Jodi immer, wenn sie den Freiwilligen auf HopeWell beibrachte, wie man einen Panikknoten band. War ein Führstrick erst einmal zu fest um den Balken gewickelt, konnte ein Pferd diesen tatsächlich aus dem Boden reißen – ein angsteinflößendes und gefährliches Szenario. Als ihr bewusst wurde, dass genau das hier der Fall war – nämlich, dass der Strick sich viel zu fest um den Balken wickelte –, versuchte sie, den Strick vom Halfter zu lösen. Als dies erfolglos blieb, griff sie nach dem Knoten des Halfters. Eine kurze Handbewegung reichte, und Solomon war frei.

Er rannte etwa drei Meter Richtung Weide, blieb dann stehen und senkte den Kopf zum Grasen. Die beiden Frauen lehnten sich aneinander, völlig erschöpft von dem eben erlebten Drama.

„Es tut mir so leid", sagte Amanda. „Ich habe mein Handy rausgeholt, um ein Foto von ihm zu machen, und es ist mir runtergefallen. Das muss ihn erschreckt haben. Er hat versucht zu steigen und fing dann an zu rennen."

Jodi legte einen Arm um ihre Freundin. „Es geht ihm gut. Und es war auch nicht deine Schuld, Amanda. Ich hätte ihm an seinem ersten richtigen Trainingstag nicht so viel Druck machen dürfen."

„Hey", entgegnete Amanda, „wenn ich mir nicht die Schuld geben darf, dann darfst du das aber auch nicht."

Jodi versuchte, ein dankbares Lächeln aufzusetzen. „Mir hätte klar sein müssen, dass er heute noch nicht so weit war. Ich ging davon aus, dass er das mit seinen Vorbesitzern schon gemacht hatte, aber nun bezweifle ich das. Armer Kerl."

Jodi konnte es nicht fassen, dass sie die Anzeichen für Solomons Stress nicht gesehen hatte. Sie hatte gute Lust, sich selbst für ihren Fehler zu schelten, dafür, dass sie so abgelenkt gewesen war. Doch sie musste nach Solomon sehen und ihn zurück auf die Weide bringen, wo er sicher war. Und sie musste Amanda verabschieden.

„Dein Urlaub wartet auf dich. Solomon und ich kommen zurecht. Und du bist einsame Spitze. Also sieh zu, dass du von hier wegkommst."

Amanda suchte ihren Blick. „Bist du dir sicher? Ich kann dir helfen, ihn zurück auf die Koppel zu bringen."

„Absolut. Er wird mehr als glücklich darüber sein, zu seinem Heu zurückzukommen. Und mir wird es viel besser gehen in dem Wissen, dass ich dich nicht von deinem Weihnachtsurlaub abhalte. Amanda, manchmal glaube ich, dass du HopeWells Schutzengel bist."

Amanda musste lachen. „Oh, glaub mir eins, ein Engel bin ich sicher nicht! Aber falls du hier irgendwo einen Heiligenschein aus waschechtem Gold rumliegen hast, nehme ich den gern mit!"

Nachdem sie einander fröhliche Weihnachten gewünscht hatten, ging Jodi zu Solomon, um nach ihm zu sehen. Das Pferd riss an jedem Grashalm, den es finden konnte.

„Du hast dir definitiv etwas Zeit zum Stressessen verdient, Kumpel."

Sie versuchte nicht einmal, ihm das Halfter wieder anzuziehen. Noch nicht. Sie würde ihm ein paar Minuten Zeit geben, um in Ruhe fressen zu können. Jodi wandte ihr Gesicht der Sonne zu und genoss selbst einen Moment der Stille. Doch mit der Ruhe war es schnell vorbei, als sie darüber nachdachte, wie schlimm die Situation mit Solomon hätte enden können.

Wird er mir je wieder vertrauen? Aus Gründen, die sie selbst nicht verstand, wollte sie unbedingt, dass Solomon ihr vertraute. Sein Vertrauen zu verlieren, war absolut keine Option. Es stand zu viel auf dem Spiel. Und da sie über den Winter niemand anderen hatten, der mit Solomon trainieren konnte, und sie finanziell zu schlecht dastanden, um ein Pferd durchzubringen, das nicht mit den Klienten arbeiten konnte, hatte Jodi keine andere Wahl, als um jeden Preis sein Vertrauen zurückzugewinnen. Sie holte ein letztes Mal tief Luft und ging dann langsam auf ihn zu.

„Es tut mir so leid, Solomon. Aber jetzt bist du sicher. Und ich werde nicht zulassen, dass das noch einmal passiert."

Sie war zuversichtlich, was die Einhaltung dieses Versprechens anging, da sie bereits vorhatte, ihn in absehbarer Zukunft nur noch beidseitig anzubinden. Ihn rechts und links mit jeweils einem Führstrick zu sichern, würde bedeuten, dass er nur vorwärts und rückwärts gehen konnte. Keine Möglichkeit mehr, panisch im Kreis zu rennen.

Solomon warf ihr einen Blick zu. Zwischen seinen Zähnen bewegten sich ein paar Grashalme, während er weiterkaute.

Die malmenden Geräusche, die seine Zähne dabei machten, fand Jodi seltsam beruhigend.

„So ist es gut. Friss du nur weiter das leckere Gras, während ich das Halfter wieder anlege."

Solomon riss die Augen auf und spannte die Muskeln an, also hielt Jodi in ihrer Bewegung inne. Dass Solomon vom Feld herunterrannte, war wirklich das Letzte, was sie jetzt brauchen konnte. Ein Cardio-Workout reichte für heute völlig aus. Traurig und frustriert ließ sie sich auf den kalten Boden sinken. *Was habe ich mir nur dabei gedacht? Was hat mich auf den Gedanken gebracht, es sei eine gute Idee, ihn heute zu trainieren? Wie soll ich es je wieder schaffen, Solomon von der Weide herunterzubekommen?* Dann, wie aus dem Nichts, stieß Solomons Nase an ihre Stirn. Fast hätte sie vor Verwunderung geweint. Sie hatte nicht damit gerechnet, dass er so nah kommen würde.

„Hallo, du", sagte sie leise.

Sie bewegte ihre Hand bedächtig zu seinem Kinn. Als er sich daraufhin nicht bewegte, streichelte sie ihn sanft seitlich an der Schnauze. Da er auch dann noch stillhielt, stand sie auf und kraulte seinen Nacken. Jodi bemerkte, dass sie gar nicht mehr weit von der Pferdeweide entfernt waren, und entschied sich daher für eine neue Strategie. Sie ging fünf Schritte Richtung Gatter und hielt dann inne. Solomon brauchte keine zwei Minuten, da stupste er sie mit der Nase schon wieder in den Rücken. Sie ging weitere zehn Schritte vorwärts und hielt wieder an. Diesmal spürte sie nach nur einer Minute schon den Stups an der Schulter.

„So funktioniert das. Wir machen einfach einen Schritt nach dem anderen."

Etwa drei Meter vor dem Gatter blieb Jodi stehen. Auch

Solomon hielt inne und legte sein Kinn auf ihrer Schulter ab. Ihr kullerte eine Träne über die Wange.

„Es tut mir so leid, dass ich zu abgelenkt war, um deine Angst vor dem Balken zu bemerken. Ich habe auch oft Angst. Und meistens weiß ich nicht einmal, wovor.“ Sie wandte sich zu Solomon. Seine Tasthaare kitzelten ihre Wange. „Ich habe solche Angst davor, etwas Falsches zu tun, zu versagen, Menschen zu enttäuschen. Doch am meisten Angst habe ich davor … – na ja, ist egal. *Du* bist jedenfalls sicher. *Du* bist daheim. Alles ist gut. Das ist das Einzige, was momentan zählt.“

Doch als sie diese Worte sprach, kamen die Gefühle der Unruhe zurück. Jodi öffnete das Gatter und ging hinein in dem Wissen, dass Solomon ihr folgen würde. Ein Teil von ihr wollte bei ihm bleiben, sich auf die Weide legen – und sich hier für den Rest des Tages verstecken. Doch es warteten weitere Aufgaben darauf, von ihr erledigt zu werden.

8

„Mom, es ist eiskalt!“, rief Jessica ihr vom Pavillon zu. „Was tust du denn da draußen?“

Jodi schloss die linke Hand um den Handwärmer in ihrem Handschuh und fuhr fort, Solomon zu tätscheln, der eine Pferdedecke trug. „Ich verbringe nur etwas Zeit mit Solomon.“

In fünf Tagen war Weihnachten, und obwohl Jodi noch einen Stapel Geschenke zu verpacken, Plätzchen zu dekorieren und mit ihren Kindern ein Lebkuchenhaus zu bauen hatte, hatte sie beschlossen, sich nach dem Mittagessen kurz davonzuschleichen, um ein paar Minuten bei Solomon zu sein. Das tat sie seit seinem Ausraster am Anbindebalken jeden Tag. Anfangs nur, um sicherzugehen, dass er keine Angst vor dem Balken entwickelte, doch nach dem dritten Tag begriff sie, dass es ihr um mehr ging als nur darum, das Pferd zu desensibilisieren.

Nachdem sie ihm ihre Ängste gestanden hatte, redete sie mit Solomon auch über andere Gedanken und Gefühle. Und während sie das tat, fiel ihr auf, dass dabei etwas geschah, was sie mit den anderen Pferden so noch nicht erlebt hatte. Sie spürte eine Veränderung. Eine gewisse Leichtigkeit vielleicht? Einen ruhigeren Geist? Es fühlte sich an, als würde jedes Mal eine unsichtbare Last von ihren Schultern genommen, wenn sie mit ihm sprach. So etwas hatte sie seit der Highschool nicht mehr erlebt, als ihre Eltern sie im Pferdeprogramm der Jugendorganisation 4-H eingetragen hatten.

Solomon unterschied sich von den anderen Pferden und Jodi wurde bewusst, dass die Verbindung, die sie zu ihm hatte, einzigartig war. Diese Verbindung brachte sie sogar dazu, den Standard-Trainingsplan, an den sie sich bei jedem anderen Pferd hielt, über Bord zu werfen und ihre Zeit stattdessen damit zu verbringen, das Pferd einfach zu beobachten. Sie wollte seine Sprache lernen, ihn das Tempo vorgeben lassen und sein Vertrauen gewinnen. Und während sie das tat, sprach sie mit ihm über alles, was ihr in den Sinn kam.

Solomon stieß mit seinem Kinn an ihre Schulter und holte sie damit ins Hier und Jetzt zurück.

„Ich brauche nur noch ein paar Minuten, Jess", sagte Jodi zu ihrer Tochter und führte Solomon Richtung Pavillon. „Wir werden noch jede Menge Zeit haben, um das Lebkuchenhaus zu bauen, bevor wir uns für heute Abend herrichten müssen."

Sie, Ty und die Kinder hatten vor, zu Loafers Glory in Blanchard zu fahren, um dort das Krippenspiel zu sehen – der alljährliche Höhepunkt ihrer familiären Weihnachtsaktivitäten. Das „Dorf von anno dazumal" mit seinen kleinen Geschäften und Restaurants war zwar das ganze Jahr über eines ihrer liebsten Ausflugsziele, doch an Weihnachten hatte es irgendwie fast etwas Heiliges an sich. Zwischen zwei der Gebäude wurde die Straße nachgebaut, auf der Maria und Josef damals vielleicht nach Bethlehem gereist waren. Überall standen römische Soldaten, Hirten bewachten ihre Herden in kleinen Verschlägen rundherum, und – was immer ein besonders berührender Moment war – Joseph führte Maria auf einem richtigen Esel durch die Menge zu einem Verschlag. Nachdem er die Tür geschlossen hatte, sangen als Engel verkleidete Kinder Weihnachtslieder und die ganze Szene wurde in gleißendes Licht getaucht. Jodi bekam jedes Jahr wieder eine Gänsehaut von dem ehrfürchtigen Schweigen, das die Menge erfüllte, wenn Josef die Tür der Scheune öffnete und Maria mit dem Neugeborenen in ihren Armen präsentierte. Jedes Jahr wurde ihre Perspektive für das Weihnachtsfest von diesem Ereignis zurechtgerückt. Und sie ging davon aus, dass es heute genauso sein würde.

„Hey, Mom!" Richard kam ihr entgegengerannt. „Machen wir das Lebkuchenhaus noch? Ich habe schon alle Bauteile rausgeholt!"

„Hast du schon was von den Süßigkeiten gegessen?" Jessica kannte ihren Bruder einfach zu gut.

„Ähm ... nur zwei ... oder vielleicht fünf. Auf keinen Fall mehr als eine Handvoll."

„Richard! Wir brauche sie *alle*, um es richtig zu machen!", protestierte Jessica.

„Ach, die Freude der Weihnachtszeit", sagte Jodi zu Solomon. „Schau dir an, was du verpasst hast, weil du keine Kinder hast."

Während Richard ins Ziegengehege ging, um Rosie, seine Lieblingsziege, zu besuchen, kam Jessica herüber und streichelte Solomon.

„Wie macht er sich?"

„Er macht sich gut. Sehr gut sogar", präzisierte Jodi mit Blick auf Solomons entspannte Körperhaltung.

„Der Balken macht ihm also keine Angst mehr?"

„Nein, glücklicherweise scheint er davor überhaupt keine Angst zu haben."

„Das ist gut", sagte Jess. Sie sah ihre Mutter an. „Du wirkst anders, wenn du bei Solomon bist."

„Inwiefern?"

„Ich weiß nicht genau. Ich meine, auf eine gute Art. Du siehst aus, als ... ich weiß nicht ... als wärst du einfach mehr du selbst, vielleicht."

Jodi musste gegen die Tränen ankämpfen. Sie wollte Jessica nicht irritieren, indem sie zu emotional wurde, doch die Tatsache, dass ihre Tochter artikulierte, was sie nur Augenblicke zuvor gespürt hatte, überwältigte sie doch.

Sie berührte Jessicas Arm. „Danke, dass du das gesagt hast. Solomon ist ein besonderes Pferd. Ich glaube, er wird vielen Menschen helfen, sich mehr wie sie selbst zu fühlen. Ich bin nur froh, dass er vorher mit mir üben kann. Aber weißt du, wann ich mich am allerglücklichsten fühle?", fragte Jodi.

Jessica schüttelte den Kopf.

„Wenn ich bei dir, deinem Bruder und eurem Vater bin."

Jodi wusste, dass sie mit ihren Worten ins Schwarze getroffen hatte, als Jessicas Wangen erröteten. Doch dann wurde dieser schöne Moment jäh unterbrochen.

„Rosie! Kommst du wieder her! Das ist *mein* Handschuh!"

Jodi, Jessica und Solomon drehten gleichzeitig die Köpfe, um Zeuge des Fang-mich-doch-Spiels zwischen Richard und der Ziege zu werden. „Stopp, Rosie! Halt! Platz! Mom, wir müssen den Ziegen unbedingt ein paar Befehle beibringen!", rief Richard.

„Was meinst du, Jess? Sollen wir ihm helfen?"

„Na ja, Richard hat *ohne uns* Süßigkeiten gegessen, also ...", alberte Jessica.

„Gutes Argument", stimmte Jodi zu und rief dann: „Lauf schneller, Richard! Du fängst sie schon."

„MOM!", protestierte Richard laut.

Jessica und Jodi gingen zusammen mit Solomon zur Weide. Dann stiegen beide in das Fangspiel zwischen Rosie und

Richard ein und schafften es schließlich, sie einzufangen und den gestohlenen Handschuh seinem rechtmäßigen Besitzer zurückzugeben.

Die nächsten zwei Stunden verbrachten Jodi und ihre Kinder mit dem Lebkuchenhaus – einem Haus, das ihrer Meinung nach perfekt dekoriert gewesen wäre, hätten sie nur fünf weitere Gummidrops für das Dach gehabt ...

9

Jodi stand am Gatter der Pferdeweide und beobachtete die Schneeflocken dabei, wie sie auf Solomons Rücken landeten. Die winzigen Flöckchen blieben nur einen kurzen Moment sichtbar, bevor sie von seinem warmen Körper aufgesaugt wurden. Unter normalen Umständen hätte Schneefall an Weihnachten Jodi aus voller Kehle „White Christmas" singen lassen. Doch das in der Luft tanzende weiße Pulver brachte ihr dieses Weihnachten keine Freude. Stattdessen fühlte es sich einfach nur wie eine weitere Enttäuschung an.

Jodi zog den Kragen ihres schweren Mantels bis unters Kinn hinauf. Sie hatte nicht vorgehabt, diesen Nachmittag nach den Pferden zu sehen. Auch nicht, mehrere Stunden in der Küche zu stehen, bevor ihre Eltern abends zum Weihnachtsessen kamen. Allerdings hatte sie natürlich auch nicht vorgehabt, einen emotionalen Zusammenbruch zu erleiden, während sie Kartoffeln schälte.

Dieser Weihnachtstag hatte begonnen wie jeder andere auch – voller Lachen und Freude zweier aufgeregter Kinder. Jessica und Richard hatten sich am Weihnachtsabend in Jessicas Zimmer einquartiert. Das war eine besondere Tradition der beiden – eine Möglichkeit, lang aufzubleiben, Spiele zu spielen und darüber zu reden, was sie wohl am Morgen darauf unterm Weihnachtsbaum finden würden. Jodi liebte es, wie nahe sich ihre Kinder standen. Und sie betete, dass sie es immer bleiben würden.

Um etwa sieben Uhr an diesem Morgen wurden sie und Ty von einem Kichern geweckt, dem ein „Schhhhh!" folgte. Nachdem sie etwas gehört hatten, das klang, als bewege sich eine Büffelherde durch ihr Treppenhaus, begann ihr offizieller Weihnachts-Weckruf mit einer besonders ausgelassenen Interpretation von „We Wish You a Merry Christmas". Dann flog ihre Zimmertür auf und Jessica und Richard standen da, je ein Glas Orangensaft in der einen und ihre Weihnachtssocke in der anderen Hand.

Diese Tradition liebte Jodi am meisten. Egal, wie alt ihre Kinder an Weihnachten auch waren, am Weihnachtsmorgen waren sie doch wieder ihre Kleinen. Kindliche Begeisterung fand sich noch in ihren müden Augen. Jodi und Ty nahmen den Orangensaft dankbar an und sahen dann zu, wie die Kinder den Inhalt der Socken auf ihrem Bett ausleerten. Stifte, Radierer, Süßigkeiten, Spielkarten und andere Kleinigkeiten lagen wie Konfetti auf der Tagesdecke verstreut.

Nachdem alles wieder in die Socken verstaut war, ging die Familie hinunter, um Geschenke auszupacken. Jessica und Richard schienen begeistert von den handverzierten Ornamenten, die Jodi für sie gemacht hatte – eine kleine Darstellung der Titanic für Jessica und ein Portrait von Rosie für Richard. Und Jodi gefiel der Ausdruck der Überraschung auf Tys Gesicht, als er ihr Geschenk auspackte.

„Wie um alles in der Welt hast du ...", murmelte er, als er den Bohrer in den Händen hielt, den er sich Monate zuvor angesehen hatte.

„Ich habe eben meine Mittel und Wege", sagte Jodi mit einem koketten Lächeln.

„Nun, wenn dazu Banküberfälle gehören, will ich lieber nichts damit zu tun haben", scherzte Ty.

„Nein, ich habe niemanden ausgeraubt, versprochen. Ich habe nur ein bisschen bemalten Baumschmuck verkauft."

„Du bist die Beste", flüsterte er. „Vielen Dank dafür."

Nachdem alle ihre Geschenke ausgepackt hatten, kletterten sie in den Minivan – die Kinder noch in den Pyjamas, die Tys Mutter ihnen genäht hatte – und fuhren die kurze Strecke zu Jodis Eltern, um dort noch mehr Geschenke auszupacken und zu frühstücken. Obwohl am Weihnachtsmorgen immer eine Aktivität die andere jagte, war er für Jodi immer heilig und friedlich. Vielleicht war das der Grund, warum die ihr wohlbekannte Traurigkeit, die sie nach der Rückkehr vom Frühstück bei ihren Eltern verspürte, sie völlig unvorbereitet traf. Sie tat, was sie konnte, um die Gefühle beiseitezuschieben, und konzentrierte sich stattdessen darauf, ihre Geschenke aufzuräumen und den Kindern dabei zuzusehen, wie sie die ihren genossen.

In diesem Moment kam Jessica in einem neuen Kleid ins Wohnzimmer gerannt, das sie von Jodis Mutter bekommen hatte. *Sie sieht so erwachsen aus.* Das kleine Mädchen von heute Morgen war verschwunden. Stattdessen stand da eine schöne junge Frau, die bald ihr eigenes Leben beginnen würde.

Diese Erkenntnis traf Jodi mit einer Wucht, mit der sie nicht gerechnet hatte. Sie fand es wundervoll, dass ihre Tochter zu so einer starken, lebensfähigen jungen Frau heranwuchs, doch sie sehnte sich auch nach dem kleinen Mädchen, das sie einmal gewesen war – der pausbäckige kleine Engel, der immer in ihre Arme gerannt war, um ihr zu zeigen, was er nun wieder Interessantes gefunden hatte; der nach Jodis Hand griff, wenn er Angst hatte; der immer herumwirbelte und sang, wenn etwas sein kleines Herz berührte. So war das Elternsein nun einmal – Trauer und Freude zur selben Zeit.

„Du siehst wunderschön aus, Jessica", sagte sie mit einem gezwungenen Lächeln. „Ich, äh, muss dann mal in die Küche und mit den Vorbereitungen fürs Abendessen anfangen." Eigentlich würden ihre Eltern erst Stunden später kommen, doch Jodi hoffte, dass sie ihre Gefühle etwas zügeln konnte, wenn sie sich damit ablenkte, dass es eine Menge Kartoffeln zu schälen gab. Sie lächelte, als sie an Ty und Richard vorbeikam, die in eine intensive Schachpartie vertieft waren.

Kaum war sie außer Sichtweite, erlaubte sie einem Strom stiller Tränen, sich Bahn zu brechen. Dann wischte sie diese rasch mit einem Weihnachts-Geschirrtuch ab und machte sich an die Arbeit. Sie schälte die erste Kartoffel, legte sie in eine Schale Eiswasser und nahm sich dann die nächste. Während sie schälte, wanderten ihre Gedanken zurück zu Jessica und ihrem neuen Kleid. Plötzlich verwandelte sich das Kleid in ein anderes. Ein kleineres Kleid an einem vollkommen gebildeten Neugeborenen. Jodis Hand begann zu zittern, und die Kartoffel entglitt ihr unsanft ins Eiswasser, woraufhin dieses überallhin spritzte.

Ich kann nicht atmen. Sie tat sich schwer, Luft zu holen, konnte nur flach atmen. Sie spürte ein Kribbeln in den Händen, und ihr schnürte es die Kehle zu. Rasch schnappte sie sich ihren Mantel vom Haken und eilte durch die Hintertür hinaus. Dann zwang sie die kalte Luft in ihre Lungen.

Warum ausgerechnet heute? Warum muss das an Weihnachten passieren? Ich muss meine Gefühle in den Griff kriegen. Ich will diesen besonderen Tag nicht kaputtmachen.

Jodi versuchte zu beten, während sie Richtung Feld lief, doch sie brachte kein Wort heraus. Nur Erinnerungen kamen hoch. Erinnerungen, die zu begraben sie sich so sehr bemüht hatte. Die sie mit aller Macht hinter der Arbeit, positiven Gedanken und schierer Willenskraft hatte wegsperren wollen. Doch wie ein Erdbeben verborgene Risse in der Erdkruste findet und mit aller Gewalt dort hindurchbricht, so brachen sich auch ihre Gefühle Bahn und lagen offen da. Sie weigerten sich, noch länger versteckt zu werden. Während Schneeflöckchen sich auf den Zaunpfählen sammelten, schlang Jodi ihre Arme um ihren Unterleib. „Oh, Vater“, schrie sie. Sie hoffte verzweifelt, dass Gott sie davor bewahren würde, in das tiefe Loch zu stürzen, aus dem herauszukommen sie so viel Mühe gekostet hatte – voller Angst, dass sie kein weiteres Mal die Kraft finden würde, daraus emporzusteigen. Doch kaum hatte der schmerzerfüllte Schrei ihre Lippen passiert, wanderten ihre Gedanken vier Jahre zurück in die Arztpraxis, in der Jodi dieselben zwei Worte auf andere Weise gesprochen hatte.

Vier Jahre zuvor

„Oh, Vater!“, sagte Jodi ehrfürchtig, als die Ärztin den Untersuchungsraum verlassen hatte, damit sie sich anziehen konnte. Mit den Händen berührte sie andächtig ihren Bauch. „Schwanger? Ein Baby? Ein Baby! Danke, Herr! Was für ein unerwartetes Geschenk.“

Mit ihren achtunddreißig Jahren und zwei Kindern kurz vor der Pubertät war Jodi davon ausgegangen, dass ihre Trägheit, Übelkeit und generelles Unwohlsein in den vergangenen Wochen einem grippalen Infekt zuzuschreiben waren. Doch nachdem ihr Influenza-Test negativ ausgefallen war, hatte ihre Ärztin eine Ahnung gehabt. Der Schwangerschaftstest war dann positiv. Der heutige Ultraschall sollte das Ergebnis bestätigen.

„Sie sind definitiv schwanger“, sagte die Ärztin mit einem Lächeln. „Wie geht es Ihnen mit diesen Neuigkeiten?“

Jodi öffnete und schloss ihren Mund ein paarmal lautlos, bevor sie schließlich in der Lage war zu sprechen.

„Ich, äh ... ich denke, ich stehe unter Schock!“, sagte sie, als die Erkenntnis sie traf. „Ein Baby! Ich bekomme ein Baby!“

Während sie nun auf die Rückkehr der Ärztin wartete, schlang sie ihre Arme um ihren Rumpf. Sie wollte das kleine Leben in sich wiegen und beschützen.

„Nun, Kleines, du bist definitiv eine Überraschung. Warte mal, bis dein Daddy von dir erfährt!“

Sie rief Ty vom Parkplatz aus an, um ihm die lebensverändernde Nachricht mitzuteilen.

„Ty? Bist du noch dran?“, fragte sie, als es am anderen Ende der Leitung still wurde. „Hast du gehört, was ich gesagt habe?“

„Ein Baby? Bist du sicher?“, brachte ihr Ehemann mühsam hervor – wo er doch sonst durch nichts aus der Ruhe zu bringen war.

„Positiv.“

An diesem Abend saßen sie beide ein paar Minuten ganz still am Küchentisch und versuchten, den Gedanken zu verarbeiten, dass aus ihrer vierköpfigen Familie bald eine fünfköpfige werden würde.

„Ich wusste nicht, dass ich das wollte, Ty. Ich habe nicht einmal darüber nachgedacht, aber jetzt ... ich will es so unbedingt, dass es wehtut.“

Ty drückte seiner Frau die Hand. „Ich auch. Wir bekommen ein Baby!“

Am nächsten Morgen teilten die beiden Richard und Jessica die Nachricht mit. Zunächst reagierten die beiden ein wenig beschämt, was die Situation unangenehm werden ließ. Doch glücklicherweise begannen sie bald, den Gedanken an ein neues Geschwisterchen zu mögen. Jessica konnte es kaum erwarten, ihren neuen Bruder oder ihre neue Schwester in den Armen zu halten. Und Richard fand den Gedanken, nicht mehr der Jüngste zu sein, hervorragend. Abends am Esstisch drehten sich die Gespräche häufig um das klitzekleine Familienmitglied. Würde das Kleine wohl Jessicas Augen haben? Richards Grübchen? Tys Kinn? Jodis Nase?

Freunde und Familie begannen, Babykleidung und Zubehör für den Nachwuchs vorbeizubringen. Babypartys wurden geplant. Und bald zeugten die Veränderungen an Jodis eigentlich zierlicher Figur von dem in ihr heranwachsenden Leben. Nie zuvor hatte sich das Leben voller und reicher angefühlt. Während Jodi sich um die Kinder kümmerte, die sie als Tagesmutter betreute, sehnte sie sich danach, sich endlich um ihr eigenes Baby zu kümmern.

Als in diesem Jahr ein ungewöhnlich kalter Winter in Michigan abzuklingen begann, fühlte Jodi sich immer erschöpfter und ausgelaugter, weit mehr als sonst. *Das muss wohl ein Frühjahrsvirus sein*, dachte sie. In der einundzwanzigsten Woche verabredete sie vorsichtshalber einen Untersuchungstermin bei ihrer Frauenärztin im Krankenhaus.

Während sie sich dafür fertig machte, ging sie im Geiste alles durch, was sie nach dem Termin noch erledigen wollte. Lebensmittel besorgen, bei der Post vorbeischauen und vielleicht im Handarbeitsshop etwas Stoff für eine Babydecke kaufen.

Doch als sie auf dem Untersuchungstisch lag und das

Gesicht ihrer Ärztin sah, schwante ihr, dass sie diese Erledigungen wohl nicht würde machen können.

Nachdem sie ihre Vitalparameter überprüft hatte, sagte die Ärztin: „Ihr Blutdruck ist extrem hoch, das macht mir Sorgen. Ich ordne ein paar zusätzliche Tests an." Nach etlichen weiteren Tests ordnete die Ärztin eine intravenöse Infusion an und kam ins Zimmer, um zu erklären, was los war.

„Sie haben Präeklampsie, das ist eine gefährliche Erkrankung, zu deren Symptomen unter anderem Bluthochdruck, ein Anschwellen der Hände und Füße und mögliche Schäden an Leber oder Nieren gehören. Wir müssen Sie sofort ins Krankenhaus überweisen, um das zu überwachen." Die Stimmung im Zimmer wurde schnell ernst. Jodi rief Ty an, war jedoch nicht in der Lage, mehr zu sagen als „Ich muss rüber ins Krankenhaus". Ty musste seine Postroute sofort verlassen haben, denn bereits kurz nachdem Jodi im Rollstuhl auf die Geburtshilfestation gebracht wurde, kam er im Krankenhaus an.

Jodi musste in einem ruhigen, abgedunkelten Raum bleiben und durfte nur wenige Besucher empfangen – das sollte ihren Bluthochdruck davon abhalten, noch stärker anzusteigen. Sie bekam Medikamente und Kompressionsstrümpfe, die das Blut wieder Richtung Herz zwingen sollten. Außerdem wurde ihr unzählige Male Blut abgenommen, bis sie sich wie ein menschliches Nadelkissen vorkam. Doch das war ihr alles egal. Sie würde tun, was immer notwendig war, anziehen, was immer sie anziehen musste, und jeden Ansturm an Nadeln und Spritzen ertragen, wenn das bedeutete, dass es ihrem Baby gut gehen würde. Doch zwei Wochen nach ihrer Anweisung ins Krankenhaus, nachdem sie jeder Anweisung gehorcht und jeden Rat ernst genommen hatte, nachdem sie unzählige Gebete gebetet hatte, offenbarte ein Ultraschall, was Jodis Herz sich zu glauben weigerte – ihre Tochter war gegangen.

Eine Tochter.

Ihre Tochter. Gegangen, bevor sie einen Atemzug tun konnte.

Ein Schluchzer stieß durch ihren Körper, während sie den Monitor anstarrte, sich fest an Tys Hand klammernd.

„NEIN!", schrie sie. Der Monitor sollte piepen. Er musste!

Sie konnte die Worte der Ärztin und die unheimliche Stille auf dem Monitor nicht mit der Vision in Einklang bringen, die sie von ihrer Zukunft gehabt hatte – von ihrer fünfköpfigen Familie.

Es konnte nicht wahr sein.

Doch als sie am nächsten Tag ein vollkommen gebildetes winziges Mädchen zur Welt brachte, das Jessicas Augen, Richards Grübchen, Tys Kinn und ihre Nase hatte, da wusste sie, dass die Zukunft, die sie vor ihrem inneren Auge gesehen hatte, immer nur ein schöner Traum bleiben würde.

Sie hielt ihre winzige, leblose Tochter und versuchte, sich zu verabschieden. Doch es fühlte sich so falsch an. Sie sollten ihre Willkommensparty planen, nicht ihre Beerdigung.

„Sie braucht einen Namen", sagte Jodi zu Ty, und ihre Stimme klang, als wäre sie weit weg – als gehörte sie ihr gar nicht.

Er nickte, den Blick unverwandt auf seine Tochter gerichtet.

Wie nennt man ein Baby, das nie die Gesichter derer sehen wird, die es lieben? Wie nennt man ein Baby, das nie unsere Stimme hören oder unsere Berührung spüren wird?

Jodi schloss die Augen, um den Schmerz abzuwehren. Sie schrie um Gnade. Sie bettelte Gott um Hilfe, um ein Wunder an.

Während sie so dalag, ihre Tochter in ihren Armen, erlaubte sie sich, sich eine andere Realität vorzustellen, eine, die nur ihr Herz sehen konnte. Ihr kleines Mädchen lächelte, die Augen weit geöffnet und glücklich in den starken Armen Jesu. In diesem Moment berührte ein Gefühl des Friedens ihr Herz, gerade genug, um den festen Griff der Trauer um ihr Herz so weit zu lockern, dass sie einen Atemzug tun konnte. Und dann noch einen. Während Jodi diesen göttlichen Frieden einatmete, wusste sie ohne den Anflug eines Zweifels, dass sie ihr kleines Mädchen eines Tages lebendig und unversehrt sehen würde. Es war ein Moment der Hoffnung, der sie davon überzeugte, dass sie den Schmerz überleben würde, selbst wenn er sie jetzt zu zerschmettern drohte.

„Hope", sagte sie laut und zwang sich, ihr Baby anzusehen.

„Hope", sagte Ty und musste schwer schlucken. Er strich mit der Rückseite seiner Finger über das wunderschöne Gesicht seiner kleinen Tochter.

„Mama liebt dich, Hope", flüsterte Jodi ihr ins Ohr.

Eine angenehme Taubheit ergriff Jodi. Hatte die Krankenschwester etwas in ihren Tropf gespritzt? Oder war ihr Herz so gebrochen, dass sie schlicht nichts mehr fühlte? Sie wusste es nicht und wollte es nicht wissen. Sie ergab sich der Taubheit und schlief ein.

Zwei Tage später verließ Jodi das Krankenhaus mit leeren Armen und einem leeren Mutterleib.

Den ersten Tag daheim verbrachte Jodi vollständig im Bett, zu erschöpft, um sich auch nur zu bewegen. Doch als an diesem Abend Jessica zögerlich das elterliche Schlafzimmer betrat, da sah sie so verwirrt, verletzt und traurig aus, dass ihre Mutter sich aufsetzte und die Arme ausbreitete, um sie zu trösten. Jessica hatte eine Schwester verloren. Sie wechselten kein Wort miteinander. Sie hielten einander nur fest, bis Jodi wieder wegnickte.

Am nächsten Tag kämpfte Jodi mit aller Kraft gegen die Dunkelheit an, die sie dazu drängte, isoliert zu bleiben, taub zu bleiben. Sie konnte Jessica und Richard unten hören und wusste, dass sie sie brauchten. Sie mussten hören, dass alles gut werden würde, auch wenn sie selbst nicht glaubte, dass das je wieder der Fall sein würde. Sie zwang sich, aufzustehen und sich anzuziehen, und ging dann langsam die Treppe hinunter zu ihrer Familie. Jeder Handgriff, jede Bewegung war Schwerstarbeit. Ihre Gliedmaßen waren schwer. Sie konnte keinen klaren Gedanken fassen. Als sie in dieser Nacht zu Bett ging, so müde wie noch nie zuvor, träumte sie von Hope.

Ihr kleines Mädchen war ein Kleinkind mit pummeligen kleinen Beinchen, die wabbelten, wenn sie rannte. Kaum hatte sie Jodi gesehen, rannte sie in ihre Arme. Jodi schwang ihre kleine Tochter im Kreis, immer rundherum, dann küsste sie sie, bevor sie sie wieder herunterließ. Dann drehte Hope sich um und rannte in die Arme eines Mannes, der liebevoller aussah als alles, was Jodi je gesehen hatte. Er lächelte sie beide an, dann hob er Hope hoch über seinen Kopf und ließ sie schließlich in seine Arme sinken.

„Danke“, sagte Jodi zu dem Mann, den ihr Herz sofort erkannte.

„Tochter, deine Hoffnung wird wieder auferstehen“, sagte er und sah dabei so sicher aus, dass Jodi ihm einfach glauben musste.

Sie nickte, hauchte ihrer Tochter einen Kuss zu und wachte auf. Kaum war sie ganz bei Bewusstsein, stieß ihre Seele einen Schmerzensschrei aus. Es hatte sich so echt angefühlt. Oh, wie sehr wollte sie, dass es echt wäre. Sie wollte zurück zu Hope, zurück in ihren Traum. Die Trauer drückte sie wieder mit ihrem ganzen Gewicht nieder und machte ihr das Atmen schwer. *Nein! Ich werde der Dunkelheit nicht wieder nachgeben. Ich werde für meine Familie stark sein. Ich werde für Hope stark sein.*

Alle waren überrascht, als Jodi in die Küche kam.

„Hi, Mom!", sagten Jessica und Richard wie aus einem Munde, während Ty sich beeilte, einen Stuhl für sie zurechtzurücken.

Mit einem gezwungenen Lächeln sagte Jodi: „Guten Morgen. Wie ist das Frühstück?"

„Kann ich dir was zu essen machen?", fragte Ty. „Toast, Müsli, Eier?"

Sie hatte keinen Hunger, doch sie wusste, dass sie etwas essen sollte. Ty stellte ihr einen Teller Rührei und Toast hin. Sie zwang sich, ein paar Bissen zu essen, doch ihr wurde schnell übel. Ohrenbetäubende Stille erfüllte die Küche, während sie frühstückten. Jodi wollte, dass jemand etwas sagte, und war doch dankbar, dass niemand es tat. Die besorgten Blicke ihrer Familie berührten sie, doch gleichzeitig wollte sie nur noch fliehen. Sie erinnerte sich daran, dass ihre Ärztin ihr geraten hatte, spazieren zu gehen, sobald sie daheim war.

„Spaziergänge werden Ihnen helfen, wieder zu Kräften zu kommen", hatte sie zu ihr gesagt.

In dem Moment hatte Jodi die Anweisung der Ärztin mit einem Schulterzucken abgetan. Sie wollte nicht spazieren gehen. Sie wollte ihr Baby im Arm wiegen. Doch nun klang ein Spaziergang gar nicht mehr so schlecht.

„Ich komme mit", sagte Ty.

„Danke, aber ich brauche mal eben einen Moment für mich allein. Ich verspreche, dass ich nicht weiter gehe als bis zum Briefkasten."

Sie konnte den Schmerz in seinen Augen sehen, als er ihr die Tür aufhielt. Er gab sich große Mühe, ihn vor ihr zu verbergen, doch sie wusste es. Es war derselbe Schmerz, den sie heute Morgen in den Augen ihres eigenen Spiegelbilds gesehen hatte.

Sie kam nicht weit, bevor die Tränen zu laufen anfingen. Mit jedem Schritt weinte sie heftiger. Als sie noch ein paar Schritte vom Briefkasten entfernt war, konnte sie den Schmerzensschrei, der in ihr aufwallte, nicht mehr zurückhalten. Der Schrei war sowohl beängstigend als auch erlösend.

„Warum, Gott? Warum hast du sie nicht gerettet?"

Sie sank mit den Knien auf die feuchte Erde. Plötzlich umschlangen sie Tys Arme, und er drückte sein Gesicht an ihr Haar.

„Ich hab dich", flüsterte er.

Er stützte sie auf dem Weg zurück ins Haus. Richard und Jessica erwarteten sie an der Tür und sahen besorgt aus. Jodi wurde bewusst, dass sie ihren Zusammenbruch gesehen hatten, und hasste den Gedanken, ihnen noch mehr Schmerz zuzufügen.

Im Laufe der nächsten Woche begann sie, längere Strecken zu laufen. Sie fing auch an, all ihre Fragen, ihren Frust und ihre Wut Gott gegenüber herauszulassen. Immerhin hatte er sie aufgefordert, alle Sorgen bei ihm abzuladen. Und sie glaubte, dass das auch für all ihre Fragen galt.

Warum hast du mich schwanger werden lassen, mich dieses Kind lieben lassen, nur um es mir wegzunehmen?

Der Gott, den sie anbetete, zu dem sie flehte und an den sie glaubte, blieb stumm wie die Morgenluft um sie herum. Dennoch fand sie Trost in den Gesprächen mit ihm, Frieden, wenn sie zu ihm schrie, und Hoffnung in dem Wissen, dass er sie gehört hatte.

Die unerwartete Hoffnung, die Jodi fand, wenn sie jeden Morgen auf ihrem Grundstück umherwanderte und mit Gott sprach, wurde zu ihrer Rettungsleine. Da waren nur sie und der Gott, von dem sie wusste, dass er gut war, selbst wenn die Dinge sich sehr, sehr schlimm anfühlten.

Innerhalb einiger Wochen wurde Jodis Körper wieder kräftiger, und ihre Gebete wandten sich vom *Warum* zum *Was*.

„Was möchtest du, dass ich nun tue, Herr?", flüsterte sie ins Dunkel, als sie mitten in einem Alptraum aufwachte.

„Was willst du mir damit sagen?", murmelte sie in die ersten Anflüge eines Morgengrauens, nachdem sie geträumt hatte, dass Jessica und Richard mit ihrer gesunden kleinen Schwester spielten.

Da ihre täglichen Spaziergänge sie immer weiter auf ihr verwildertes Land hinausführten, fragte sich Jodi allmählich, ob es nicht an der Zeit wäre, einen Teil des Feldes von dem Gestrüpp und anderen wuchernden Pflanzen zu befreien. Sie hatte nie groß über die knapp drei Hektar Land nachgedacht, die sie besaßen – bislang war es für sie einfach nur ein willkommener Puffer zwischen ihnen und dem Rest der Welt gewesen. Der Garten um ihr Haus herum machte mit seinen zweitausend Quadratmetern schon genug Arbeit. Dennoch fühlte sie mit jedem Ausflug ein immer stärkeres Verlangen, aus dem Land etwas zu machen. Als sie dies eines Abends Ty gegenüber erwähnte, reagierte er zwar verwirrt und unsicher, doch er lehnte ihre Idee nicht ab.

Am nächsten Tag war Richard vor ihr wach. Als sie sich gerade daranmachte, ihre Schnürsenkel zu binden, fragte er sie, ob er mit ihr mitkommen könnte.

„Ich würde mich sehr über eine Gesellschaft freuen."

Während des Spaziergangs unterhielten sie sich kaum. Jodi spürte, dass Gespräche jetzt nicht ansatzweise so wichtig gewesen wären, wie einfach Zeit mit ihrem Sohn zu verbringen. Sie führte Richard zu dem Stück Land, um das sich inzwischen so viele ihrer Gedanken drehten. Während sie dem Bereich näher kamen, beobachtete sie Richards Gesicht genau. *Wird er hier etwas sehen? Wird er mehr darin sehen als das, was es gerade ist?* Sein Gesichtsausdruck ließ nichts dergleichen vermuten. Dennoch: So gelassen, heiter und von Frieden erfüllt wie jetzt hatte er schon seit einem Monat nicht mehr auf sie gewirkt. Ob Richard nun ihre Vision teilen würde oder nicht, ob er denselben Tatendrang verspüren würde oder nicht – es spielte keine Rolle. Jetzt gerade erfüllte ihn Frieden. Was sollte sie sich mehr für ihren Sohn wünschen? Für ihre beiden Kinder? Jodi war stehen geblieben, ohne es zu merken. Erst die Stimme ihres Sohnes unterbrach ihr Grübeln.

„Mom, geht's dir gut?", fragte er.

„Oh, mein Schatz. Mir geht es gut", versicherte sie ihm. „Ich habe nur nachgedacht. Ich sehe mir dieses Feld seit ein paar Tagen an und frage mich, ob sich daraus wohl eine gute Weide machen ließe."

Richard zog die Augenbrauen zusammen. „Wozu sollten wir denn eine Weide brauchen?"

Jodi kicherte. Und bemerkte, dass sie das seit einem Monat zum ersten Mal tat. Es fühlte sich himmlisch an.

„Ich habe keine Ahnung."

„Also, du meinst, für Tiere?“, hakte Richard mit hoffnungsvoller Stimme nach.

Wieder musste Jodi lachen. Sie fand es schön, dass ihr Sohn ihre Tierliebe geerbt hatte.

„Ganz ehrlich, ich weiß es nicht.“

„Also, ich finde, du solltest es markieren“, sagte er mit entschiedener Stimme. „Ich glaube, Dad hat noch irgendwelche Pfähle oder Pfosten im Schuppen stehen. Soll ich sie holen?“

„Das wäre toll. Danke, mein …“

Richard war auf und davon, noch ehe Jodi ihren Satz zu Ende gesprochen hatte.

Nur Minuten später leerte er eine Wagenladung Zaunpfähle und zwei Schaufeln vor Jodis Füße.

„Soll ich dir helfen?“

Jodi umarmte ihren Sohn und stellte dabei fest, dass seine Schultern die ihren berührten. In ein, zwei Monaten würde er sie wohl überragen.

„Richard, danke, dass du mir helfen willst. Lass uns doch einen Zaunpfahl aufstellen, nur um zu sehen, ob wir es können, okay?“

Mutter und Sohn arbeiteten Hand in Hand, um genug Erde zu lockern und beiseitezuschaufeln, dass ein tiefes Loch entstand. Sie stellten den Pfosten hinein, füllten das Loch wieder auf und traten den Boden rundherum fest, bis der Zaunpfahl stabil stand. Es war ein einsamer Zaunpfahl mitten auf einem überwucherten Feld. Er diente keinem Zweck. Hatte keinen Wert. Doch für Jodi war er unglaublich wertvoll – er bedeutete Hoffnung. Die nächste Woche würde Jodi damit verbringen, täglich hierherzukommen und Gott nach dem Sinn ihres Schmerzes zu fragen.

„Hopes Leben war nicht egal", verkündete sie den Bäumen, als sie eines Tages wieder ihren Gebetsspaziergang machte. „Gott, ich weiß nicht, wie, aber bitte lass Hopes Leben einen Sinn und eine Bestimmung haben. Ich glaube, dass du Leben bringen kannst, wo ich nichts als den Tod sehe."

Sie kniete vor dem Zaunpfahl nieder, den sie und Richard aufgestellt hatten.

„Bitte, Jesus, bring Leben. Gib Menschen ihr Leben zurück. Befreie sie von Schmerz und Verlust. Ich lade dich an diesen Ort ein. Was immer du willst, ich werde es tun."

Ihr Herz fühlte sich etwas leichter an. Sie trauerte noch immer um ihr Baby. Wahrscheinlich würde das immer so bleiben. Doch in diesem Moment schien ihre Trauer sich in etwas zu verankern. In jemandem. In dem, der die Liebe und die Hoffnung selbst ist.

Einige Tage später verbrachte Jodi einen ganzen Tag damit, die restlichen Pfosten von dem Haufen aufzustellen, den Richard angeschleppt hatte.

Haufenweise Hoffnung.

Haufenweise Versprechen.

Ein Haufen, der eine ganz neue Bedeutung bekam, als sie von einem Dienst in Oregon las, in dem verletzte Kinder mit geretteten Pferden arbeiten durften, sodass beide Hoffnung und Heilung finden konnten. Ihr war, als würde Gott ein großes Schild hochhalten, auf dem in Neonbuchstaben stand: **Tu genau das!**

Sie hatte gehorcht und HopeWell eröffnet, im Gedenken und zu Ehren ihres kleinen Mädchens.

Gegenwart

Als die lebendigen Erinnerungen an den Tod von Hope und die Geburt von HopeWell an diesem Weihnachtsmorgen allmählich verblassten, entdeckte Jodi Solomon, wie er sich zwischen Victory und Lady ausruhte. Er war inzwischen ein richtiger Teil der Herde und hatte es sogar geschafft, in der Hierarchie aufzusteigen. Seit dem Zwischenfall am Anbindebalken schien Solomon ein Fels der Stabilität, der Ruhe und der Beständigkeit geworden zu sein. Als hätte er sich an jenem Tag alle Angst aus dem Leib gerannt, als gäbe es nun nichts mehr, was ihn noch erschrecken könnte.

Jodi erinnerte sich an ihr Versprechen, dass Solomon auf HopeWell niemals einsam sein würde. Sie war froh, dass sie dieses Versprechen hatte halten können. „Vermisst du manchmal die Freunde, die du bei Ken und Sue hattest?", fragte sie ins Nichts.

Sie versuchte, sich einen jüngeren Solomon vorzustellen, wie er bei seinen Vorbesitzern auf der Koppel zwischen den zwei Pferden stand, die sie auf den Fotos bei Ken und Sue gesehen hatte.

„Natürlich vermisst du sie", entschied sie für ihn. „Sie waren ein Teil deiner Vergangenheit, ein Teil deiner Geschichte – ein Teil von dir. Wie könntest du sie nicht vermissen?"

Bei ihrem letzten Wort entfuhr ihr ein gebrochenes Schluchzen. Sie schüttelte den Kopf, um nicht von einer weiteren Welle von Gefühlen überrannt zu werden. Sie begann zu zittern – innerlich wie äußerlich.

„Oh, Gott", schrie sie und schreckte dabei die Pferde auf. „Warum tut es immer noch so weh?"

Sie sank auf die Knie und kniff die Augen zusammen.

„Sie sollte hier sein …“, murmelte sie, den salzigen Geschmack ihrer Tränen auf der Zunge. „Das ist nicht fair! Oh, mein süßes kleines Mädchen, es tut mir so leid!“

Während die Kälte des Bodens an ihren Knien durch die Jeans kroch, spürte sie plötzlich einen Hauch warme Luft an ihrer Stirn. Sie öffnete die Augen und sah einen ihr vertrauten Huf auf der anderen Seite des Gatters.

Sie griff zwischen den Latten hindurch nach seinem Vorderbein. Das Pferd bewegte sich nicht vom Fleck. Seine ruhige Gegenwart erdete sie. Sie musste sich jetzt zusammenreißen. Ihre Eltern würden bald eintreffen, und sie wollte, dass beim Weihnachtsessen alles perfekt war.

„Sieht aus, als wollte da jemand, dass du ihn reinlässt.“

Sie hatte Ty nicht kommen hören.

„Eigentlich bin ich diejenige, die auf der Außenseite des Gatters steht. Er ist schon drin.“

„Nein, ich glaube nicht, dass das so ist. Ich glaube nicht, dass er wirklich drin ist“, sagte Ty und kniete sich neben sie. Er wischte ihr eine Träne von der Wange. „Aber ich glaube, er würde sich freuen, wenn du ihn reinlässt.“ Er sah sie flehend an. „Lässt du ihn?“

„Oh, Ty. Ich vermisse Hope so sehr.“

„Ich doch auch, mein Schatz“, sagte Ty und schlang seine Arme um seine Frau. Einige Momente der Stille vergingen, bevor Ty weitersprach. „Warum hast du mich denn nicht geholt? Oder mir gesagt, wie es dir geht?“, fragte er, und sie hörte sowohl Schmerz als auch Liebe in seiner Stimme.

„Weil ich nicht dich und alle anderen runterziehen wollte. Ich will auf keinen Fall Weihnachten für alle vermiesen. Ich habe doch so viel, wofür ich dankbar sein kann. Darauf sollte ich mich konzentrieren, oder?“ Sie merkte, wie sie errötete.

„Ich meine, an Weihnachten will doch keiner hören, wie ich über mein totes Baby klage."

Ihre Worte ließen Jodi zusammenzucken. Ty nicht.

„Jodi, sieh mich an", sagte er und hob mit einem Finger sanft ihr Kinn. „Hope wird immer ein Teil unserer Familie sein. Sie wird immer ein Teil von uns sein – ein Teil, den wir viel zu früh verloren haben. Sie hat es verdient, dass man über sie spricht und sich an sie erinnert – ganz besonders an Weihnachten. Ich spreche nicht über sie, weil ich dich nicht traurig machen will. Ich dachte immer, du würdest nie über sie sprechen, weil du einen Weg gefunden hast, darüber hinwegzukommen, und das wollte ich dir nicht kaputtmachen." Er schob ihr eine widerspenstige Haarsträhne zurück unter die Kapuze. „Aber jetzt sehe ich, dass das nicht weniger wahr sein könnte."

„Oh, Ty ..." Jodi wusste nicht, ob sie lachen oder weinen sollte.

Sie entschied sich fürs Lachen. Doch Ty blieb ernst.

„Die Kinder sprechen mit mir über sie", gestand er.

„Wirklich? Mit mir reden sie nie über sie."

„Sie wollen dich nicht traurig machen."

Jodi schüttelte den Kopf. „Wir sind schon so ein Haufen, oder? Ich versuche, dich zu beschützen, die Kids versuchen, mich zu beschützen, und du versuchst, uns alle zu beschützen."

„Kein Wunder, dass ich dauernd müde bin", scherzte Ty und fügte hinzu: „Und kalt ist mir auch."

Er stand auf, klopfte sich den Dreck von der Hose und reichte seiner Frau die Hand. Dann zog er sie hoch in seine Arme.

„Können wir uns hier und jetzt versprechen, dass wir unsere Gefühle nicht mehr voreinander verstecken? Bitte? Ich will wissen, was mit dir los ist, Jodi. Und zwar alles – das Gute, das Schlechte, einfach alles. Bitte lass mich in dein wundervolles Herz. Und ich verspreche, dass ich nicht immer alles ins Lächerliche ziehen werde. Ich glaube, ich albere manchmal so herum, um die unangenehmen Dinge zu vermeiden, weißt du?“

Jodi konnte nur nicken. Im selben Moment ließ Solomon ein leises Wiehern vernehmen. Es erschreckte sie beide. Ty sah zwischen dem Pferd und seiner Frau hin und her. Seine Augen verengten sich, als versuchte er, ein Rätsel zu lösen.

„Ist das der Grund, warum du so oft hier draußen bist? Kommst du her, um mit ihm zu reden?“

„Ähm, manchmal …“, gab Jodi zu und zog entschuldigend die Schultern hoch.

„Ich weiß auch nicht, was so besonders an ihm ist“, fuhr sie fort, „aber ich fühle mich leichter, wenn ich bei ihm bin. Als würde er den Verlust, den ich erlitten habe, irgendwie besser verstehen als ich selbst. Ergibt das einen Sinn?“

Ty nickte, ging zum Gatter und stellte sich vor Solomon.

„Ich danke dir“, sagte er leise.

Während Jodi Hand in Hand mit Ty zurück zum Haus lief, wurde sie das Gefühl nicht los, dass sie gerade ihr ganz eigenes Weihnachtswunder erlebt hatte.

Als Jodi später an diesem Abend am Tisch saß, umgeben von ihrer Familie und eingehüllt in Erinnerungen und Gelächter, da fühlte sie etwas, das sie schon sehr lang nicht mehr wahrgenommen hatte: wahren Frieden. Nachdem das Dessert angerichtet war, gingen alle in Richtung Wohnzimmer und setzten dort ihre Gespräche fort.

„Hey, Mom, willst du ein Selfie mit uns machen?“, fragte Jessica und hielt einen Nikolaushut aus Karton an einem Stiel hoch.

Jessica und Richard hatten das Fotobox-Requisiten-Set als Geschenk bekommen. Als Hintergrund hatten sie ein weißes Laken aufgehängt, und nun füllten sie alle Handys mit weihnachtlichen Selfies. Zu sehen, wie ihre Kinder lachten und sich verhielten wie unbeschwerte Teenager, war Balsam für ihre Seele.

„Darauf kannst du wetten!“

Sie durchwühlte die Requisiten. Für das erste Foto hielt sie sich Elfenohren an den Kopf, für das zweite die eines Rentiers, und beim dritten wählte sie eine Lebkuchenmännchen-Maske.

„Mom, ich kann dich durch diese Maske gar nicht sehen“, sagte Richard lachend.

Jodi machte noch ein letztes Foto mit einem Nikolaushut und einer Sprechblase mit den Worten „Ho-Ho-Ho“. Doch als sie dann den Platz mit Ty wechselte, gingen ihr Richards Worte wieder durch den Kopf: *Ich kann dich durch diese Maske gar nicht sehen.*

Tue ich das, Herr?, fragte sie sich. *Trage ich eine Maske, damit andere mein wahres Ich nicht sehen können?* Unbewusst legte sie eine Hand an ihre Wange. Sie hatte doch nie vorgehabt, ihre Gefühle – oder ihr Herz – hinter einer Maske zu verstecken. Doch wenn sie auf die letzten Jahre zurücksah, wurde ihr bewusst, wie oft sie ihre Gefühle beiseitegeschoben hatte mit der Absicht, jemand anderen zu beschützen; oder ein fröhliches Gesicht aufgesetzt hatte, wenn sie nichts lieber getan hätte als zu weinen; oder so getan hatte, als wäre alles in Ordnung, wenn es das absolut nicht war. Und so ließ sie nun, umgeben von den Menschen, die sie am meisten liebte, lautlos ihre Maske fallen und bot sie dem einen an, der ihr Herz mit Frieden und Freiheit erfüllt hatte. Fair war dieser Tausch sicher nicht, doch sie war sich sicher, dass Gott ihn mit allergrößter Freude vornahm.

10

Jodi badete im Sonnenlicht. Nachdem es zwei Wochen lang bitterkalt gewesen war und immer wieder geschneit hatte, fühlten sich die knapp fünfzehn Grad an diesem Tag Anfang März geradezu tropisch an.

„Ist das nicht wundervoll?“, sagte sie zu Amanda, neben der sie gerade mit Solomon am Anbindebalken stand.

„Ich kann es gar nicht glauben! Ich frage mich, wie lang es wohl so bleiben wird?“, erwiderte ihre freiwillige Helferin. Jodi sah von den Ziegen zu den Hasen und dann zu den Pferden und stellte fest, dass sie sich alle in der Sonne aalten. Einige der Pferde legten sich hin – zum ersten Mal seit vierzehn Tagen völlig entspannt. Jodi hoffte, dass die nächsten Stürme nicht so heftig ausfallen würden wie die, die sie gerade durchgemacht hatten.

„In der Wettervorhersage haben sie eine weitere Kaltfront am Ende der Woche angekündigt. Ich würde also sagen, wir sollten es besser genießen, solange der kleine Frühlingsausbruch anhält.“

Als würde er ihr zustimmen, streckte Solomon ihr seinen Kopf zu und atmete aus – es klang wie ein zufriedener Seufzer.

„Da bin ich ganz deiner Meinung, Solomon.“ Jodi lachte und kraulte ihn am Hals.

„Ich kann es immer noch nicht glauben, wie ruhig er gerade ist“, sagte Amanda.

Jodi hatte ganz vergessen, wie Solomon das letzte Mal gewesen war, als Amanda ihn hier hatte stehen sehen – nämlich alles andere als entspannt. Es hatte wochenlange Arbeit erfordert, langsames, zielgerichtetes Desensibilisieren und Konditionieren, bis er den Balken akzeptiert hatte. Anfangs war Jodi nur ein paarmal mit ihm darum herumgelaufen, hatte ihm zur Belohnung etwas zu fressen gegeben und ihn dann wieder zurück auf die Weide gebracht. Als bei Solomon keine Anzeichen mehr zu sehen waren, dass er noch immer Angst davor hatte, dem Balken näher zu kommen, hatte sie beschlossen, ihn beidseitig zwischen zwei Balken anzubinden. Er bekam von ihr Apfelstückchen, während er so zwischen den beiden Balken stand. Nachdem er es einige Tage lang bereitwillig erduldet hatte, zwischen den beiden Balken angebunden zu sein, war Jodi dazu übergegangen, in wieder an nur einen Balken heranzuführen. Diese methodische und zeitaufwendige Herangehensweise hatte sich gelohnt, und nun stand Solomon geduldig hier, während Jodi ihn striegelte.

Die eigentliche Prüfung war allerdings vor einigen Wochen gewesen – gerade als das Wetter anfing, stürmisch zu werden. Während er an der Anbindestelle stand und seine, wie Jodi meinte, letzte Trainingseinheit absolvierte, polterte ein Kipplaster die Straße hinunter, während seine Ladung laut hin und her rumpelte. Solomons Ohren waren nach vorne geschnellt. Er riss den Kopf hoch und presste die Lippen zusammen.

Jodi begann, leise und beruhigend auf ihn einzureden. „Dieses laute alte Ding ist schon fast weg. Du bist sicher." Sie versuchte, seine Aufmerksamkeit auf sich zu lenken. Er hatte seinen letzten Anbinde-Test mit Bravour bestanden, und Jodi war sich sicher, dass er bereit wäre, wenn nächsten Monat die Therapiearbeit auf HopeWell wieder beginnen würde.

„Es war schwere Arbeit für dich, deine Angst zu überwinden, oder, Solly?"

Sie griff in ihre hintere Jackentasche und holte ein Leckerli mit Apfel-Haferflocken-Geschmack heraus. Solomon verschlang es gierig und beschnüffelte dann ihre Jacke auf der Suche nach Nachschub. Jodi drückte ihm sanft auf die Brust, um ihn einen Schritt rückwärts zu bugsieren.

„Ich glaube wirklich, dass Solly eine tolle Ergänzung für die Therapiearbeit sein wird", sagte sie zu Amanda. „Immerhin hat er schon viel Übung als mein persönliches Therapiepferd."

Amanda öffnete den Mund, schloss ihn dann aber schnell wieder. Es war unübersehbar, dass sie eine Frage hatte stellen wollen. Und so wenig Jodi auch Lust hatte, darauf zu antworten, sie wusste, dass sie es tun musste. Das würde nun *ihr* Test werden – ihre ganz persönliche Kipplaster-Situation –, um herauszufinden, ob sie sich Amanda wirklich öffnen konnte. Und es fühlte sich wirklich an wie eine Testsituation, insbesondere da Amanda in letzter Zeit mit ihrem ganz eigenen Herzschmerz zu kämpfen hatte: Bei ihrer Tochter Harley war eine Wachstumsstörung diagnostiziert worden. Doch Jodi wollte sich der Herausforderung stellen. Sie hatte Ty – und Gott – versprochen, ihre Sorgen und Kämpfe mit den Menschen zu teilen, denen sie vertraute, und sie an sich heranzulassen.

„Während ich mit Solomon gearbeitet habe", begann sie, „habe ich angefangen, mit ihm über ein paar Gefühle zu sprechen, die in mir rumorten – Dinge, die ich eigentlich niemandem mitteilen wollte."

„Jodi, ist alles in Ordnung? Geht es dir gut?"

„Oh, mir geht's gut – wirklich! Ich bin nicht krank oder so was. Darum geht es nicht." Sie wollte ihrer Freundin schnell die Sorgen nehmen. „Mir ist nur aufgefallen, dass ich irgendwann angefangen hatte, meine Gefühle für mich zu behalten. Aber über Weihnachten hatte ich so eine Art Erleuchtung. Bei dem Versuch, meine Trauer und meine Ängste für mich zu behalten, hatte ich mir eine Last auferlegt, die ich allein gar nicht tragen konnte. Ergibt das irgendeinen Sinn?"

Amanda nickte stumm.

„Am Weihnachtstag fand Ty mich weinend auf Solomons Koppel und wir hatten eine lange Unterhaltung. Seitdem versuche ich, mich ihm mehr mitzuteilen. Und ich rede auch weiterhin mit Solomon. Also, ich meine, eigentliche rede ich *zu* Solomon – er antwortet nicht oder so."

Amanda kicherte. „Das hätte mich jetzt auch gewundert! Aber, ja, ich weiß, was du meinst."

Jodi schluckte schwer. Es machte sie verlegen, dass sie sich vor Amanda so verletzlich gezeigt hatte. Da spürte sie eine sanfte Berührung an der Schulter.

„Danke, dass du mir das erzählt hast, Jodi. Und dass du mir genug vertraust, um es zu tun."

Eine Welle der Erleichterung erfasste Jodi. Ihr war klar, dass es lange dauern würde, all die Muster, die sie sich angewöhnt hatte, wieder loszuwerden. Doch diese erste, kleine Prüfung hatte sie bestanden.

„Gut gemacht, Solly!", lobte Jodi den Wallach, als er im Round-Pen neben ihr zum Stehen kam.

Das stürmische Wetter hatte eine weitere Pause eingelegt, was Jodi sofort genutzt hatte, um eine zusätzliche Trainingseinheit unterzubringen. Der unerwarteten – und kurzlebigen – Wärmefront im März waren fünfzehn Tage gefolgt, in denen es die Höchsttemperaturen kaum über den

Gefrierpunkt geschafft hatten. Als Jodi dann heute Morgen aus dem Haus gekommen war, gingen die Temperaturen schon auf die zehn Grad zu. Da hatte sie beschlossen, nach ihrem Gebetsspaziergang und der Fütterung noch eine Runde mit Solomon zu trainieren. Da die Therapiesitzungen schon in zwei Wochen wieder anfangen würden, wollte sie sichergehen, dass das Pferd so weit war.

Sie hatten den Vormittag damit verbracht, verschiedene Übungen in der Bodenarbeit durchzugehen. Mit dem Pferd am Boden zu arbeiten – statt auf seinem Rücken sitzend – hilft, Vertrauen aufzubauen, und macht den Übergang zum Reiten für gewöhnlich deutlich einfacher. Jodi hatte ihre gemeinsame Zeit im Round-Pen mit Führübungen begonnen, um sicherzustellen, dass Solomon damit zurechtkam, mit Halfter und Führstrick darin herumgeführt zu werden. Sie wählte dabei abwechselnd eine führende Position, bei der sie ihm vorausging, und die sogenannte Partnerposition, bei der sie ihn in Schulterhöhe führte. Beides war essenziell für Solomons Arbeit mit menschlichen Gegenübern.

Außerdem verbrachte Jodi viel Zeit mit Berührungsübungen – also damit, Solomon an Berührungen von menschlicher Hand zu gewöhnen – und zwar auf allen Leveln. Da Kinder den Großteil der HopeWell-Klientel ausmachten, mussten die Pferde mit Aufregung, Unsicherheit und Ungeschicktheit beim Körperkontakt zurechtkommen.

Dieser Teil des Trainings stand für Jodi ganz oben auf der Prioritätenliste, seit es mit einem ihrer ersten Besucher zu einem Missgeschick gekommen war. Ein kleines Mädchen war so aufgeregt gewesen, dass sie Opies Schnauze hatte berühren dürfen, dass sie angefangen hatte, auf und ab zu hüpfen – und dabei versehentlich ihre Hand in der Nüster des Pferdes versenkt hatte. Jodie hatte zwar über Opies wie vom Donner gerührten Blick lachen müssen, gleichzeitig hatte sie sich aber auch Sorgen gemacht, dass er nach dieser groben, unerwarteten Bewegung den Kontakt zu Kindern meiden würde. Glücklicherweise hatte Opie den unerwarteten Nasen-Zwischenfall gelassen hingenommen und war auch weiterhin ein zuverlässiges und ausgeglichenes Therapiepferd. Doch dieses Ereignis war ihr eine Warnung, die Desensibilisierung der HopeWell-Pferde niemals zu vernachlässigen, was Berührung, laute Geräusche und plötzliche Bewegungen anging. Als Beutetiere, deren Instinkte zu jeder Tages- und Nachtzeit alles und jeden als potenziell tödliche Gefahrenquelle ansehen, reagieren Pferde mit Davonlaufen, Treten oder Erstarren auf alles, was sie erschreckt.

Solomon war da keine Ausnahme. Jodi nahm den Trainingsstab in die Hand und berührte damit Solomons Rücken, seine Beine, seinen Unterleib und seinen Hals. Glücklich darüber, dass er diese Übung so gut gemeistert hatte, wiederholte sie sie mit ihren Händen. Sie war sich sicher, dass er gut mit ihrer Berührung würde umgehen können, da sie ihn schon so oft gestriegelt und so viel Zeit mit ihm verbracht hatte, doch sie tat ihr Bestes, um Solomon dem üblichen Trainingsprotokoll zu unterziehen, sodass er dieselbe Behandlung erfuhr wie alle anderen Pferde auch.

Als Nächstes brachte Jodi ein paar orange Verkehrskegel in den Round-Pen, um zu sehen, wie er auf fremde Gegenstände im selben Raum reagieren würde. Sie reihte die Kegel in der Mitte des Pens auf und ließ Solomon entscheiden, ob er sie sich genauer ansehen oder lieber Abstand halten würde. Ein paar Minuten lang beäugte er die orangefarbenen Hütchen misstrauisch. Er legte die Ohren an, drehte sie wieder nach vorn und stampfte dann auf. Nachdem er entschieden hatte, dass die Kegel keine Gefahr darstellten, senkte er den Kopf und machte ein paar Schritte vorwärts. Jodi hielt den Führstrick dabei locker und ging mit ihm. Er schnüffelte am ersten Kegel, biss in den zweiten und warf den dritten schließlich mit dem Maul um. Jodi rückte das Hütchen wieder zurecht und führte Solomon auf eine Seite des Pens.

„Nun, Solly", begann sie, „werden wir erst auf der einen Seite an den Kegeln entlanglaufen und auf der anderen wieder zurückkommen."

Die meisten Leute hätten es wohl seltsam gefunden, dass Jodie ihrem Pferd alles so ausführlich erklärte, doch sie hatte es sich zur Philosophie gemacht, über alles nachzudenken, was sie tat, sich dann die Bewegung dieser Tätigkeit vorzustellen und sie schließlich auszuführen. Ein Pferd, das eine sehr enge Bindung zu seinem Trainer hat und gut auf ihn abgestimmt ist, kann es spüren, was von ihm erwartet wird – sogar noch, bevor es darum gebeten wird.

Oft, wenn sie ein Pferd im Pen oder in der Reithalle führte und nur darüber nachdachte, wie es sich anfühlen würde, bald anzuhalten, hielt das Pferd dann tatsächlich einfach an. Es dauerte eine Weile und kostete einiges an Arbeit, ein Pferd so gut zu trainieren, dass es einen Befehl vorausahnen konnte, doch da ein großer der Teil der Arbeit auf HopeWell auf der Beziehung basierte, die Mensch und Pferd miteinander aufbauten, wusste Jodi, dass die Anstrengungen dieses Trainings oft zu tiefgreifenden Ergebnissen führten.

Als sie nun mit Solomon am Rand des Round-Pens stand, sah sie auf das Ende der Hütchen-Reihe. Sie stellte sich vor, wie sie mit Solomon den ersten Schritt vorwärts ging. Sie atmete tief ein und ging mit ihrem rechten Fuß einen Schritt vorwärts. Solomons Bein folgte nur einen Sekundenbruchteil später. Sie führte den Wallach auf die linke Seite der Hütchen. Er kam zweimal ein wenig vom Kurs ab, sodass sie sanft am Führstrick ziehen musste, um seine Aufmerksamkeit wieder auf sich zu ziehen. Auf dem Rückweg auf der anderen Seite der Kegelreihe war das nur noch einmal nötig. Als sie auf den letzten Verkehrskegel zukamen, dachte Jodi das Wort *Stopp*, stellte sich vor, wie sie anhielten, atmete aus und blieb stehen – zeitgleich mit Solomon.

„Gut gemacht. Für heute reicht das, Mister Neunmalklug. Dann bringen wir dich mal zurück auf die Weide und besorgen dir etwas wohlverdientes Heu."

Sie kraulte ihn an der Seite, kratzte ihn am Hinterteil, drückte ihm einen Kuss auf die Nase und entließ ihn dann auf die Koppel. Als sie das Gatter öffnete, sah sie Victory auf sich zu humpeln. Vor einigen Tagen war ihr schon aufgefallen, dass er eines seiner Hinterbeine bevorzugte, doch er hatte bis heute Nachmittag noch einen guten Eindruck gemacht. Nun aber waren seine Ohren angelegt, die Muskeln angespannt, und er brachte fast überhaupt kein Gewicht mehr auf das andere Bein. Sie ließ das Halfter von Solomons Kopf gleiten und versuchte dann, sich Victorys Huf genauer anzusehen. Doch davon wollte der nichts wissen. *Zeit, Dr. Pol anzurufen.*

11

„Es ist ein Abszess“, bestätigte Dr. Pol, der Tierarzt, der sich seit fünfzehn Jahren um Jodis Tiere kümmerte, nachdem er Victory untersucht hatte. „Und ein ziemlich übler. Aber wir werden ihn behandeln, alles in Ordnung bringen, und bald ist der alte Junge wieder topfit.“

Jodi schätzte die nüchterne Art des Tierarztes, die Dinge in die Hand zu nehmen. Was auch immer einem ihrer Tiere zu schaffen machte, ob es nun ein lebensgefährliches Problem war oder nur eine harmlose Krankheit oder leichte Verletzung – sobald Dr. Pol oder seine Tierarztkollegin Dr. Brenda Gettenberger in die Auffahrt einbogen, fühlte sich Jodi sofort besser. Selbst dann, wenn sie ein Kamerateam im Schlepptau hatten.

Als Jodi an diesem Vormittag angerufen hatte, um für Victory einen Termin auszumachen, war sie erleichtert gewesen – und gleichzeitig etwas beschämt über ihre Erleichterung –, als sie erfuhr, dass heute nicht gefilmt würde. *Der unglaubliche Dr. Pol*, eine beliebte Realityshow, die sich um seine Tätigkeit als Tierarzt drehte, machte ein paar Monate Pause. Seit die Show 2011 zum ersten Mal ausgestrahlt worden war – nachdem der Sohn des Doktors, Charles Pol, einigen Führungskräften des Senders die Idee gesteckt hatte –, waren Jodi und einige der HopeWell-Tiere schon ein paarmal Gegenstand der Sendung gewesen. Und der Reaktion der Zuschauer nach zu urteilen, konnte sie davon ausgehen, dass das über die Jahre noch oft der Fall sein würde. Inzwischen hatte Jodi die Filmcrew genauso ins Herz geschlossen wie Dr. Pol, dessen Frau Diane, ihren Sohn Charles und Dr. Brenda. Dennoch war Jodi immer furchtbar nervös, wenn die Kameras liefen. Offensichtlich konnte sie jedoch gut verbergen, dass ihr jedes Mal die Nerven blanklagen, wenn das Kamerateam auf ihrem Hof war, denn der Produzent lobte oft, was für ein Naturtalent sie doch vor der Kamera sei. Glücklicherweise musste sie sich aber jetzt keine Gedanken über all das machen.

Dr. Pol ging sofort ans Werk. Er reinigte den Strahl von Victorys Huf mit einem Hufkratzer und entfernte dabei kleine Steinchen und anderen Schmutz, die in den Spalten eingeklemmt waren. Dann beschnitt er mit einem Hufmesser den unteren Rand des Hufs, bis er an die Infektion herankam. Nachdem er den Druck von dieser Stelle abgelassen hatte, strich er die Stelle mit Kupfersulfat ein und verband den Huf.

„Der Huf sollte eine Woche verbunden bleiben", wies der Tierarzt Jodi an, während er seine Instrumente beiseiteräumte. Dann reichte er ihr eine Packung Antibiotika. „Davon braucht er zweimal täglich zwölf Tabletten."

Die riesigen Mengen an Medikamenten, die bei fünfhundert Kilo schweren Tieren wie Pferden nötig waren, waren Jodi wohlbekannt. Dr. Pol gab Victory einen Klaps auf den Hintern.

„Rufen Sie mich an, falls es ihm schlechter geht. Andernfalls komme ich nächste Woche wieder vorbei und sehe nach ihm."

„Das klingt gut. Vielen herzlichen Dank, Dr. Pol."

Einige Stunden später versuchte Jodi, zwölf zerkleinerte Tabletten zwischen dem Getreide in Victorys Schüssel zu verstecken, während die anderen Pferde ungeduldig auf ihr abendliches Futter warteten. Victory stand an seinem üblichen Platz nahe des Wassertrogs, das betroffene Hinterbein leicht angewinkelt, um es zu entlasten. Doch zu ihrer großen Überraschung stand Solomon neben ihm. Sie konnte es kaum fassen, dass er es in nur sechs Monaten geschafft hatte, in der Rangordnung vom letzten zum ersten Platz aufzusteigen.

Nachdem sie alle anderen Schüsseln befüllt und in die Schubkarre geladen hatte, schob sie sie in Richtung der neun Pferde, die sich am Zaun aufgereiht hatten. „Nennt mich einfach die Präsidentin und Geschäftsführerin des Essen-auf-Rädern-Programms von HopeWell." Sie lachte, fuhr dann aber zusammen, als die Räder laut quietschten. „Vielleicht nennen wir es lieber Essen auf *Quietschrädern*."

„Bist du dir absolut sicher, dass das dasselbe Pferd ist?", rief Linda ihr zu, während sie Jodi und Solomon in der Reithalle beobachtete. „Dasselbe Pferd, über das du dich letztes Jahr noch beschwert hast, weil es zu unkonzentriert und stur war, um auch nur eine Trainingseinheit zu absolvieren?"

„Jawohl, dasselbe Pferd!", antwortete Jodi.

„Wow", sagte Linda. „Er hat wohl nur ein bisschen Zeit gebraucht, um sich an sein neues Zuhause zu gewöhnen." Jodi gab Solomon eine Kleinigkeit zu fressen. Er hatte soeben einen Parcours durchlaufen, in dem er an einer Reihe Verkehrshütchen vorbeilaufen, um ein paar Hula-Hoop-Reifen herummanövrieren und dann zwischen zwei Plastikstühlen stehen bleiben musste. Er hatte ihn fehlerlos durchquert.

Der eigentliche Test war aber erst danach gekommen: Linda war auf ein quietschendes Spielzeug getreten, um zu prüfen, wie er auf ein unerwartetes und ungewohntes Geräusch reagieren würde. Abgesehen von einem kurzen Drehen der

Ohren in Richtung des Geräusches hatte das Pferd kaum reagiert. Lindas Gesichtsausdruck verriet Freude und Verblüffung. Jodi hatte eine Theorie, was Solomons Ruhe in Anbetracht des Geräusches anging. Immerhin klang das Spielzeug fast wie die Schubkarre, mit der sie den Pferden Abend für Abend das Futter auslieferte. *Wer hätte gedacht, dass so eine quietschende Schubkarre einen praktischen Nutzen haben könnte!*

Nachdem sie Solomon zur Belohnung den Rücken gekrault hatte, führte Jodi den Wallach noch einmal durch den Parcours, während Linda mit quietschenden Spielzeugen, Rasseln und einer Pfeife diverse Geräusche machte. Diese zusätzlichen Ablenkungen zwangen Solomon, sich für den zweiten Durchlauf mehr zu konzentrieren, als es beim ersten Mal nötig gewesen war. An den Bewegungen seines Mauls konnte Jodi ablesen, dass er angestrengt nachdachte, um die Reize zu verarbeiten und gleichzeitig den Parcours zu absolvieren. Manchmal sperren Pferde auf recht unterhaltsame Weise das Maul auf, als versuchten sie, darüber neue Informationen aufnehmen. Solomons Zunge arbeitete offensichtlich ebenso angestrengt wie sein Gehirn und seine Füße, während er die Hindernisse bewältigte und sich dabei auf Jodi konzentrierte. Als die beiden schließlich zwischen den blau-roten Plastikstühlen zum Stehen kamen, gönnte Jodi ihm zur Belohnung eine ausgiebige Krauleinheit.

„Du wirst hier so vielen Menschen helfen – so wie du mir geholfen hast."

„Jodi, was ist deiner Meinung nach der Grund für seine Veränderung?"

Jodi musste kurz überlegen. „Na ja, ich denke, du hattest recht – er brauchte einfach mehr Zeit."

Linda schien über Jodis Worte nachzudenken. „Ja, das ist sicher mit ein Grund, aber er wirkt insgesamt so verändert. Er ist entspannt, unaufgeregt und zeigt ein Vertrauen dir gegenüber, das vorher nicht da war. Ich frage mich nur …" Sie verstummte, doch an der Art und Weise, wie sie Solomon beobachtete, konnte Jodi deutlich sehen, dass sie mit ihrer Analyse noch lange nicht fertig war.

„Du hast dich auch verändert, Jodi. Du wirkst auch entspannter und unaufgeregter … und offener, kann das sein? Wann genau hat das angefangen, dass Solomon zu diesem Muster an Konzentration im Training geworden ist?"

„Lass mich nachdenken, also im Dezember habe ich angefangen, Zeit mit ihm allein zu verbringen. Aber wegen des kleinen Zwischenfalls am Anbindebalken, von dem ich dir erzählt habe, habe ich nicht viel von ihm verlangt. Ich wollte nur, dass er Vertrauen zu mir fasst und positive Erfahrungen mit all den Anbindestellen auf unserer Farm sammelt."

Als sie an diese Zeit zurückdachte, kam die eine oder andere Erinnerung zurück. „Ich habe damals schon ein paar Führübungen versucht, aber da hat er mich entweder völlig ausgeblendet oder versucht, mich zurück Richtung Weide zu ziehen. Als würde ein Schalter in ihm umgelegt und er hätte beschlossen, dass er jetzt fertig sei."

In Gedanken versunken ließ sie ihre Hand auf Solomons Rücken ruhen.

„Wohin sind deine Gedanken gerade gewandert?", fragte Linda voller Mitgefühl.

„Tut mir leid, ich wollte nicht abdriften. Ich habe nur gerade an Weihnachten gedacht."

Linda zeigte in Richtung Tür, und alle drei machten sich schweigend auf den Weg zur großen Weide.

Als sie am Gatter ankamen, fuhr Jodi fort: „Mir ist dieses Weihnachten irgendwie etwas klar geworden. Also, genauer gesagt", berichtigte sie sich schnell, „hatte ich an Weihnachten am Nachmittag einen Nervenzusammenbruch, der im Laufe des Abends zu einer Erkenntnis führte."

Linda nickte und ermunterte sie weiterzusprechen.

„Ich glaube, an dem Tag traf mich einfach alles – dass Hope nicht bei uns war und dass ich niemandem die Laune verderben wollte, indem ich davon erzählte, wie schlecht es mir ging. Dazu kam noch, dass meine Kinder so schnell groß werden. Es war, als würden lauter süße Erinnerungen an die Oberfläche blubbern und sich dort mit dem Schmerz vermischen über Erinnerungen, die es nie geben würde. Und so wurde aus einem Tag, an dem Frieden und Freude herrschen sollten, irgendwie einer, der mir eine überwältigende Erfahrung aus Trauer und Schmerz bescherte. Weshalb ich mich wiederum schuldig fühlte, weil es doch so viel gibt, wofür ich dankbar sein könnte ..." Jodi zog die Schultern hoch, unsicher, wie sie dieses unerwartete Geständnis nun beenden sollte.

„Du sagtest, du hattest einen Nervenzusammenbruch ...?", gab Linda ihr einen freundlichen Anstoß. „Also gehe ich davon aus, dass an diesem Tag all diese Gefühle zum selben Zeitpunkt hochkamen?"

„Oh ja, sie kamen definitiv hoch. Aber ich wollte nicht im Haus die Beherrschung verlieren und alle damit belasten, also ging ich spazieren. Irgendwann fand ich dann den Weg zur Weide, und meine Gefühle fanden ihren Weg heraus aus mir, und ..." Jodi machte eine Pause. „Solomon fand mich."

Sie lehnte sich an das Pferd, während sie Linda alles erzählte: ihr Gespräch mit Ty, ihr Versprechen, sich mehr mitzuteilen, und ihre Erkenntnis über die Maske, die sie trug, um andere vor ihren Gefühlen zu schützen. Linda hörte bedächtig zu, und nachdem Jodi zu Ende erzählt hatte, verfielen beide in ein angenehmes Schweigen. Jodi öffnete das Gatter und führte Solomon hindurch. Dann nahm sie ihm das Halfter ab und entließ ihn zu seiner Herde.

„Was ist denn mit Victorys Fuß passiert?", fragte Linda und zeigte auf den Verband.

„Dr. Pol musste einen Abszess ablassen."

Jodi schilderte ihr Dr. Pols Behandlungsplan und lobte Victory dafür, wie gut er damit umging.

„Warum, glaubst du, hast du das Bedürfnis, deine Gefühle hinter einer Maske zu verstecken?"

Die Frage traf Jodi völlig unvorbereitet. Sie brauchte eine Weile, um gedanklich von Victorys Abszess zu ihren Gefühlen zurückzukehren.

„Nun, ich nehme an, es liegt daran, dass ich niemandem eine Last sein will – besonders nicht für die, die ich liebe und die schon mit ihren eigenen Problemen zu kämpfen haben", antwortete Jodi. Sie fühlte sich so verletzlich wie schon seit Wochen nicht mehr.

Lindas Blick drückte tiefstes Verständnis aus, doch da war auch noch ein Anflug von etwas anderem. „Dann muss es für dich wohl eine große Bürde sein, dich um Victory zu kümmern, oder? Es muss dich doch erdrücken, auch noch seine Wunde versorgen zu müssen, wo du doch hier ohnehin schon so viel zu tun hast?"

Zunächst fühlte sich Jodi von dieser Frage etwas angegriffen. Doch als sie den sanften Ausdruck in den Augen ihrer Freundin sah, da wurde ihr bewusst, dass sie direkt in die Falle getappt war, die ihr die weise Therapeutin gestellt hatte.

„Ich verstehe, worauf du hinauswillst“, sagte Jodi und gab sich grinsend geschlagen. „Und nein, selbstverständlich sehe ich es nicht als Bürde an, mich um Victory zu kümmern. Es ist eine Ehre, für ihn zu sorgen, ganz besonders, wenn man bedenkt, wie wundervoll er sich um so viele kümmert, die durch unsere Tore kommen. Aber das ist nicht dasselbe, und das weißt du auch“, stellte Jodi klar. „Ich muss Victorys körperliche Schmerzen nicht mittragen und habe auch selbst nicht mit einem Abszess zu kämpfen, während ich mich um seinen kümmere.“

Linda gab sich nicht geschlagen.

„Nein, ich bleibe dabei, dass die beiden Situationen sich nicht so stark unterscheiden, Jodi. Klar, bei der einen geht es um einen kranken Fuß und bei der anderen um ein gebrochenes Herz, aber beides tut weh, in beiden Fällen muss man das Gift rauslassen, damit die Heilung beginnen kann, und beides wird auch deutlich schneller heilen, wenn andere helfen dürfen, die Wunde zu pflegen. Außerdem“, sagte Linda und stellte sich genau vor Jodi, „hast du gerade selbst gesagt, es sei eine Ehre, für Victory zu sorgen, eine Freude, diese Pferde zu begleiten und sie wissen zu lassen, dass sie nicht allein sind. Indem du deinen Schmerz hinter dieser Maske verbirgst, verweigerst du Ty und deinen Kindern und all den anderen, die dich lieben, die Ehre und die Freude, dich durch all dies zu begleiten und dich daran zu erinnern, dass du nicht allein bist.“

Jodi musste blinzeln und bemerkte, dass sie den Atem angehalten hatte. „Danke, meine Liebe“, flüsterte sie.

„Es *ist* eine Ehre, dich zu begleiten“, sagte Linda und zog Jodi in ihre Arme. „Und auch wenn ich davon ausgehe, dass du instinktiv immer versuchen wirst, deinen Schmerz vor anderen zu verstecken – kämpf dagegen an, so gut du kannst, okay? Wir wollen dich begleiten. Wir wollen dir helfen, diese Last zu tragen, Jodi."

Jodi konnte nur noch nicken. Doch glücklicherweise musste sie ohnehin nicht sprechen, da Linda noch nicht fertig war.

„Du sagst also, Solomon fing über Weihnachten an, besser mitzuarbeiten?"

„Ja ...", antwortete Jodi, unsicher, worauf Linda wohl hinauswollte.

„Dann ist dir wohl klar, was wahrscheinlich passiert ist, oder?"

„Linda, ich habe absolut keine Ahnung, worüber du gerade redest!"

„Nachdem du die Maske hattest fallen lassen, fing Solomon an, dir als Führungspersönlichkeit zu vertrauen. Schließlich sind Pferde doch gerade deswegen so gute Therapiepartner – weil sie keine Masken sehen."

Natürlich! Jodi konnte nicht glauben, dass sie es nicht schon vorher geschafft hatte, all diese Einzelteile zusammenzusetzen. Pferde sehen nicht, was nur vorgespielt wird – das können sie gar nicht. Sie sehen nur, was ist. Wenn ein Mensch Wut verspürt, während er mit einem Pferd arbeitet, dann spürt das Pferd diese Wut – selbst wenn der Mensch dabei lächelt und es schafft, alle anderen Menschen um sich herum zu täuschen. Ein Pferd spürt jede Emotion und wird ebendiese zurückspiegeln – indem es sich etwa distanziert, unnahbar, störrisch und unkooperativ verhält. Ein großer Teil der Pferdetherapie besteht darin, Menschen dabei zu helfen, das Auftreten und Verhalten eines Pferdes zu interpretieren und dadurch Zugang zu den eigenen Gefühlen zu finden.

Solomon hat meine wahren Gefühle gesehen, sie mir zurückgespiegelt und ist bei all dem bei mir geblieben.

Willkommen auf
der HopeWell-Ranch

Solomon, unser
sanfter Riese

Jodi und Ty
möchten Gottes
Liebe weitergeben

Solomon (Mitte) ist nicht mehr einsam

Solomon hat Herzen verändert

Jodi und Ty mit ihren Kindern Jessica und Richard

Therapiepferd Blaze bei der Arbeit

Alle lieben Bubba Jack

Auf dem Rücken von Samson hat dieses Mädchen die ersten Sätze ihres Lebens gesprochen: „Ich hab´s geschafft!“

Jodi und Samson

Samson und Lightning teilen sich ihr Frühstück

Die Herde ist unterwegs

Mercy mag den Winter in Michigan

Dieser Junge hat ein besonders inniges Verhältnis zu Mercy. Mit ihr an seiner Seite traut er sich, neue Dinge auszuprobieren

Ein besonderer Moment:
Sowohl Kinder als auch
Veteranen genießen die Zeit
mit den Pferden

Zwei Veteranen
arbeiten mit Lucy

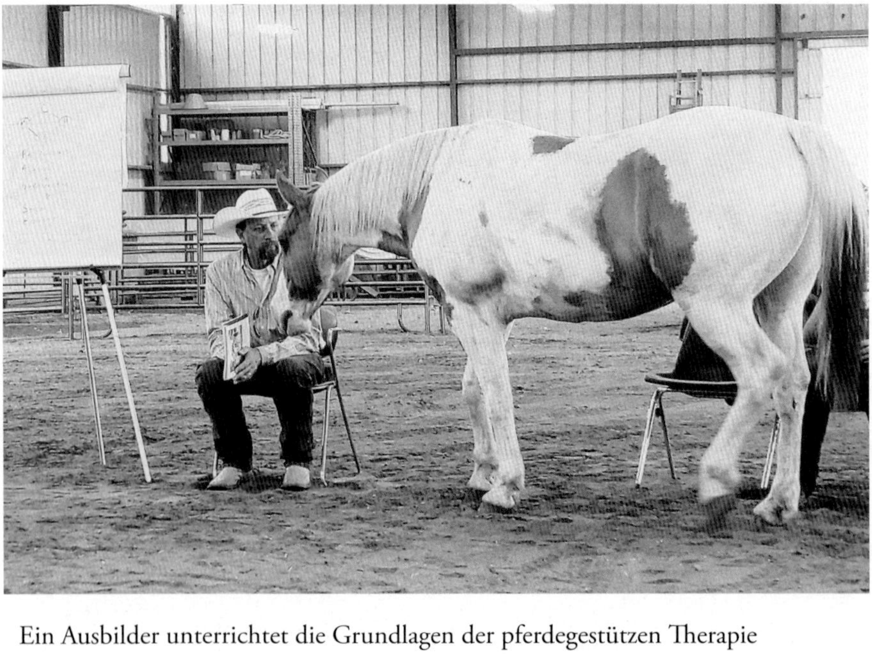

Ein Ausbilder unterrichtet die Grundlagen der pferdegestützen Therapie

Jodi wandte ihre Aufmerksamkeit wieder Linda zu. „Du glaubst also, dass Solomon mir erst als Trainerin vertrauen konnte, als meine Gefühle und mein Verhalten miteinander übereinstimmten?“

„Ganz genau. Als er auf HopeWell ankam, da sah er in dir einen Geist, der seinem ähnlich war – trauernd und verwundet. Aber jetzt, glaube ich, sieht er dich als Anführerin. Als authentische, vertrauenswürdige Person, die weiß, dass sie darauf angewiesen ist, dass ihre Herde ihr beim Führen hilft.“

Jodi beobachtete, wie Solomon und Victory zusammen an einer Heuraufe standen und Solomon etwas Heu in Victorys Richtung schubste. Er wurde allmählich zum Anführer in seiner Herde. Und, was noch viel wichtiger war, ihm war es gelungen, ihr Herz zu stehlen – und er half dabei, es zu heilen. Sie ging davon aus, dass er den Herzen vieler anderer ebenso beim Heilen helfen würde, sobald die Therapiesitzungen in zwei Wochen wieder anfingen.

12

„Mir wird ganz schwindlig, wenn du so rumrennst", sagte Ty und schaltete die Morgennachrichten aus. „Ich gehe mal davon aus, dass der Telefonanruf von eben keine guten Neuigkeiten gebracht hat?"

„Zwei Minipferde brauchen ein Zuhause."

„Wirklich?", fragte Ty aufgeregt. „Sprichst du nicht seit einiger Zeit davon, dass wir uns ein Minipferd zulegen sollten, damit kleine Kinder etwas haben, das eher ihrer Größe entspricht?"

Tys Blick war aufmerksam und suchend; offensichtlich versuchte er nachzuvollziehen, warum sie zögerte, die Tiere anzunehmen.

„Ja ... aber ...", begann sie und verstummte dann. Sie wusste nicht genau, wie sie die Sorge beschreiben sollte, die sie umtrieb.

Ty legte seiner Frau eine Hand auf die Schulter.

„Ich weiß, du würdest jetzt am liebsten rausgehen und mit diesem Pferd reden, aber das Unwetter da draußen wird dir wohl einen Strich durch die Rechnung machen. Ich würde sehr gerne hören, was dir gerade durch den Kopf geht. Ich meine, vielleicht bin ich kein kastanienbrauner Hengst, aber im Zuhören bin ich trotzdem ganz gut."

„Er ist ein Wallach", kam Jodis Erwiderung ganz automatisch. Dann musste sie aber doch lachen, weil ihr Mann mal wieder seinen Lieblings-Pferdewitz erzählt hatte. Dieses kurze Lachen durchbrach ihre Abwehrhaltung, und plötzlich wollte sie ihm erzählen, was ihr Angst machte.

„Linda und ich haben uns darüber unterhalten, wie nett es doch wäre, ein Minipferd zu haben, aber wir meinten, irgendwann in der Zukunft, nicht heute. Und wir sprachen von einem, nicht von zweien. Und wir wollten eins, das bereits trainiert ist und sofort mit der Arbeit an den Kindern loslegen könnte; nicht zwei, die bislang unter fragwürdigen Bedingungen gelebt haben, in einem vier mal vier Meter großen Hundezwinger, und noch nie wirklich mit Kindern zu tun hatten – oder überhaupt eine positive Interaktion mit irgendeinem Menschen erlebt haben. Dazu kommen dann noch die zusätzlichen Kosten. Es wird wohl nicht allzu teuer sein, sie zu füttern, aber da wären ja auch noch die Kosten für den Hufschmied und die für den Tierarzt, und irgendjemand muss sie trainieren, und selbst dann können wir nicht sicher sein, ob sie für die Therapiearbeit geeignet sein werden …"

Jodi machte eine Pause, um Luft zu holen.

„Sorry, das war jetzt wahrscheinlich ein bisschen viel für dich", sagte sie verlegen.

Ty zog sie in seine Arme. „Danke."

Jodi drückte ihn fest.

„Also, was sollen wir mit den beiden Minis anfangen?", fragte Ty. „Ja, es stehen offensichtlich einige Contras auf der Liste, aber haben wir auch Pros?"

„Na ja, wir könnten wirklich einige kleinere Pferde gebrauchen. Und selbst wenn sie nicht gleich für die Sitzungen genutzt werden können, könnten die Kinder sie immer noch ansehen und wir könnten uns über sie unterhalten – sie vielleicht anderweitig ins Programm einbinden." Jodi sah aus dem Fenster Richtung Feld.

„Und die kleine Koppel ist ohnehin schon vorbereitet, also könnten sie da wohl drauf, denke ich. Ich habe in letzter Zeit für ein Mini gebetet, aber ging davon aus, dass Gottes Timing etwas weiter in der Zukunft liegen würde, weißt du? Ich weiß einfach nicht, ob das die richtige Zeit ist und ob das die richtigen Pferde sind." Sie rieb sich den Nacken. „Und ich will keinen Fehler machen."

Ty öffnete den Mund und setzte zum Reden an, wurde jedoch von Richard unterbrochen.

„Welchen Fehler willst du nicht machen, Mom?"

„Du hast einen Fehler gemacht?", fragte Jessica, die ihrem Bruder ins Wohnzimmer gefolgt war.

„Guten Morgen", begrüßte Jodi sie. „Auf dem Küchentresen stehen Muffins, vielleicht wollt ihr die ja zum Frühstück essen?"

Sie wandte sich wieder Ty zu. Sie wollte unbedingt hören, was er zu sagen hatte. Sie musste eine Entscheidung treffen, so oder so. Sollte HopeWell die Pferde nicht aufnehmen können, wollte Jodi der Anruferin möglichst viel Zeit geben, eine Alternative zu finden.

„Was wolltest du gerade sagen, Ty?", fragte sie und warf dann einen Blick zurück, um festzustellen, dass ihre Kinder immer noch mitten im Wohnzimmer standen.

„Wollt ihr nicht frühstücken?", fragte sie und versuchte zu verbergen, wie genervt sie war.

Eine feine Linie bildete sich zwischen Jessicas Augenbrauen. „Vor welchem Fehler hast du Angst, Mom?"

Jodi machte eine Handbewegung, als würde sie eine Fliege verscheuchen. „Es ist nichts, meine Süße. Ich rede nur gerade mit Dad über HopeWell-Angelegenheiten. Nichts, worum du dir Gedanken machen müsstest."

Enttäuschung machte sich auf Jessicas Gesicht breit, als sie sich in Richtung Küche zurückzog. Richard folgte ihr schweigend. Ty stieß Jodi sanft ans Knie und nickte in Richtung der Kinder.

Ich hab es schon wieder getan, wurde Jodi schmerzlich bewusst. Die Kinder waren ehrlich interessiert und ernsthaft besorgt, und ich habe sie einfach abblitzen lassen.

„Hört mal", sagte sie und folgte ihnen in die Küche. „Es tut mir leid. Ich wollte nicht, dass ihr euch ausgeschlossen fühlt. Ich versuche gerade, eine Entscheidung darüber zu treffen, ob wir uns noch zwei weitere Pferde zulegen sollen – und zwar zwei Minipferde", präzisierte Jodi.

„Warum sollte das denn ein Fehler sein?", fragte Richard.

„Nun ja, zum einen kostet es natürlich Geld", antwortete sie. Dann zog sie sich einen Stuhl heran und bedeutete Ty und den Kindern, es ihr nachzutun. „Außerdem würden ja gleich zwei Pferde auf einmal kommen statt einem, also auch doppelte Kosten. Und da sie aus einer, sagen wir mal, suboptimalen Situation zu uns kämen, bin ich mir nicht einmal sicher, ob wir sie überhaupt für die Therapie verwenden könnten."

Einen Moment lang wurde es still im Raum, und Jodi fragte sich, ob sie wohl zu viel erzählt hatte. Sie wollte nicht, dass Jessica und Richard noch einen Grund bekamen, HopeWell abzulehnen. In letzter Zeit schienen sie sich gerade erst wieder mehr für die Ranch zu interessieren – und waren auch eher bereit, einmal mit Hand anzulegen. Was, wenn sie es ihr übelnehmen würden, dass so viel vom Geld der Familie in HopeWell investiert wurde? Jodi rutschte auf ihrem Stuhl hin und her. *Wenn ich doch heute Morgen nur hätte spazieren gehen können. Dann hätte sich niemand anhören müssen, was mich so beschäftigt – außer Solomon vielleicht.*

„Mom?", unterbrach Jessicas Stimme zögerlich ihre Gedanken. „Aus was für einer Situation kommen die Pferde denn? Du sagtest, sie sei suboptimal – inwiefern?"

Die offensichtliche Sorge in Jessicas Gesichtsausdruck wärmte Jodi das Herz.

„Die Pferde wurden bislang in einem kleinen Hundezwinger gehalten. Für mich klang es so, als wäre die Vorbesitzerin im Glauben gewesen, sie sorge gut für sie – aber der Hufschmied sagt, die Pferdchen seien aus Unwissenheit fürchterlich vernachlässigt worden."

„Also brauchen die beiden jemanden, der weiß, was er tut, und ihnen ein sicheres Zuhause gibt?", fragte Jessica.

Jodi nickte, aber noch ehe sie irgendetwas sagen konnte, tat auch Richard seine Meinung kund: „Du weißt doch mehr über Pferde als sonst jemand."

Jodi wusste seine Worte zu schätzen und fand es süß, wie ihr Sohn sie zu ermutigen versuchte.

„Das ist jetzt aber eine ziemliche Übertreibung." Sie lachte und reichte ihm eine Serviette. „Aber danke, dass du das sagst."

Jessica sprach weiter: „Und auf HopeWell könnten die beiden sicher leben. Wir haben jede Menge Platz und einen guten Tierarzt, der ihnen beim Heilen helfen kann. Und dann können die Minis vielleicht anderen helfen, die genauso vernachlässigt wurden wie sie. So in etwa funktioniert HopeWell doch, oder?"

Jodi starrte ihre Kinder an. Wie lange wartete – und betete – sie schon, dass ihre Kinder sich eines Tages für die Mission von HopeWell interessieren würden? Und die ganze Zeit hatte sie befürchtet, dass der Tag nie kommen würde.

„Nun," sagte Ty und stand auf, „für mich klingt es so, als würden deine Kinder mit Ja votieren, was die Minipferde angeht. Und sie haben so gute Argumente vorgebracht, dass ich mich ihnen anschließe", fügte er hinzu und zwinkerte Richard und Jessica dabei zu.

Jodi sah ihre Familie an und blickte in drei begeistert lächelnde Gesichter. „Seid ihr sicher?", fragte sie.

Alle drei nickten im Gleichtakt.

„Nun, wenn alle dafür sind, habe ich einen Anruf zu tätigen!", sagte Jodi und schob ihren Stuhl zurück.

Richard war aufgestanden, um sich einen zweiten Muffin zu nehmen, doch nun drehte er auf dem Absatz um. Wirklich?", rief er. „Wir bekommen zwei Minipferde? Das ist der beste Tag meines Lebens!"

„Hast du nicht genau dasselbe gesagt, als wir letzten Monat die neue Ziege bekommen haben?", neckte Jessica ihn.

Nach einem kurzen Telefongespräch verbrachten Jodi, Ty und die Kinder eine Stunde damit, Pläne für die Ankunft der beiden neuen Pferde zu machen. Jodi war so glücklich darüber, mit ihrer Familie zusammenarbeiten zu dürfen, dass ihr gar nicht auffiel, dass der Regen aufgehört hatte.

Es war noch feucht, als Jodi einige Stunden später in die Reithalle kam. Linda saß dort an einem Picknicktisch und schrieb etwas in ein Notizbuch.

„Tut mir leid, dass ich mich verspätet habe. Ich musste noch telefonieren, um Vorbereitungen für zwei Minipferde zu treffen, die Ende der Woche herkommen."

Nachdem sie Linda noch ein paar Einzelheiten über die Minis erzählt hatte, richteten die beiden ihre Aufmerksamkeit auf die anstehende Sitzung.

„Shawn wird etwa in einer Dreiviertelstunde hier sein. Wann willst du Solomon holen gehen?"

Da sich Shawn schwertat, wenn zu viele Eindrücke auf einmal auf ihn einprasselten, hatten Linda und Jodi beschlossen, sein erstes Treffen mit Solomon in der Reithalle stattfinden zu lassen. Zwar beinhalteten die meisten Sitzungen, dass ihre Klienten mit ihnen auf die Weide gingen, dort das Pferd halfterten und es anschließend zur Anbindestelle oder in die Reithalle brachten, doch die beiden Frauen waren der Meinung, dass das HopeWell-Programm sich an individuelle Bedürfnisse anpassen sollte – und nicht etwa andersherum. Wenn es also nötig wurde, Anpassungen vorzunehmen, dann taten sie das gern. Flexibilität wurde auf der Ranch schon immer großgeschrieben.

„Ich hole Solly in ein paar Minuten. Er soll viel Zeit haben, sich einzufinden und runterzukommen, bevor er Shawn trifft", sagte Jodi.

Ihr Magen verkrampfte sich aufgrund der Fülle an Sorgen, die ihr plötzlich durch den Kopf gingen. *War Solomon schon bereit für diese Sitzung?* Scharfsichtig, wie sie nun mal war, unterbrach Linda Jodis Gedankenstrudel.

„Wir können es nur versuchen", sagte sie. „Du hast mit Solomon bemerkenswerte Arbeit geleistet. Wir wissen aus erster Hand, wie sensibel er andern gegenüber ist. Und Shawns Mutter ist bereit, es auszuprobieren. Also ..."

„... werden wir genau das tun", beendete Jodi den Satz. „Und beten – viel beten", fügte sie zwinkernd hinzu.

Die beiden Frauen standen neben dem Parkplatz, als ein dunkelblauer Minivan die Einfahrt hinauffuhr. Shawns Mutter, Mrs Mitchell, stieg zuerst aus, winkte ihnen zu und begrüßte sie fröhlich. Kurz darauf öffnete sich die Beifahrertür, und Shawn kam langsam zum Vorschein. Er hielt den Blick fest auf den Boden gerichtet, während er mit seiner Mutter auf Jodi und Linda zuging.

„Hi Shawn! Linda und ich freuen uns so, dich heute hier zu sehen."

Shawn sah kurz auf. „Hi", sagte er und hob den Unterarm zu einem kurzen Gruß.

Mrs Mitchell strahlte pure Freude aus. „Heute haben wir einen sehr guten Tag", frohlockte sie laut, senkte dann aber ihre Stimme um einige Dezibel. „Die letzten Tage ist er sehr ruhig. Ich bin mir nicht ganz sicher, ob das an der neuen Ernährung liegt, die wir gerade ausprobieren – kein Zucker, kein Gluten, keine Farbstoffe –, oder ob er sich einfach nur ruhiger fühlt als sonst. Aber er scheint glücklich zu sein. Stimmt's, Kumpel?", fragte sie und gab ihrem Sohn das Daumen-hoch-Zeichen.

Shawn hielt seinen Daumen hoch. „Stimmt, Kumpel", sagte er, den Blick unverwandt auf die Erde gerichtet.

Danke, Herr, betete Jodi leise und wandte sich Shawn zu.

„Shawn, Linda und ich haben heute einen besonderen Freund für dich zum Kennenlernen ausgesucht." Sie zeigte in Richtung Reithalle. „Er ist dort drin und wartet auf dich."

Shawns Blick folgte ihrer Hand, fiel dann jedoch rasch wieder auf den Boden zurück. Mrs Mitchell legte ihrem Sohn sanft eine Hand auf die Schulter. „Neue Freunde kennenzulernen ist etwas Schönes. Magst du mit Jodi und Linda mitgehen?"

Shawn sah zu seiner Mutter hoch und lächelte sie schwach an. Sie nickte ihm ermunternd zu, und alle vier setzten sich in Richtung Reithalle in Bewegung. Als sie drinnen waren, zog sich Linda mit Mrs Mitchell zum Smalltalk zurück, während Jodi mit Shawn durch das Tor ging. Solomon genoss gerade die Freiheit, ohne einschränkenden Führstrick in der Halle herumlaufen zu können. Während Shawn aufmerksam beobachtete, wie das Pferd am Boden herumschnüffelte, wanderte Jodis Blick nach oben zu der hellen Holzvertäfelung, die nun den Sandplatz überdachte. Sonnenlicht flutete herein, und sie konnte sehen, wie Staubpartikel in den goldenen Strahlen tanzten – ein wunderschönes Schauspiel. Dann kehrte ihre Aufmerksamkeit zurück zu Shawn und Solomon. Die beiden standen auf der jeweils gegenüberliegenden Seite der Reithalle und beäugten einander schweigend. Schließlich siegte Solomons Neugierde, und er ging auf Shawn zu. Shawn warf Jodi einen besorgten Blick zu. Er war sich wohl nicht sicher, ob das große Tier ihm auch wirklich nichts Böses wollte.

Jodi ging zu ihm und lächelte ihn an. „Ist in Ordnung, Shawn. Das ist Solomon. Er will nur rüberkommen und Hallo sagen."

Als hätte er die Sorge des Jungen gespürt, blieb Solomon etwa einen Meter vor ihm stehen.

„Weißt du, wie Cowboys sich die Hand geben?", fragte Jodi.

Shawn schüttelte den Kopf, ließ das Pferd dabei jedoch keine Sekunde aus den Augen.

„Du hebst deine Hand so hoch", sagte Jodi und ging auf Solomon zu. Sie hielt ihre Hand in einer entspannten Faust und bewegte diese auf Solomons Schnauze zu.

Solomon bewegte seine Nase zu ihrer Hand und stupste sie an. Shawn spürte, wie sanft Solomon war, und traute sich, es ihr gleichzutun. Als das Pferd seine Hand anstupste, strahlte Shawn über das ganze Gesicht. Nun wurde er mutiger und streckte die Hand höher, um die Wange des Tieres immer wieder zu streicheln. Jodi vermutete, dass der Junge das Gefühl des Pferdehaars auf der Hand angenehm fand. Solomon stand völlig still da, während Shawn erst sein Gesicht und dann seinen Hals streichelte. Kurz darauf ließ der Wallach den Kopf sinken und schloss die Augen. *Er ist eingeschlafen!* Jodi staunte.

Sie beobachtete, wie ebender Junge, der bei allen vorangegangen Sitzungen geschrien, geweint und getreten hatte, nun mit der Stirn an Solomons Seite gelehnt stand. Sein Kopf bewegte sich mit jedem Atemzug des Tieres auf und ab. Die Szene wirkte wie die Personifizierung von Frieden. Jodi wusste, dass sie nie genug davon haben würde zu sehen, wie ein Pferd und ein Mensch – ganz besonders ein Kind – Verständnis und Trost ineinander fanden.

Sie blickte auf die Uhr. *Herrje, wo ist denn die Zeit geblieben? Dreißig Minuten sind schon rum, dabei ist es, als wäre Shawn eben erst angekommen!* Sie war immer wieder erstaunt, wie schnell friedliche Augenblicke zu vergehen schienen. Sosehr sie es auch hasste, diese wunderschöne Szene unterbrechen zu müssen, so wusste sie doch, dass sie die nächste Sitzung vorbereiten musste.

„Shawn", flüsterte sie. Pferd und Kind sahen zu ihr. „Möchtest du mit mir zusammen Solomon zurück auf seine Weide bringen?"

Shawn nickte und sah Solomon in die Augen. Das Tier stieß einen weiteren tiefen Seufzer aus. Jodi holte den Führstrick und zeigte Shawn, wo er ihn einklippen konnte. Dann zeigte sie ihm, in welcher Position zu dem großen Wallach er laufen musste, wenn er ihn führte, und ließ ihn das Tier dann aus der Halle führen. Alles, was Jodi hören konnte, war das Klappern von Solomons Hufen, doch sie war sich sicher, dass zwischen dem Tier und dem Kind eine tiefgreifende Kommunikation stattfand. Die beiden schienen in den wenigen Minuten, die sie miteinander verbracht hatten, eine tiefe Bindung aufgebaut zu haben und nun in völligem gegenseitigem Verständnis synchron zu laufen. Jodi glaubte, dass Solomon schnell verstanden hatte, dass er für Shawn ruhig und beständig sein musste, so wie er im Winter auf irgendeine Weise verstanden hatte, dass Jodi ihn als Zuhörer brauchte, während sie ihre Gefühle sortierte.

Sie unterbrach ihr Grübeln, als sie am Gatter ankamen, wo Bubba Jack sie empfing.

Jodi lachte. „Auf den müssen wir aufpassen! Er ist ein wahrer Ausbruchkünstler!"

Shawn ignorierte den Esel völlig und hatte nur Augen für Solomon. Jodi ging zuerst durch das offene Gatter und schob den freundlichen Esel beiseite, sodass Shawn mit Solomon auf die Weide kommen konnte. Eine wiehernde Begrüßung war von der anderen Seite der Weide zu hören.

„Lady freut sich, dass du wieder da bist", sagte Jodi zu Solomon.

„Ist das eine Freundin von ihm?", fragte Shawn.

Es war der erste vollständige Satz, den Shawn je zu ihr gesagt hatte. Sie musste sich zusammenreißen, um nicht zu emotional zu werden.

„Ja. Lady ist Solomons Freundin. Sie gehört zur Herde – so nennen wir eine Gruppe Freunde bei Pferden. Sie leben in Herden, weil sie sich damit sicherer fühlen."

Jodi zeigte dem Jungen, wie er Solomons Halfter öffnen und es ihm vorsichtig über die Ohren ziehen konnte. Shawn beobachtete ihn immer noch, während er zur Herde zurücklief.

Jodi ahnte, dass sich hier eine Gelegenheit bot, und fragte ihn: „Wer sind deine Freunde, Shawn?"

„Solomon ist mein Freund. Shawn ist sicher bei ihm."

13

Vier Jahre später

An diesem Morgen waren Ty und Jodi froh, dass sie gemütlich mit Zeitung und Kaffee in der warmen Küche saßen, während draußen der Wind pfiff und eisiger Graupel gegen das Fenster prasselte. Der Wetterbericht hatte einen langen Winter vorausgesagt und verkündet, das Eis werde bald in Schnee übergehen. Jodi betete, dass er Recht haben möge. Schnee war die eine Sache; aber Eis war ein Monster für sich. Sie war froh, dass sie Stollen besaß, die sie sich unter die Schuhe schnallen konnte, wenn sie nachher die Pferde füttern ging.

„Ich frage mich, ob ich mich wohl je daran gewöhnen werde, dass es bei uns so still ist?", sagte sie laut.

Sie nahm einen Schluck Kaffee und genoss die Wärme.

In den letzten vier Jahren hatte sich so viel geändert. Hope-Well hatte noch ein paar weitere Pferde dazubekommen, außerdem Hasen, Ziegen und ein Dutzend neuer Freiwilliger sowie drei Mitarbeiter in Teilzeit und vier zusätzliche Nebengebäude, in denen Futter, Ausrüstung und weiteres Zubehör gelagert wurden. Doch die größte Veränderung hatte zu Hause stattgefunden.

Vor sechs Monaten hatte sich Jessica ihrer Mutter mitgeteilt, als diese gerade einen Wassertrog füllte. „Mom! Ich wurde von unserer Gemeinde in das Studienprogramm für den geistlichen Dienst aufgenommen! In einem Monat geht das Studium los und ich darf auf dem Gemeindegelände leben. Ist das nicht der Hammer?" Jodi hatte an diesem Tag viel erwartet, aber nicht diese Neuigkeiten. Sie wusste, dass Jessica ein Herz für Mission und für die Gemeinde hatte, doch sie war nicht darauf vorbereitet gewesen, dass sich die Dinge so schnell änderten.

„Das ist ja wunderbar, Jess", sagte sie mit vorgetäuschter Begeisterung.

An diesem Abend ermunterte Ty sie, sich mehr auf das aufregende neue Kapitel in Jessicas Leben zu konzentrieren als auf das schöne letzte Kapitel, das damit zu Ende ging. Sie versuchte es, doch es fiel ihr schwer. Innerhalb des nächsten Monats halfen sie Jessica beim Umzug und ihre Tochter begann schon bald, in dem Programm aufzublühen. Richard wollte nicht der Zurückgelassene sein, also begann er, viel Zeit beim Arbeiten oder mit Freunden zu verbringen. Jodi war klar, dass sie und Ty in einem Jahr offiziell in einem leeren Nest sitzen würden.

Sie sah sich in der Küche um. „Ich kann es gar nicht glauben, wie sehr ich den Krach und das Chaos vermisse. Ich meine, sieh dich doch mal um! Es ist fast zu sauber, um unser Haus zu sein."

„Ein ruhiges und sauberes Haus", sagte Ty. „Ja, das ist wirklich ein schweres, schweres Los. Aber ich habe eine Lösung: Wir holen ein paar von den Ziegen hier rein. Und schon ist es mit dem ruhigen, sauberen Haus vorbei."

„Ha!", lachte Jodi und verschluckte sich fast an ihrem Kaffee. „Das ist wirklich *genau* das, was wir brauchen. Also, wenn *das* die Alternative ist, dann nehme ich doch lieber das ruhige, saubere Haus."

Sie öffnete den Mund, um noch etwas hinzuzufügen, doch ihr blieben die Worte im Hals stecken, als ihr Blick auf eine Überschrift in der Zeitung fiel. Sie überflog rasch den Artikel.

Tierschutzamt von Clare County beschlagnahmt neun Pferde und fünfzig Hunde aus furchtbaren Haltungsbedingungen. Dem Anruf eines besorgten Bürgers folgend fuhren Beamte zu einem Grundstück im Clare County. Dort fanden sie Tiere vor, die ohne Zugang zu Wasser oder Nahrung auf viel zu engem Raum gehalten wurden. Ein Großteil der Tiere ist mangelernährt und leidet an den Folgen der Vernachlässigung. Viele Stuten sind trächtig. Ob der Besitzer mit einer Anzeige rechnen muss, ist zu diesem Zeitpunkt noch unklar.

„Ty, hast du das gelesen?"

„Ja, es ist furchtbar."

„Die armen Tiere. Wie grauenhaft", murmelte Jodi.

„Ich weiß, was du jetzt denkst", sagte Ty, ohne überhaupt den Blick vom Sportteil zu heben. „Und ich liebe dich dafür, aber ich glaube nicht ..."

„Aber, Ty ... sie müssen doch irgendwohin und wir ..." Sie blickte ernüchtert drein, als ihr die Realität ihrer Lage bewusstwurde. „Uns fehlen momentan die Ressourcen, um noch weitere Pferde aufzunehmen, oder?"

Ty nickte. Und Jodi wusste, dass er Recht hatte. Am Abend zuvor war sie die Zahlen durchgegangen. Die vier Pferde, die nach Solomon noch hinzugekommen waren, hatten ihre Kosten für Tierarzt, Hufschmied und Futter noch einmal ordentlich in die Höhe getrieben. Das Heu, das sie letzten Monat bekommen hatten, würde bis zum Frühling reichen müssen.

Und bei dem schlechten Wetter der letzten Tage konnte Jodi sich nicht vorstellen, traumatisierte, mangelernährte Pferde auf die Ranch zu holen. Es wäre diesen Pferden gegenüber nicht fair gewesen, und es wäre auch den Tieren gegenüber unfair, die sich bereits in ihrer Obhut befanden.

„Ich will mir gar nicht vorstellen, was diese armen Tiere durchmachen mussten. Ich wünschte nur, wir könnten irgendetwas tun ..."

„Ich weiß. Aber vielleicht gehört die Aufgabe, diese Pferde zu retten, diesmal jemand anderem. Vielleicht muss jemand anders die Erfahrung machen, was für einen Segen man erleben kann, wenn man hilft."

Jodi wusste, dass er auch damit Recht hatte, aber sie konnte dennoch nicht aufhören, an die armen Tiere zu denken.

„Jodi, sieh mal nach draußen." Ty zeigte auf die Koppeln und Felder. „Sieh dir an, was Gott alles in den letzten acht Jahren durch HopeWell bewerkstelligt hat. Denk mal an die Pferde, die du gerettet *hast* – einschließlich der zwei Ministinker, die letzte Woche meine Handschuhe gefressen haben!" Er runzelte die Augenbrauen in gespielter Entrüstung. „Denk mal an die hunderte, wenn nicht tausende Therapiestunden, die hier schon stattgefunden haben. Die Wunden, die geheilt wurden, die Leben, die verändert wurden. Denk mal an das Camp, das wir letzten Sommer für Kinder mit überstandener Krebserkrankung veranstaltet haben. Erinnerst du dich an das kleine Mädchen, das zu singen anfing, als es auf Solomon reiten durfte? Weißt du noch, wie ihre Mutter in deinen Armen in Tränen ausbrach, weil ihre Tochter seit ihrer Diagnose nicht mehr gesungen hatte?"

Jodi nickte und ihr stiegen bei der Erinnerung daran auch nochmal Tränen in die Augen.

„Ich liebe das an dir, dass du instinktiv alles retten willst, was einen Puls hat – herrje, wahrscheinlich hast du mich deshalb überhaupt erst geheiratet! Aber vergiss bitte nicht, zu feiern, was Gott *jetzt schon* alles durch dich gerettet hat."

„Okay", murmelte Jodi, wohl wissend, dass Ty auch diesmal Recht hatte.

Das unverändert kalte Wetter ging im Laufe der Woche dazu über, HopeWell in Schnee zu hüllen, und so beschäftigte sich Jodi mit einigen Projekten im Haus. Zwei Kleiderschränke, ein Schminktisch und die Schubladen ihrer Kommode wurden aussortiert, gesäubert und geordnet. Sie kochte mehrere Ladungen Suppe, buk unzählige Laibe Brot und ein paar Dutzend Kekse. Doch egal, wie sehr sie sich auch beschäftigte, sie konnte doch nicht aufhören, sich um die kürzlich geretteten Pferde aus dem Zeitungsartikel zu sorgen. *Waren sie an einem sicheren Ort? Hatten sie alle überlebt? Würden sie je völlig heil werden?*

Am Freitagabend kam sie ins Wohnzimmer, als Ty gerade die Lokalnachrichten im Fernsehen ansah. Bilder mangelernährter Pferde füllten den Bildschirm. Sie setzte sich neben ihn und erhöhte die Lautstärke.

„Nun ein Update zu der Meldung von letzter Woche, in der wir erstmalig von den neun Pferden und fünfzig Hunden berichteten, die das Tierschutzamt in Clare County von der dort ansässigen Besitzerin beschlagnahmt hatte. Ein Sprecher des Amtes teilte uns mit, dass eine Kooperation mit den Tierheimen der Umgebung für eine vorübergehende Unterbringung der Hunde sorgt. Zudem konnten wir in Erfahrung bringen, dass ein Paar aus der Gegend die Tore seiner Farm für alle neun Pferde geöffnet hat. ‚Wir haben den Platz', erklärten sie auf Nachfrage, und diese Tiere brauchen eine zweite Chance.'"

„Oh, Gott sei Dank, sind sie sicher", flüsterte Jodi.

„Sie sind sicher", wiederholte Ty. „Jemand anders hat Hilfe angeboten und den Pferden ein gutes Zuhause verschafft."

Jodi nahm gerade die Fernbedienung in die Hand und wollte den Fernseher ausschalten, als der Vorspann zur nächsten Meldung sie innhalten ließ. Nach der Werbepause würde ein Bericht über die Notlage obdachloser Veteranen gezeigt, die angesichts des eisig kalten Wetters, das Michigan gerade im Griff hatte, eine Unterkunft brauchten.

„Oh Gott", betete sie laut, „bitte sorge für Rettung für diese Veteranen, wie du es für die Pferde getan hast! Bitte schließe diese tapferen Männer und Frauen in deine Arme und schicke ihnen jemanden, der ihnen deine Liebe zeigt."

Sie tat ihr Bestes, die Pferde und die Veteranen in Gottes Hände loszulassen und ging in die Küche, um Abendessen zu kochen.

14

Jodi hielt ihr Gesicht in die Aprilsonne. Die Wärme fühlte sich einfach wundervoll an, nachdem im Winter monatelang Eiseskälte geherrscht hatte. Sie ging durch das Gatter auf die große Weide und hielt dabei eine Handvoll frisches Frühlingsgras hinter dem Rücken versteckt.

„Solly!"

Solomons Ohren drehten sich in ihre Richtung, und kurz darauf setzte er sich in Bewegung. Heute war das Wetter freundlich und wolkenlos, doch einige vergangene Regenschauer hatten die Weide in ein Schlammbad verwandelt. Jodi stand auf einem kleinen Stück trockenen Boden in der Nähe des Gatters. Sie hatte heute schon genug zu tun und hätte es nicht gebrauchen können, auch noch ihre Stiefel reinigen zu müssen.

„Ja, hallo", sagte sie und hielt dem Pferd ihre offene Hand mit dem Gras hin.

Solomon benutzte seine Oberlippe wie einen Löffel, um das frische Frühlingsgrün in sein Maul zu befördern. Während er dankbar vor sich hin kaute, griff Jodi unter seine Mähne.

„Oh Solly", rief sie, als sich ihre Finger in einer vom Matsch verklebten Strähne verhedderten, „wie siehst du denn aus? Das muss ja ein Schlammbad gewesen sein!"

Ein kurzer Blick auf die restliche Herde ließ ihr klar werden, dass Solomon beileibe nicht als Einziger Spaß an dem kühlen Schlamm gehabt hatte.

„Glücklicherweise kommen nachher ein paar Kinder für Sitzungen her, die werden euch alle wieder sauber machen." Jodi fasste an eine andere Stelle seiner Mähne, die ebenfalls aussah wie ein Matschklumpen. „Freundchen, hast du dich eigentlich in *jeder* Schlammpfütze gewälzt, die du finden konntest?"

Solomon stupste mit der Nase an ihr Bein.

„Das nehme ich mal als ein Ja", sagte Jodi lachend.

Es fühlte sich so gut an, wieder mit Solomon auf der Weide zu stehen. Abgesehen von kurzen Besuchen zu den Fütterungszeiten hatte Jodi in den letzten Monaten nicht viel Zeit mit ihm verbracht. Letztes Jahr, als Jessica gerade ihren Umzug plante, war Jodi stundenlang bei Solomon gewesen. Doch je mehr Zeit sie damit verbrachte, dem Pferd ihr Herz zu öffnen, desto mehr schien sie sich von Ty zu entfernen. Sie wollte nicht eines Tages aufwachen und feststellen, dass sie sich wegen eines Pferdes auseinandergelebt hatten, also entschied sie sich, mit Ty über ihre Gefühle zu sprechen. Das war nicht leicht gewesen. Doch Jodi war klar, was auf dem Spiel stand, also hielt sie durch.

Zunächst kam sie sich dabei seltsam und ungeschickt vor. Sie schien nie zu sagen, was sie eigentlich meinte, und die meiste Zeit wusste sie ohnehin selbst nicht so richtig, was sie eigentlich dachte und fühlte. Sie kam durcheinander, sobald Ty eine Frage stellte, weil er etwas nicht ganz genau verstanden hatte. Für sie klang es dann oft so, als würde er ihr Vorwürfe machen, obwohl er ihr versicherte, dass dem nicht so sei. Eine einfache Frage wie „Warum hast du dieses Gefühl?" klang für sie wie „Du solltest dieses Gefühl nicht haben!". Es brauchte Übung, einige Streitgespräche sowie Jodis Bereitschaft, Ty beim Wort zu nehmen, und es brauchte ebenso Tys

Bereitschaft, ihr Zeit zu geben, über alles zu reden und ihre Gefühle zu sortieren, bevor er zu viele Fragen stellte. Doch schließlich kamen sie an einen Punkt, an dem sie in der Lage waren, frei über alles zu sprechen – von ganz alltäglichen Dingen über ihre Träume für die Zukunft bis hin zu Gefühlen, Ängsten und Erfolgen.

Nun, da Jodi vor dem schlammgebadeten Pferd stand, fühlte sie eine tiefe Dankbarkeit.

„Danke, dass du mir durch einige meiner dunkelsten und schwersten Tage geholfen hast, Solly. Wir sind schon weit gekommen, findest du nicht? Manchmal kommt es mir so vor, als wärst du nur meinetwegen hergeschickt worden. Als wäre ich dein ganz persönliches Spezial-Projekt." Sie schüttelte staunend den Kopf. „Dabei hast du hier draußen so vielen Menschen geholfen, stimmt's?"

Jodi küsste Solomon auf ein sauberes Stück Wange und bemerkte dabei, dass ihm etwas Ausfluss aus der Nase lief. Sie machte einen Schritt zurück, um sich das genauer anzusehen. Seine Nüstern waren etwas geweitet. Sie hörte genau hin. Es klang, als würde ihm das Atmen nicht ganz so leicht fallen wie sonst. Das war an und für sich keine Katastrophe. Doch seit vor drei Jahren bei ihm Asthma diagnostiziert worden war, hatte Jodi sich angewöhnt, proaktiv auf Solomons Symptome zu reagieren – die im Herbst und im Frühling stets etwas schlimmer zu werden schienen. Sie hoffte, dass sie dieses Jahr eine Möglichkeit finden würden, einen Infekt zu verhindern.

Sobald sie wieder im Büro war, rief sie sofort in der Praxis von Dr. Pol an. Dr. Brenda sagte, sie würde morgen vorbeikommen, um nach Solomon zu sehen. Nachdem sie sich die Uhrzeit des Termins notiert hatte, fuhr sie den Computer hoch und öffnete ihr E-Mail-Postfach. Dreißig Minuten und ein Dutzend E-Mails später klingelte ihr Telefon.

„Hi Jodi. Hier ist Kathy. Wie geht's dir?"

Jodi freute sich immer, von ihrer Freundin im Gesundheits- und Veterenärsamt zu hören. „Mir geht es sehr gut. Ich freue mich so, von dir zu hören!"

„Nun, ich bin froh, dass du dich über meinen Anruf freust. Ich rufe nämlich an, um dich um einen Gefallen zu bitten."

„Na, dann leg mal los."

Jodi ging davon aus, dass der Gefallen mit einer Empfehlung zu tun hatte oder mit jemandem, den sie für Therapiesitzungen auf die Ranch bringen wollte. Umso mehr wunderte sie sich über Kathys nächste Worte.

„Könnte ich deine Nummer an ein Paar weitergeben, das neun gerettete Pferde aufgenommen hat?"

Jodi sank in ihrem Stuhl zusammen.

„Ich habe vor Monaten von dieser furchtbaren Sache gehört. Ty musste mir den Versuch ausreden, alle Pferde herzuholen. Ich wollte so unbedingt helfen, aber ich wusste, dass wir ihnen nicht hätten bieten können, was sie brauchten."

„Es könnte sein, dass du immer noch helfen kannst. Das Ehepaar – Denny und Gail Sprague – möchte nämlich mit dir sprechen."

„Diese Namen kommen mit irgendwie bekannt vor", unterbrach Jodi ihre Freundin. „Aber ich weiß nicht mehr, woher …"

Dieses Rätsel konnte Kathy aus der Welt räumen.

„Gail ist eine gute Freundin von mir. Sie hat mir gesagt, dass ihr vor ein paar Jahren etwas Heu von ihnen bekommen habt."

„Meine Güte, na klar!“, rief Jodi aus. „Wir hatten HopeWell gerade erst eröffnet und mussten noch lernen, wie viel Heu es kostet, so eine Herde zu ernähren. Man erzählte uns von Leuten, die Heu zu einem guten Preis verkauften, und so trafen wir Denny und Gail!“ Die Erinnerung ließ Jodi lächeln. „Sie waren so nett. Wir mussten zweimal fahren, um all das Heu hierherzubringen. Und sie wollten nicht einmal Geld dafür annehmen. Sie wollten HopeWell mit ihrer großzügigen Spende unterstützen ... Ja, bitte gib ihnen meine Nummer!“, sagte Jodi, der plötzlich wieder eingefallen war, worum Kathy sie eigentlich gebeten hatte. „Ich würde sehr gerne mit ihnen sprechen. Und ich würde den Gefallen tatsächlich gern erwidern und ihnen etwas Heu zukommen lassen, falls sie es brauchen.“

Jodi hörte Kathy leise kichern. „Nun ja ... eins der Pferde, die sie gerettet haben, könnte sicherlich etwas Heu brauchen – und ein neues Zuhause.“

Rasch fuhr sie fort: „Sieben der Pferde konnten bereits vermittelt werden. Und Denny und Gail haben beschlossen, die älteste Stute zu behalten.“ Kathy sprach nun schneller, wodurch Jodi sich konzentrieren musste, um mitzukommen. „Es stellte sich heraus, dass bis auf eine einzige alle Stuten trächtig waren. Sie wurden alle in einer winzigen Koppel mit einem Hengst gehalten. Oh, Jodi, das war so schlimm. Die armen Dinger hatten weder Futter noch frisches Wasser. Sie ernährten sich von Baumrinde und ihren eigenen Fäkalien. Sie waren so traumatisiert, dass man sie nicht einmal verladen konnte, als sie zu Denny und Gail gebracht werden sollten.“

„Was haben sie denn dann gemacht?“, fragte Jodi. Ihr war übel.

„Na ja, da Denny und Gail nicht weit vom Fundort der Tiere entfernt lebten, schlug Gail vor, sie doch einfach zu ihrem Grundstück zu führen."

„Denny und Gail haben neun Pferde zu Fuß bis zu sich nach Hause geführt? Mitten im tiefsten Winter?" Jodi war baff.

„Exakt, Gail, Denny und eine kleine Armee an Freiwilligen haben die Pferde eine halbe Meile durch Sturm und Schnee zu ihrem vorübergehenden neuen Zuhause gebracht. Das muss echt ein Anblick gewesen sein ..."

„Eine Pferdeparade", sagte Jodi und stellte sich die Szene vor. Eine Rettungsparade oder – besser noch – eine Freiheitsparade ...

„Es klang ziemlich unglaublich", sagte Kathy. „Und nun rief Gail mich gestern an, weil für ein letztes Pferd noch ein Zuhause fehlt. Es ist eine süße Ponystute, vielleicht zwei oder drei Jahre alt. Gail sagt, sie folgt Denny wie ein junger Hund überall hin. Und wundersamerweise war sie nicht trächtig. Gail denkt, dass die Kleine gut zu HopeWell passen könnte."

„Ich muss mit Ty und dem Team darüber sprechen, bevor ich irgendetwas entscheide", sagte Jodi.

„Das verstehe ich, Jodi. Danke, dass du überhaupt bereit bist, mit Gail zu sprechen. Ich gebe ihr deine Nummer und überlasse euch zwei wundervollen Ladys alles weitere."

Nachdem sie aufgelegt hatte, blieb Jodi ein paar Minuten auf ihrem Stuhl sitzen und versuchte, ihre Gedanken zu ordnen. „Herr, ich hätte ja nie gedacht, dass wir die Leute, für die wir seit Januar beten, persönlich kennen. Dass diese Menschen HopeWell in seinen Anfängen unterstützt haben! Aber du wusstest das ... du wusstest das." Sie drückte ihren Rücken gegen das Polster der Rückenlehne und massierte damit einen Knoten, der sich in ihrem Nacken gebildet hatte. „Gott, danke, dass du diese Tiere gerettet hast. Danke, dass du Gail und Denny mit allem ausgerüstet hast, was sie dafür brauchten. Und ..."

Sie stand auf und ging zum Fenster. Auf der Weide sah sie Solomon bei Lady und Beau stehen. „Vater, bitte gib mir Weisheit, damit ich weiß, was ich sagen soll, wenn Gail anruft. War das vielleicht von Anfang an dein Plan? Ein weiteres Pferd herzubringen? Schaffen wir das momentan überhaupt?"

Sie hörte auf zu beten, da ihre Gedanken nun zu dem logistischen Aufwand wanderten, den es mit sich bringen würde, ein neues Pferd auf die Weide zu bringen – insbesondere ein so junges und traumatisiertes wie dieses. Als sie aus der Bürotür trat, fuhren gerade einige Autos auf den Hof. Ihr Freiwilligenteam war gekommen, um bei den Sitzungen am Nachmittag zu helfen. Sie kam nur wenige Schritte weit, da klingelte schon ihr Telefon. Im Glauben, dass der Anruf nur von Ty sein könnte, sah sie nicht einmal auf die Nummer, bevor sie ihn entgegennahm.

„Hi, spreche ich mit Jodi Stuber?", fragte eine Frauenstimme.

Jodi räusperte sich. „Ja", sagte sie zögerlich und fragte sich schon, wie sie den Werbeanruf möglichst höflich zu einem schnellen Ende würde bringen können.

„Jodi, hier ist Gail Spargue. Ich hoffe, es macht dir nichts aus, dass ich anrufe. Kathy hat mir deine Nummer gegeben."

Sie hatte nicht damit gerechnet, dass Gail so schnell anrufen würde. Nun hatte sie kaum Zeit gehabt, sich die Sache durch den Kopf gehen zu lassen. Dennoch freute sie sich über den Anruf.

„Gail, ich konnte es gar nicht glauben, als Kathy mir erzählte, ihr wärt diejenigen gewesen, die die geretteten Pferde aufgenommen haben! Ty und ich beten seit Monaten für euch, aber ich wusste bis vor ein paar Minuten gar nicht, für wen wir da beten. Vielen, vielen Dank, dass ihr diesen Tieren eine zweite Chance gegeben habt."

„Es war wirklich eine wundervolle Erfahrung. Natürlich war es schwer, aber wir waren froh, dass wir helfen konnten. Was mich zum eigentlichen Grund für meinen Anruf führt. Kathy hat dir sicherlich ein bisschen über die Stute erzählt, die ein Zuhause braucht?"

„Das hat sie, aber ich würde gerne mehr wissen."

Gail beschrieb das dunkle rotbraune Pony, das sie bislang Sugar nannten. „Sie war anfangs verständlicherweise launisch und ängstlich, aber letztendlich hat sie angefangen, sich zu entspannen. Ein Teil von mir würde sie gern hierbehalten, aber wir haben uns entschieden, die älteste Stute und ihr Fohlen länger zu behalten, und da ist uns klar geworden, dass wir auf Dauer nicht mehr leisten können. Es wird das Beste sein, ein neues Zuhause für Sugar zu finden."

„Gail, danke, dass du dabei an uns denkst", sagte Jodi und meinte es so. „Es bedeutet mir viel zu wissen, dass ihr uns auf dem Herzen hattet. Ich werde nie vergessen, wie großzügig ihr vor Jahren zu uns wart und wie freundlich ihr euch nun um diese Pferde gekümmert habt." Sie setzte sich auf einen Baumstumpf zwischen ihrem Haus und der Ranch. „Ich werde mit Ty und dem HopeWell-Team darüber sprechen müssen, ob wir Sugar aufnehmen können. Wenn es nach mir ginge, wäre HopeWell der Zufluchtsort für alle Pferde der Welt, aber wie wir ja beide wissen, können wir sie nicht alle retten." Selbst während sie diese Worte sagte, wünschte sie sich von Herzen, es wäre anders. „Kann ich eine Nacht darüber schlafen? Ich würde gern in Ruhe darüber nachdenken und beten."

Gail versicherte ihr, dass das völlig in Ordnung sei, und betonte, dass kein Druck bestünde, Ja zu sagen – HopeWell habe einfach nur ganz oben auf ihrer Liste gestanden. Jodi dankte ihr noch einmal, bevor sie auflegte. Sie aß einen kleinen Snack und rief Ty an, um ihm von dem Pony zu erzählen, das ein Zuhause brauchte. Dann ging sie zu Linda in die Reithalle, wo sie zwei Sitzungen abhielten. Die erste war für ein vierzehnjähriges Mädchen namens Hannah, das sich schwertat, sich in der Schule anzupassen, und mit tiefer Einsamkeit kämpfte.

Während sie Hannah über die Ranch führten, zeigte das stille Mädchen besonderes Interesse an Chebar, dem ältesten Pferd auf HopeWell. Chebar und einige andere Stuten waren ein Jahr nach Solomons Ankunft auf die Ranch gekommen, alles „gespendete" Tiere. Ihre freundliche, sanfte Art hatte sie von Anfang an zu einer guten Gefährtin für die Kinder gemacht.

„Warum ist das Pferd denn ganz allein?", fragte Hannah.

Jodi erklärte ihr, dass das zweiunddreißigjährige Tier besondere Pflege brauchte. „Chebar fehlen ein paar Zähne, daher müssen wir ihr Futter in Wasser einweichen lassen, damit sie es leichter schlucken und verdauen kann. Außerdem braucht sie beim Fressen besonders viel Zeit ... und zwar ohne sich Sorgen machen zu müssen, dass die anderen Pferde sie verscheuchen und ihr Futter stehlen könnten. Also haben wir ihr ihre eigene kleine Koppel gegeben, die aber gleich an die große Weide angrenzt."

„Kann ich zu ihr reingehen und Hallo sagen?", fragte Hannah.

Jodi öffnete das Gatter für sie, und Hannah verbrachte die nächste Dreiviertelstunde damit, bei Chebar zu stehen. Jodi und Linda blieben in der Nähe, gaben dem Mädchen aber den Freiraum, einfach nur bei Chebar sein zu dürfen.

Als es Zeit wurde zu gehen, fragte Hannah: „Kann ich das nächste Woche wieder tun?“

Jodi lächelte. „Na klar!“

Auf dem Rückweg zum Parkplatz begann Hannah, ein wenig darüber zu sprechen, wie einsam sie sich in der Schule fühlte, seit ihre beste Freundin weggezogen war. Jodi hörte ihr zu und war dankbar dafür, dass Gott durch Chebar an Hannah gewirkt hatte. Viele würden wohl bezweifeln, dass so ein altes Pferd der Welt etwas zu bieten hätte, doch Chebar bewies das Gegenteil. Ihre Gegenwart und Kameradschaft waren genau das, was eine einsame, verletzte Seele am meisten brauchte.

Während sie Hannah zum Abschied winkte, warf Jodi einen kurzen Blick auf ihre Uhr. Sie und Linda hatten noch fünfzehn Minuten Zeit, bevor die nächste Sitzung losging. Dann würden sie mit einem zehnjährigen Jungen namens Michael arbeiten, dessen Vater Soldat war und vor kurzem von seinem vierten Auslandseinsatz zurückgekommen war. Michael war zuvor schon einmal für eine Kennenlernstunde hier gewesen. Er schien die Zeit mit den unterschiedlichen Tieren zu genießen, aber er hatte während des gesamten Aufenthalts kaum fünf Worte gesprochen.

Jodi hoffte, der heutige Tag würde für Michael eine positive Erfahrung werden, doch es fiel ihr schwer, konzentriert zu bleiben. Immer wieder wanderten ihre Gedanken zurück zu Sugar. *Könnten wir gerade ein neues Pferd aufnehmen? Wie können wir Ja sagen? Und wie könnten wir überhaupt Nein sagen?*

„Alles in Ordnung?“, fragte Linda, während sie zurück in Richtung Reithalle liefen.

Jodi nickt und schalt sich innerlich dafür, dass sie nicht bei der Sache war. „Oh, entschuldige. Mir geht's gut. Ich war nur in Gedanken versunken", sagte sie mit einem gezwungenen Lächeln. „Also, was denkst du, wie ist die Sitzung gelaufen?"

Lindas stures Schweigen zwang sie schließlich, sich zu ihr umzudrehen.

„Netter Versuch", sagte Linda. „Ich glaube, dass die Sitzung sehr gut gelaufen ist. Hannah hat mit Chebar echte Fortschritte gemacht, und ich hoffe, wir können nächstes Mal noch etwas tiefer gehen. Allerdings ... momentan mache ich mir bedeutend mehr Sorgen um dich. Du bist schon den ganzen Nachmittag so abgelenkt. Irgendetwas belastet dich doch. Möchtest du darüber reden?"

Eine ausgebildete Therapeutin als Freundin und Kollegin zu haben, ist ebenso großartig wie nervig, dachte Jodi.

„Es geht mir wirklich gut", versicherte Jodi ihr. „Ich denke nur über ein Telefonat nach, das ich heute Vormittag geführt habe."

Und so erzählte sie Linda von dem Pferd, das ein Zuhause brauchte, ihrer Verbindung zu Denny und Gail und alles, was Gail über die kleine Stute zu erzählen gehabt hatte.

„Das *klingt* alles gut", schloss Jodi, „aber *wäre* es auch gut für HopeWell? Wird sich Sugar überhaupt trainieren lassen, nach dem Trauma, das sie erlebt hat?"

Linda, die während ihrer gesamten Schilderung auf einem Picknicktisch gesessen hatte, stand sofort auf, als Jodi fertig war.

„Da gibt es wirklich viel, worüber man gut nachdenken muss. Und ich verstehe völlig, warum du dir nicht sicher bist. Es wäre für alle eine große Veränderung." Sie hielt kurz inne. „Doch wenn man bedenkt, wie viele der Menschen, denen wir hier dienen, aus einem schwierigen, manchmal sogar missbräuchlichen Umfeld kommen – da wette ich, dass viele mit Sugars Vorgeschichte etwas anfangen könnten. Vielleicht würde ihre Resilienz sie sogar ermutigen."

Wie immer war es Linda gelungen, Jodi eine andere Perspektive auf die Dinge zu offenbaren.

Dreißig Minuten später standen die beiden Frauen mit Michael und Solomon in der Mitte der Reithalle. Nachdem er noch einmal alle Pferde auf der Weide hatte treffen dürfen, hatte Michael sich besonders für den kastanienbraunen Wallach interessiert, der ihn schon beim Eintreten am Gatter begrüßt hatte. Der Junge stand nun still neben Solomon und fuhr mit einem Striegel seinen Rücken entlang.

Er hatte Jodi aufmerksam zugesehen, als sie ihm zeigte, wie er die Bürste halten musste. Er beobachtete genau, was sie tat, ahmte sogar ihre Bewegungen nach, als sie ihm die langen Bürstenstriche vormachte, mit denen Solomons Rücken am besten zu striegeln war. Michael nahm die Bürste aus Jodis Hand und ging leise auf Solomon zu. Der Bursche war ein Paradebeispiel an Konzentration, wie er Solomon da striegelte – die Augenbrauen gerunzelt und die Zungenspitze zwischen den Vorderzähnen herausschauend, ahmte er exakt nach, was Jodi ihm zuvor gezeigt hatte.

„Michael, du machst das wirklich toll mit Solomons Fell", lobte Jodi ihn nach einigen Minuten. Ihre fröhliche Stimme stach in der ansonsten totenstillen Halle hell heraus. „Pass aber ganz hinten gut auf, dort hat er noch eine wunde Stelle von einem Bremsenbiss, der noch nicht ganz verheilt ist."

Michael riss bei ihren Worten den Kopf hoch. Der Striegel fiel ihm aus der Hand, und er begann, sich von dem Pferd zurückzuziehen. Jodi war ob dieser Reaktion völlig perplex, und Solomon ging es ebenso. Das Pferd hatte Kopf und Ohren gehoben und wandte beides ratlos dem Jungen zu. Linda sah in diesem Moment die Gelegenheit, auf die sie gewartet hatte.

„Michael, du bist sicher. Es ist okay“, versicherte sie ihm. „Hat dich etwas erschreckt? Möchtest du uns sagen, was passiert ist?“

Michaels Blick war weiterhin unverwandt auf Solomon gerichtet. Der Junge schien auf etwas zu warten – etwas, das ihm offensichtlich große Angst machte. Endlich begann er zu sprechen.

„Geht es ihm gut?“ Er nickte in Solomons Richtung. „Will er jetzt, dass ich gehe?“

„Warum sollte Solomon denn wollen, dass du gehst?“, fragte Linda vorsichtig.

Michael warf einen Blick in Jodis Richtung.

„Was macht Solomon denn für einen Eindruck auf dich, Michael?“, fragte Linda.

Der Junge richtete seine Aufmerksamkeit wieder auf das Pferd.

„Okay, denke ich?“

„Warum denkst du, dass er okay ist?“, fragte Linda. „Wie sehen denn seine Augen aus? Was tut er mit seinem Maul? Wie verhalten sich seine Ohren?“

„Seine Augen sind ... irgendwie schwarz. Und rund. Sein Maul ist groß, und da stehen überall kleine Schnurrhaare ab.“ Michael ging wieder näher an Solomon heran und lehnte sich vor, um sein Maul besser sehen zu können. „Irgendwie sieht es aus, als würde er ein bisschen lächeln.“

Michaels eigene Mundwinkel wanderten ein klein wenig nach oben, wodurch Jodi zum ersten Mal einen Ausdruck auf dem Gesicht des Jungen sah, der einem Lächeln nahekam. „Seine Ohren stehen wie kleine Zelte von seinem Kopf ab." Michael schwieg kurz. „Heißt das, dass es ihm gut geht? Will er, dass ich ihn weiter putze?"

Jodi ging das Herz auf vor Zuneigung für den schüchternen – und scharfsinnigen – Jungen. Sie warf Linda einen Blick zu, den diese mit einem Nicken erwiderte.

„Michael", sagte Jodi leise, „was du da gerade beschrieben hast, ist ein sehr glückliches Pferd. Solomon war vielleicht ein bisschen überrascht, als du zurückgesprungen bist, aber er ist sehr glücklich darüber, dass er hier ist, und seine Haltung – also wie er steht und wie er aussieht – sagt uns, dass es ihm sehr gefällt, wenn du ihn streichelst."

Nun teilten sich Michaels Lippen zu einem echten Lächeln. „Oh, gut", seufzte er. Er hob den Striegel wieder auf und fügte hinzu: „Ich dachte, vielleicht hat ihn der Krach erschreckt oder dass ich zu nah an seine wunde Stelle gekommen bin und dass er mich treten würde oder so …"

„Was für einen Krach meinst du denn?", hakte Linda nach.

Michael warf Jodi einen kurzen Blick zu, antwortete aber nicht.

„Stille scheint dir sehr wichtig zu sein, Michael. Stimmt das?"

Michael nickte, und seine Augen wirkten viel älter als zehn.

„Was passiert denn, wenn es nicht still ist?"

Jodi stand vor Solomon und streckte den Arm aus, um ihn am Hals kraulen zu können.

Michael blickte starr auf seine abgetragenen Sneaker. „Dann tut meinem Dad der Kopf weh."

„Tut deinem Dad oft der Kopf weh?", fragte Linda und benutzte dabei bewusst dieselbe Formulierung wie der Junge.

Dieser kaute auf seiner Unterlippe herum. „Nur, wenn ich laut bin. Oder wenn draußen irgendein Krach ist, zum Beispiel Feuerwerk oder Müllabfuhren."

„Was passiert denn, wenn deinem Dad der Kopf wehtut?"

Michael grub die Spitze seines Schuhs in den Sandboden.

„Dann schreit er." Er sprach nicht gleich weiter. Sein Schuh verschwand tiefer im Sand. „Und manchmal wirft er Dinge an die Wand."

Er starrte die wunde Stelle auf Solomons Rücken an. Jodi wollte ihm etwas Tröstliches sagen, doch Linda bedeutete ihr diskret, es nicht zu tun. Einige Augenblicke später, den Blick immer noch starr auf Solomons Bremsenbiss gerichtet, flüsterte Michael: „Und manchmal, wenn meinem Dad der Kopf richtig schlimm wehtut, dann zittert sein ganzer Körper und er legt sich auf den Boden und hält sich die Ohren zu."

Jodi biss sich auf die Wange.

„Wie *fühlst* du dich denn, wenn du deinen Daddy so siehst?"

„Es macht mir ganz schön Angst."

„Das klingt auch furchteinflößend", sagte Linda. „Darf ich dir was über Solomon erzählen?"

Michael nickte und sein Blick wanderte zu Lindas.

„Ms Jodi hat lange mit ihm trainiert, damit er keine Angst mehr vor lauten Geräuschen hat. Es hat eine Weile gedauert, aber Solomon machen laute Geräusche überhaupt nichts mehr aus. Und er scheint die Geräusche, die Kinder machen, wirklich zu mögen, weil diese Geräusche bedeuten, dass er gleich mit seinen Freunden spielen darf."

„Das ist wahr", sagte Jodi und nahm nun den Faden auf, den Linda gesponnen hatte. „Solomon ist total an laute Geräusche gewöhnt. Du kannst hier also so laut sein, wie du willst, kannst all die lauten Geräusche rauslassen. Wie klingt das?"

Ein schüchternes Lächeln erhellte das Gesicht des Kindes. „Gut."

Jodi wusste, dass sie und Linda alle Hände voll zu tun haben würden, um mit Michael durchzuarbeiten, was es bedeutete, mit jemandem zusammenzuleben, der an einer posttraumatischen Belastungsstörung litt. Sie würden über Bewältigungsstrategien sprechen. Sie würden so große Konzepte wie emotionale Regulation in kleine, kindgerechte Häppchen zerlegen. Und sie würden üben, ein Leben innerhalb gesunder Grenzen zu führen. Doch als sie sah, wie Michael wieder begann, den Striegel über den Rücken des großen Pferdes zu führen, wurde ihr klar, was das Wichtigste war, das sie Michael bieten konnten: ein Ort, an dem er einfach Kind sein durfte. Und wenn nur für eine Stunde.

Nachdem sie Michael zu seiner Mutter zurückgebracht hatten, machten die beiden Frauen ein paar Notizen und Pläne für seinen nächsten Besuch, bevor Jodi nach Hause ging. Sie war erschöpft, doch nach dem Abendessen saßen sie und Ty am Küchentisch. Sie sprach über Sugar und die ellenlange Liste an Gründen, aus denen sie der Gedanke an eine Zusage nervös machte. Ty sagte kein Wort, bevor sie fertig war und sich in ihrem Stuhl zurücklehnte.

„Wann musst du Gail eine Antwort geben?"

„Ich sagte ihr, ich rufe sie morgen an."

„Für mich klingt es, als wäre es eine gute Sache, wenn Sugar herkommt, aber mir ist klar, dass das eine große Entscheidung ist. Lass uns also drüber schlafen und vertrauen, dass Gott uns zeigt, was wir zu tun haben."

Nachdem sie zusammen gebetet hatten, ging Jodi nach oben. Als sie im Bett lag, kamen ihr immer wieder Bilder der Pferde in ihrer damals so verzweifelten Lage in den Sinn. Ob sie wohl Nacht für Nacht nach oben in den sternenklaren Himmel geblickt und sich nach Rettung gesehnt hatten? Nach Erbarmen? Hatten sie Morgen für Morgen in hoffnungsvoller Erwartung nach Futter Ausschau gehalten? Wie lange hatte es wohl gedauert, bis der Geist des ersten Tieres brach? Ob dieser Schaden wohl je repariert werden konnte?

Jodi schlief mit diesen Fragen im Kopf und einem Gebet um Weisheit im Herzen ein. In jener Nacht träumte sie von einer dunklen rotbraunen Stute mit einer breiten weißen Blesse, die sich von ihrer Stirn bis zu den Nüstern zog. Im Traum führte Jodi das Tier durch HopeWell. Sie wachte lächelnd auf und sagte scherzhaft zu Ty, dass vor dem Einschlafen über Pferde nachzudenken einen offensichtlich auch von ihnen träumen ließ.

15

Jodi würde heute den ganzen Tag mit Verwaltungsaufgaben und der Vorbereitung von Therapiesitzungen zu tun haben, daher ging sie direkt nach der Fütterung der Tiere ins Hope-Well-Büro. Nachdem sie den Morgen über fast durchgehend darüber gebetet hatte, ob sie nun ein neues Pferd auf die Ranch bringen sollte, begann sie allmählich, einen gewissen Frieden darüber zu spüren. Doch der ein oder andere Zweifel nagte noch an ihr.

„Herr, wenn du willst, dass ich Ja sage, wirst du mir das heute irgendwie bestätigen?"

Sie beschloss, die Sache zunächst in Gottes fähige Hände zu übergeben, und machte sich daran, einige E-Mails zu beantworten und Papierkram aufzuarbeiten. Sie war gerade damit fertig geworden, ein paar Dinge zu notieren, die sie im Laufe des Tages mit Linda besprechen wollte, als ein blechernes *Bing* aus ihrem Computer eine neue Mail vermeldete. Sie war von Gail und ihr Betreff lautete: „Unsere süße Sugar".

Jodi klickte auf die Mail und erwartete einen Text mit weiteren Informationen über das Pferd. Stattdessen erschien etwas auf dem Bildschirm, das ihr die Kinnlade herunterfallen ließ. Sie blickte auf das Foto eines dunklen, kastanienbraunen Pferdes mit einer breiten Blesse, die von der Stirn bis zur Schnauze reichte. Es war das Pferd, von dem sie in dieser Nacht geträumt hatte.

„Wie um alles in der Welt …“, murmelte Jodi und konnte kaum den Blick von dem Foto lösen. Gail entschuldigte sich in der Mail dafür, dass sie Jodi am Vortag kein Foto von Sugar geschickt hatte. Sie dankte Jodi für die Arbeit, die sie auf HopeWell leistete, und betonte noch einmal, dass sie sich ruhig Zeit nehmen solle, um die Entscheidung zu treffen. Jodi starrte noch immer auf das Foto, als Amanda hereinkam.

„Guten Morgen. Du siehst aus, als wärst du schon schwer am Arbeiten, Jodi?“, fragte sie, und ein besorgter Unterton schwang in ihrer Stimme mit. „Ist alles in Ordnung?“

Amandas Frage durchbrach endlich den Nebel in Jodis Kopf.

„Tut mir leid. Ich war nur gerade … äh … Ich habe eine E-Mail bekommen. Ich glaube, Gott höchstpersönlich hat mir gerade eine Mail geschickt.“ Sie brachte ein ersticktes Lachen hervor. „Ich meine, ich weiß natürlich, dass nicht wirklich Gott mir die Mail geschrieben hat. Aber ich habe ihn gestern um ein Zeichen gebeten, um eine Bestätigung in einer bestimmten Sache. Und die Mail, die ich gerade bekommen habe, scheint mir eine ziemlich deutliche Bestätigung zu sein.“

Jodi erzählte Amanda von den Telefonaten, die sie gestern geführt hatte, von der Entscheidung, die sie treffen musste, und von dem Traum, den sie letzte Nacht gehabt hatte.

„Wow“, sagte Amanda und machte große Augen. „Ich glaube, du hast recht.“ Sie sah über Jodis Schulter auf den Bildschirm. „Ich habe mich schon immer gefragt, was wohl Gottes E-Mail-Adresse ist. Du solltest ihm definitiv zurückschreiben!“

Amanda verließ das Büro wieder, um sich an ihre Arbeit zu machen, und Jodi rief Ty an, um ihm über die neuesten Entwicklungen zu berichten.

„Also für mich klingt das, als würden wir noch ein Pferd bekommen."

„Ja, das denke ich auch."

Nun, da sie die Sache mit Ty besprochen hatte, wählte sie rasch Gails Nummer.

„Jodi, ich habe nicht damit gerechnet, so früh von dir zu hören."

„Um ehrlich zu sein, ich hätte auch nicht gedacht, dass ich mich so früh melde …" Sie zögerte. *Wird Gail mich für verrückt halten, wenn ich ihr von meinem Traum erzähle?* Aber was machte das schon? Es war geschehen und dieses Erlebnis war es absolut wert, erzählt zu werden. „Gail, du wirst mich vielleicht für verrückt halten … aber ich habe letzte Nacht von Sugar geträumt."

Sie erzählte Gail von ihrem Traum – und von dem Gebet, das sie heute Morgen gesprochen hatte.

„Wow, das ist in der Tat bemerkenswert, Jodi."

„Das ist es wirklich. Und ich glaube ganz ehrlich, dass das ein Zeichen von Gott war, dass er will, dass Sugar auf die Ranch kommt."

Das restliche Telefonat bestand daraus, dass die beiden Frauen Pläne für Tys und Jodis erstes Treffen mit Sugar in zwei Wochen machten.

„Nur, dass ich das richtig verstehe", sagte Ty an diesem Abend und gab sich Mühe, fürchterlich entrüstet zu wirken. „Du hast ein Date mit einem Pferd geplant – an unserem Hochzeitstag?"

„Oh nein! Hast du uns etwa einen Tisch in diesem teuren neuen Restaurant reserviert?" Sie versuchte mit aller Kraft, ein hoffnungsfrohes Gesicht aufzusetzen, doch dann bemerkte sie, dass Ty ganz blass wurde. Sie hatte ihren Mann doch nur ein wenig aufziehen wollen und nicht etwa in Panik versetzen! „Ich mache doch nur Witze!“, platzte es aus ihr heraus. „Du weißt doch, dass ich lieber mit dir ein Pferd anschauen gehe und danach ein Erdnussbuttersandwich esse, als irgendein edles Dinner in einem völlig überfüllten Restaurant zu essen.“ Tys erleichterter Gesichtsausdruck brachte sie zum Lachen.

„Warum machen sie diese Koppel sauber?“, fragte Shawn einige Tage später, als Jodi mit ihm zur Weide lief, um Solomon zu holen.

Jodi war immer noch hin und weg von der Veränderung, die Shawn durchgemacht hatte. In den acht Monaten, die seit seiner letzten Sitzung vergangen waren, war der nun Sechzehnjährige mindestens zehn Zentimeter gewachsen, und seine Stimme war eine ganze Oktave nach unten gewandert. Seit seinem ersten Besuch auf HopeWell vor vier Jahren hatte er enorme Fortschritte gemacht. Seiner Mutter zufolge hatte die enge Bindung, die Shawn zu Solomon aufgebaut hatte, eine wichtige Rolle in der Entwicklung des Jungen gespielt – und ebenso die Akzeptanz und die Möglichkeiten, die ihm auf HopeWell geboten wurden. Jodi sah zu der kleinen Koppel hinüber, auf der mehrere Freiwillige schaufelten, harkten und den Wassertrog reinigten.

„Sie bereiten die Koppel für ein neues Pferd vor, das nächste Woche hergebracht wird, um hier zu leben.“

Shawn blieb urplötzlich stehen.

„Solomon lebt hier!“

„Solomon bleibt hier. Das hier ist Solomons Zuhause, und wir haben ihn sehr lieb“, versicherte ihm Jodi.

„Ich habe ihn lieb“, erklärte Shawn.

„Ja, das tust du. Du bist ein guter Freund für Solomon.“

„Ich bin Solomons Freund", wiederholte Shawn. „Solomon ist mein Pferdebruder."

Jodi ging das Herz auf. „Na, komm. Lass uns ihn holen."

Während Jodi beobachtete, wie der Teenager Solomon von der Weide zur Anbindestelle führte und ihn zu putzen begann, nahm eine Idee in ihr Gestalt an. *Wir sollten Shawn anbieten, als freiwilliger Pferdepfleger hier zu arbeiten.* Schon Ende der letzten Saison war ihr aufgefallen, dass es bei Shawns Sitzungen immer weniger um dessen persönliches Wachstum ging und immer mehr darum, dass er es schlicht und einfach genoss, sich mit Solomon zu beschäftigen. Vielleicht war es nun an der Zeit, dass Shawn in eine andere Rolle auf der Ranch befördert wurde; dass er nun einen anderen Zweck erfüllen sollte.

Sie teilte ihre Gedanken mit Shawns Mutter Carol. Carol strahlte bei dem Gedanken, dass ihr Sohn nun von einfachen Sitzungen in eine Position „aufsteigen" sollte, die ihm ein wenig Verantwortung abverlangte. „Für mich klingt alles gut, was ihn weiterhin ein Teil von HopeWell bleiben lässt." Shawn allerdings schien zunächst nicht zu verstehen, wo der Unterschied zwischen Therapiesitzungen und Freiwilligendienst liegen sollte.

„Du wirst Solomon weiterhin besuchen kommen, aber ab sofort wirst du uns helfen, für ihn zu sorgen – und auch für ein paar andere Pferde. Wie hört sich das an?"

„Gut!", rief Shawn und stieß eine Faust in die Luft.

Jodi war klar, dass es etwas Zeit – und viel Geduld – kosten würde, Shawn beim Übergang vom Klienten zum Freiwilligen zu helfen, doch sie zweifelte keine Sekunde daran, dass er das schaffen konnte. Und mehr als das: Sie ahnte, dass er seine Sache so hervorragend und hingegeben tun würde, dass es allen auf HopeWell eine Inspiration sein würde.

„Na ... was denkst du?", fragte Ty seine Frau. Es war der Morgen ihres Hochzeitstages, und sie standen zusammen an der Ostgrenze der Ländereien von HopeWell.

„Was denke ich über was genau?" Ty hatte sie regelrecht vom Haus hierher gezerrt und gesagt, er hätte ein Geschenk zum Jahrestag für sie.

„Das hier!", sagte Ty und zeigte triumphierend auf ein rechteckiges Stück Boden, das mit weißer Sprühfarbe umrandet war.

„Äh ... netter ... Boden?"

„Oh, ihr Kleinsichtigen", schalt ihr Mann. „Dieser *Boden*, wie du ihn so fantasielos beschrieben hast, wird der Beginn eines Gartens. Aber nicht einfach *irgendein* Garten", fügte er hinzu. „Es wird ein Gedenkgarten – ein lebendiges Denkmal für Hope."

Jodis Augen weiteten sich, und sie ließ ihre Tränen aussprechen, was sie mit Worten nicht vermochte. Ein Jahr nach Hopes Tod hatten sie darüber gesprochen, ihr in irgendeiner Form ein Denkmal zu errichten. Doch dann war die Ranch richtig ins Laufen gekommen und die Idee war untergegangen. Bis jetzt.

Sie lehnte sich in Tys offene Arme. „Es ist absolut perfekt. Danke."

Sie lief die Umrandung des etwas vier mal vier Meter großen Stücks ab. Dabei erblickte sie in ihren Gedanken Blumen, kleine Stauden, Bänke, ein Vogelbad und die ein oder andere lustige Statue. Ihre Augen funkelten, als sie darüber nachdachte, welche Möglichkeiten sich hier boten. „Können wir gleich loslegen?"

Ty legte seine Hände auf ihre Schulter. „Immer langsam. Nur falls du es vergessen hast, wir haben heute noch eine junge Stute abzuholen."

„Meine Güte! Das habe ich komplett vergessen! Wie spät ist es? Wir müssen uns fertig machen."

Sie drehte sich um, ging ein paar Schritte Richtung Haus, hielt inne und rannte zu Ty zurück. Sie schlang ihre Arme um ihn.

„Das ist das beste Geschenk zum Hochzeitstag, das du mir je hättest machen können! Danke! Danke für unseren *Hope Garden*."

„Gail, sie ist wunderschön", flüsterte Jodi ein paar Stunden später.

Die junge Stute beobachtete sie zurückhaltend. Jodi war klar, dass sie das Vertrauen des Tieres nur mit der Zeit und mit beständiger Fürsorge würde gewinnen können.

„Es ist alles okay, Sugar", sagte Denny leise. „Jodi und Ty sind gute Menschen. Und sie werden sich hervorragend um dich kümmern."

Man sah dem Mann an, wie wichtig ihm dieses Pony war. Doch er und Gail hielten unerschütterlich daran fest, dass ihre Sugar auf HopeWell die Gelegenheit bekommen sollte, die Welt ein Stückchen besser zu machen.

Denny führte Sugar zum Anhänger. Das Pony blieb etwa anderthalb Meter davor wie angewurzelt stehen. Ty hatte die Tür weit geöffnet, sodass das Pferd einen Futtereimer mit Getreidekörnern und Haferflocken auf der einen und eine prall gefüllte Heuraufe auf der anderen Seite sehen konnte. Während Denny Sugar nun sachte und langsam die Verladerampe hinaufführte und sie im Anhänger anband, schossen Jodi Erinnerungen durch den Kopf, wie sie vor Jahren Solomon verladen hatten. Sie hoffte, dass die beiden gut miteinander zurechtkommen würden.

Alle seufzten erleichtert, als Sugar sich sofort auf den Futtereimer stürzte. Ty schloss und verriegelte die Verladerampe. Wenige Minuten später fuhren sie bereits die Auffahrt zum Haus der Spargues wieder hinunter. Ty sah zu Jodi und zwinkerte.

„Das traditionelle Geschenk zum vierundzwanzigsten Hochzeitstag ist dann wohl ein Pferd?“, neckte er sie.

„Und ein Garten“, fügte sie hinzu.

„Mir tun all diese armen Ehefrauen so leid, die an ihren Hochzeitstagen Rosen und schicke Abendessen ertragen müssen, wo sie doch stattdessen Dreck und Vieh haben könnten.“

Jodi war ganz seiner Meinung.

16

Von dem neugierig und aufgeregt wiehernden Pferdechor einmal abgesehen, verlief die Ankunft der neuesten Hope-Well-Bewohnerin recht still. In Anbetracht der Vorgeschichte der kleinen Stute und der wenigen Erfahrungen, die das Tier bislang mit Menschen gemacht hatte, hatte Jodi entschieden, dass das Empfangskomitee nur aus Amanda und Tania bestehen sollte.

Während Ty die Klappe des Anhängers öffnete, betete Jodi, dass Sugar sich leicht herausholen lassen würde. Sie bereitete sich jedoch auf den wahrscheinlichen Fall vor, dass die Stute das nicht tun würde. Kaum wurde die Tür geöffnet, begann das Pferd zu wiehern – worauf die in der Nähe stehende Herde lautstark reagierte. Es wurde wild hin und her gewiehert. Sie machte sich bereit, Sugar mit Halfter und Führstrick rückwärts aus dem Anhänger zu führen, doch zu ihrer Überraschung machte Sugar eine Drehung um hundertachtzig Grad und lief schnurstracks die Verladerampe hinunter.

Am Fuße der Rampe angekommen, hielt sie inne, den Blick auf die große Weide gerichtet, von der aus die ganze Herde zu ihr herübersah. Eins der Pferde – Jodi vermutete, Solomon – ließ ein lautes Wiehern hören. Sugar wieherte zurück, und das Spiel wiederholte sich. Erst als Jodi die Stute in ihr vorübergehendes Zuhause auf der kleinen Koppel nebenan brachte, beruhigte sich das Wiehern wieder.

Der Gang dorthin verlief wie am Schnürchen – bis Tania das Gatter aus der Hand rutschte und gegen das Schloss knallte. Sugars Vorderbeine lösten sich vom Boden, sie stieg und riss erschrocken die Augen auf.

„Schhhh ... es ist alles in Ordnung", redete Jodi beruhigend auf sie ein, während sie damit kämpfte, das Pony im Griff zu behalten. „Es ist alles gut, alles gut!"

Sugars Panik griff auf die Herde über. Bubba Jack und Beau rannten los; Samson und Destiny machten ihrer Sorge mit Wiehern Luft. Solomon jedoch stand ganz ruhig da, den Kopf hoch erhoben und die Ohren in Sugars Richtung gedreht. Jodi beobachtete ihn einen Moment lang in der Sorge, dass es ihm vielleicht nicht gut ging. Sie hatte ihn heute Morgen husten gehört, doch glücklicherweise wirkte er nun ganz gesund. Sie fand es furchtbar, wie sehr ihm das Asthma dieses Jahr zu schaffen machte. Vor zwei Wochen war Dr. Brenda hier gewesen und hatte eins seiner Medikamente angepasst. Sie hatte zudem davon abgeraten, den Wallach großen Anstrengungen auszusetzen, da Galoppieren oder hartes Training eine Mehrbelastung für seine Lunge bedeuten könnten. Solomon schien es zum Glück nichts auszumachen, dass seine Sitzungen nun etwas langsamer abliefen, und Jodi war guter Hoffnung, dass dieser neue Lebensstil seine Krankheitssymptome in Schach halten würde.

Während Jodi sich Solomon genauer angesehen hatte, hatte sich die junge Stute beruhigt, sodass sie nun mit ihr die Koppel ablaufen konnte. Jodi sprach leise mit ihr, während sie sie führte. Sie erzählte ihr von ihren Pferdenachbarn und einigen Menschen, denen sie auf der Ranch begegnen würde. Am Wassertrog und der Heuraufe hielt sie jeweils kurz an, damit das Pony sich ihre Position einprägen konnte. Nachdem sie alles abgelaufen waren, nahm Jodi Sugar das Halfter ab, klopfte ihr sanft auf die Schulter und ließ sie gehen.

„Können wir irgendetwas für dich tun?“, fragte Amanda, als Jodi vorsichtig das Gatter schloss.

„Betet, dass sie sich schnell einfindet; dass die Herde sie akzeptiert; und dass es uns gelingt, ihr eine liebevollere Seite der Menschheit zu zeigen. Und lasst uns Gott bitten, dass er den verwundeten Geist dieses wundervollen Pferdemädchens heilt – und dass er seine Gunst und Gnade über ihr ausschüttet.“

Gnade.

Jodi wandte sich Ty, Amanda und Tania zu.

„Was haltet ihr davon, sie Mercy zu nennen?“

Alle waren einverstanden und fanden, dass dieser Name hervorragend zu einem Pferd passte, das solche furchtbaren Dinge durchgemacht hatte – und immer noch aufrecht stand. Mercy war eine Überlebende. Und ihr neuer Name klang in vielerlei Hinsicht wie ein Versprechen, das Jodi ihr machte. Ein Versprechen, das sie sich zu halten schwor.

Nachdem Amanda und Tania für heute nach Hause und Ty für ein paar Abmessungen in den *Hope Garden* gegangen waren, ging Jodi allein zu Mercy. „Na, was hältst du von deinem neuen Zuhause, Mercy?“

Mercys Ohren schossen in ihre Richtung, ihre Aufmerksamkeit war jedoch unverändert auf die Herde nebenan gerichtet. Jodi war klar, dass das Pony in allererster Linie Zeit brauchte, um einfach nur da zu sein. Also flüsterte sie ein Schutzgebet für die Kleine und die Herde und machte sich auf den Weg, die Wasserstände in den Tränken auf der großen Weide zu überprüfen. Solomon kam zu ihr, um sie zu begrüßen.

„Hey, Solly. Dir scheint es besser zu gehen. Was hältst du von unserer Neuen?"

Solomon schnaubte.

„Tu mir einen Gefallen und pass auf sie auf. Mercy hat viel durchgemacht und könnte wirklich einen Beschützer und Freund gebrauchen."

Nachdem sie das Gatter zur Weide leise geschlossen hatte, ging sie noch einmal zu Mercy hinüber, um einen letzten kurzen Blick auf sie zu werfen. Die Stute mit dem dunklen Fell stand in der Mitte ihrer Koppel. Und ihr gegenüber, auf der anderen Seite des Zauns, stand Solomon.

„Guter Junge, Solomon."

17

„Nimm deine Schultern ein bisschen zurück, Michael“, sagte Jodi. Zwei Tage nach Mercys Ankunft hatte der Junge wieder eine Therapiestunde mit Solomon. „Sehr gut. Beim Reiten musst du darauf achten, dass du so aufrecht wie möglich sitzt. Wie fühlt sich das an?“

„Richtig gut.“

„Er ist wirklich ein Naturtalent“, bemerkte Linda.

Michael war zunächst etwas zögerlich gewesen, was das Reiten anging, doch nachdem Jodi ihm klargemacht hatte, dass die Entscheidung ganz bei ihm lag, beschloss er doch, es zu versuchen. Nach einem etwas wackeligen Start schien er sich nun wie zu Hause zu fühlen und auf Solomons Rücken viel Freude zu haben. Jodi sprach mit ihm über die richtige Sitzhaltung und erklärte ihm, wie man das Pferd mit Zügeln und Schenkeldruck lenken konnte. Michael saugte ihre Anweisungen auf wie ein trockener Schwamm.

„Das hast du wirklich gut gemacht, Michael“, lobte Jodi den Jungen, als sie ihm von Solomons Rücken herunterhalf.

„Das hat Spaß gemacht! Darf ich das das nächste Mal auch wieder machen?“

„Ja, natürlich darfst du das!“, antworteten Jodi und Linda wie aus einem Mund.

„Juhu!“, rief Michael und machte einen großen Schritt von dem Hocker herunter, den sie als Aufstiegshilfe benutzten. Er landete mit einem Satz auf dem Sandboden.

So schnell seine Freude aus ihm herausgebrochen war, so schnell verschwand sie auch plötzlich wieder. Jodi konnte sehen, dass sich auf dem Gesicht des Jungen Bedauern und Angst breit machten. Seine haselnussbraunen Augen wandten sich dem Pferd zu.

„Sieh dir Solomon an, Michael", sagte Jodi. „Was sagt dir sein Körper?"

Michael kaute auf seiner Unterlippe herum, während er das Tier musterte. „Seine Augen sagen: ‚Ich sehe dich.'"

Sein Blick suchte Jodis Zustimmung. Sie nickte ihm lächelnd zu.

„Was sagt er dir noch?", ermunterte ihn Linda.

„Seine Lippen bewegen sich ziemlich viel ... also, ich glaube, er sagt damit: ‚Ich habe Hunger.' Ah, warte! Ms Jodi hat gesagt, wenn Pferde das machen, dann bedeutet das, dass sie nachdenken, stimmt's? Also vielleicht denkt Solomon nach? Wahrscheinlich über Futter!"

„Siehst du sonst noch was?"

Michael ging vorsichtig einen Schritt auf Solomon zu, der den Kopf in seine Richtung drehte.

„Seine Ohren stehen aufrecht. Das sieht ... irgendwie glücklich aus. Vielleicht sagt er: ‚Ich freue mich, dass du hier bist.'"

„Solomon sieht wirklich wie ein sehr glückliches Pferd aus", stimmte Jodi ihm zu.

„Was, glaubst du, denkt Solomon darüber, dass du laut bist?", fragte Linda sanft.

Michael hielt inne. „Ich glaube, er ... mag es."

„Das glaube ich auch. Solomon scheinen laute Geräusche überhaupt nichts auszumachen. Aber wir haben gerade ein neues Pferd bekommen – sie heißt Mercy –, und sie scheint sehr große Angst vor lauten Geräuschen zu haben. Ganz besonders das Geräusch des Gatters, wenn es zufällt. Ich glaube, wir werden einige Zeit brauchen, um ihr beizubringen, dass sie vor Gattern und anderen lauten Geräuschen keine Angst zu haben braucht."

„Darf ich Mercy mal kennenlernen?"

Jodi sah zu Linda, die ihr zunickte. Sie waren beide der Meinung, dass das eine wunderbare Idee war.

„Ich glaube, wenn sich Mercy ein wenig eingewöhnt hat, würde ihr das sehr gefallen", antwortete Jodi.

Nachdem sie Solomon zurück auf die Weide gebracht hatten, gingen Jodi und Linda mit Michael in Richtung Pavillon, da sie davon ausgingen, dass seine Mutter dort auf ihn warten würde. Michael lief jedoch am Pavillon vorbei und ging in Richtung Parkplatz.

„Mein Dad holt mich heute ab. Er hat gesagt, er wartet im Auto auf mich", sagte Michael zögerlich. „Er ... ähm ... er mag Pferde nicht so gern. Da ist er ja", sagte er und zeigte auf einen weißen Toyota.

Ein Mann mit kurzem braunem Haar kurbelte das Fenster auf der Beifahrerseite herunter und winkte ihnen zu. „Hi, ich bin Chad. Danke, dass Mikey heute hier sein durfte. Er findet es hier immer schön."

„Freut mich, Sie kennenzulernen, Chad. Wir haben Mikey wirklich gern hier." Jodi machte eine kurze Pause und fügte dann hinzu: „Und wir würden Ihnen gerne die Ranch zeigen, wenn Sie nächstes Mal da sind."

„Ja, sicher. Vielleicht nächstes Mal."

Michael winkte, als das Auto vom Parkplatz fuhr. Kurz darauf waren die beiden außer Sichtweite.

„Glaubst du, dass Michaels Dad auf mein Angebot zurückkommen wird?", fragte Jodi ihre Freundin.

„Ich weiß nicht. Ich bezweifle es irgendwie. Aber ich glaube, das Beste, was wir jetzt gerade tun können, ist, dem Kleinen einen sicheren Ort zu bieten, an dem er sich keine Sorgen machen muss. Außerdem bin ich mir nicht mal sicher, ob wir das Zeug hätten, Veteranen zu betreuen. Weißt du noch, als letztes Jahr der Verwalter des Veteranenkrankenhauses mit der Klasse seiner Tochter für diese Freiwilligenaktion hier war? Wir sprachen mit ihm über eine mögliche Partnerschaft und dachten, das wäre eine gute Möglichkeit, den ehemaligen Soldaten unseres Landes Hilfe anzubieten. Aber erinnerst du dich noch daran, wie vehement er die Idee abgelehnt hat?"

Und wie sich Jodi daran erinnerte! Sie hatte mit Linda eine Konferenz zum Thema „Therapie am Pferd" besucht, wo sie mit herzzerreißenden Statistiken über psychische Probleme und Suizid bei Kriegsveteranen konfrontiert wurden. Während Jodi den vielversprechenden Berichten über Veteranen lauschte, denen die Pferdetherapie hatte helfen können, begann sie davon zu träumen, einen ähnlichen Dienst auch auf HopeWell anzubieten. Sie kehrten beide mit der eifrigen Absicht zurück, sofort entsprechende Pläne zu entwickeln. Doch dann hatte ihnen der Krankenhausverwalter erzählt, wie schwierig es für sie sein würde, überhaut erst mal das Vertrauen eines Veteranen zu gewinnen, zumal niemand auf HopeWell beim Militär gewesen war. Da hatte Jodi die Idee fallen gelassen. Wer war sie schon, etwas so Großes in Angriff zu nehmen? Wie kam sie überhaupt dazu zu glauben, sie hätte den ehemaligen Soldaten und Soldatinnen irgendetwas zu bieten? Menschen, die in Kriegsgebieten bereit gewesen waren, ihr Leben zu riskieren, um die Freiheit ihres Landes zu verteidigen?

Doch nun, da sie das Bild von Michael und Chad vor Augen hatte – von Vater und Sohn, die Hilfe brauchten –, wünschte sie sich, sie hätte die Idee nicht so schnell aufgegeben.

Nachdem sie Linda verabschiedet hatte, beschloss Jodi, noch ein letztes Mal nach Mercy zu sehen. Sie stand an ihrem Futternetz, aus dem sie immer wieder büschelweise Heu herauszog. Sie beobachtete, wie Jodi näher kam, wandte ihr jedoch das Hinterteil zu, sobald ihre Hand den Riegel am Gatter berührte.

„Du willst wohl gar nichts mit mir zu tun haben, was?", fragte Jodi sanft. „Ich nehme es dir nicht übel. Nimm dir einfach deine Zeit."

Da sie noch lebhaft vor Augen hatte, wie panisch Mercy reagiert hatte, als das Gatter am ersten Tag gegen das Schloss geknallt war, schloss Jodi dieses nun besonders vorsichtig, als sie eintrat. Mercys Ohren waren flach angelegt – die Spitzen zeigten in Jodis Richtung. Ihre Körperhaltung hätte bei den meisten Pferden Wut, wenn nicht gar einen bevorstehenden Angriff bedeutet. Jodi hatte die kleine Stute in den vergangenen achtundvierzig Stunden jedoch genau beobachtet und wusste daher, dass sie damit nichts als Angst ausdrückte.

Mercy stand wie angewurzelt da. Jodi wäre so gern zu ihr gegangen. Hätte ihr so gern den Hals gekrault und ihr jede nur mögliche Freundlichkeit gezeigt. Doch ihr war klar, dass nichts davon momentan auf viel Gegenliebe stoßen würde. Sie beschloss, Mercy immer eingehender zu studieren und zu lernen, wie sie dem Pony am besten die Liebe und das Mitgefühl zeigen konnte, die es verdiente.

„Ich werde dich zu nichts drängen. Ich bleibe einfach in der Nähe, während du heil wirst."

Jodi blieb einige Minuten am Gatter stehen – ohne zu sprechen, ohne zu starren, sie war einfach nur da. Dann hob sie den Riegel vorsichtig an und schloss das Gatter leise. Mercy stellte die Ohren wieder auf und senkte dann den Kopf. In diesem Moment wurde Jodi klar, dass man manchmal nichts Besseres für jemanden tun konnte, als sein Wort zu halten.

18

Jodi versenkte einen metallenen Pfosten für das Rankgitter in der weichen Erde. Sie korrigierte ihren Griff um den Hammer in ihrer Hand, holte einen weiteren Pfosten und wiederholte die Prozedur. Nachdem sie zufrieden festgestellt hatte, dass der Pfosten sicher stand, holte sie tief Luft. Eine leichte Brise verkündete verheißungsvoll die baldige Ankunft des Sommers. Jodi konnte die Blumen schon beinah riechen, die bald *Hope Garden* schmücken würden. Sie hatte noch dreißig Minuten Zeit gehabt, bevor Jessica und Richard zu einem gemeinsamen Abendessen kommen würden, und beschlossen, dass das ausreichte, um noch rasch die Rankgitter aufzustellen, die sie am vergangenen Wochenende gekauft hatte. Sie liebte blühende Weinstöcke und wollte ein paar davon in diesem Garten anpflanzen. Sie hatte gerade den letzten Pfosten gesichert, als sie Jessica rufen hörte: „Hey, Mom? Bist du hier draußen?"

„Ich bin hier drüben, Liebes."

Jessica blieb stehen und besah sich den Garten. „Du hast in dieser einen Woche wirklich viel zustande gebracht. Es sieht toll aus!"

Jodi drehte sich um und versuchte, den Garten durch die Augen ihrer Tochter zu sehen. Sie war die ganze Zeit über so auf die Arbeit konzentriert gewesen, die noch vor ihnen lag, dass sie sich nicht die Zeit genommen hatte, das zu genießen, was sie schon geschafft hatten. Sie führte Jessica kurz herum, zeigte ihr die verschiedenen Bereiche des Gartens und erzählte ihr, was sie damit noch vorhatten.

„Ich finde das so schön, Mom“, sagte Jessica. „Ich würde auch gern etwas für meine kleine Schwester pflanzen.“

Noch vor vier Jahren wäre es für Jodi undenkbar gewesen, so einen Moment mit Jessica zu teilen. Sie erinnerte sich noch gut an die unzähligen Gebete, die sie gesprochen hatte – viele genau hier an diesem Ort –, und sprach ein stummes *Danke* zu dem einen, der sich daran zu erfreuen schien, das Unmögliche möglich zu machen.

„Ich finde, das wäre wundervoll, Jess“, antwortete sie dann und umarmte ihre Tochter.

„Außerdem ...“, Jessica zögerte kurz und wirkte verunsichert. „Der Grund, warum ich etwas früher gekommen bin, ist der ... Also, ich würde euch gern zu so etwas wie einem verspäteten Geschenk zum Hochzeitstag einladen.“

Jodi nickte begeistert.

„Mom, du weißt doch noch gar nicht, was es ist“, wandte Jessica lachend ein.

„Das ist auch unwichtig“, erwiderte ihre Mutter. „Solange es mit dir stattfindet, bin ich dabei!“

Jessicas strahlte.

„Also, die Familie Curtis veranstaltet nächsten Samstag eine Art „Tag der offenen Tür“ für alle, die sich gern über Methoden ökologischer Landwirtschaft informieren würden.“

Ist es möglich, dass einem das Herz vor Freude platzt? fragte sich Jodi.

„Ach, Jess, das klingt nach einem wunderbaren Tag. Danke, dass du an so etwas denkst. Das wird der perfekte Start ins Memorial-Day-Wochenende.“

Sie einigten sich darauf, dass Jessica sie um neun Uhr

morgens auf der Ranch abholen würde, wodurch Jodi jede Menge Zeit haben würde, die Tiere zu füttern und sich selbst fertig zu machen. Während sie zusammen zum Haus zurückliefen, unterhielten sie sich über Jessicas Arbeit, den netten jungen Mann namens James, mit dem sie seit einiger Zeit ausging, und Mercy, die vor kurzem auf die große Weide umgezogen war.

„Solomon passt also auf sie auf, hm? Das ist echt cool."

„Ja, das tut er. Und ja, das ist es", antwortete Jodi. „Ich habe jetzt schon zweimal gesehen, wie er sich zwischen sie und die Herde gestellt hat – einmal, als sie noch auf der kleinen Koppel stand, und einmal an ihrem ersten Tag auf der gemeinsamen Weide."

Sie beschrieb die Szene so, wie sie sie in Erinnerung hatte. „Nachdem sie ein paar Stunden lang ihr übliches Hierarchie-Spiel mit ihr gespielt hatten, war Mercy ziemlich müde. Mich machte die ganze Situation so nervös, dass ich drauf und dran war, hineinzugehen und Mercy wieder auf ihre kleine Koppel zu bringen. Aber bevor ich dazu kam, brachte sich Solomon zwischen ihr und den anderen in Stellung und blieb stehen. Und innerhalb von wenigen Minuten beruhigte sich die ganze Herde und hörte auf zu rennen. Und Mercy konnte sich ausruhen."

„Und das war's dann? Sie haben einfach aufgehört, sie zu jagen?"

„Na ja, zumindest für eine Weile", sagte Jodi mit einem Augenzwinkern. Ein bisschen haben sie sie in den darauffolgenden vierundzwanzig Stunden schon noch getriezt, aber Solomon schien dafür zu sorgen, dass es nicht ausartete."

„Das ist unglaublich, Mom."

„Das ist es wirklich", stimmte Jodi ihr zu. „Ich frage mich, ob er sich wohl daran erinnerte, wie er selbst am ersten Tag auf der Weide von der Herde behandelt wurde. Vielleicht hat er deswegen beschlossen, dass er dieses Verhalten Mercy gegenüber nicht durchgehen lassen würde."

„Ist das denn überhaupt möglich?" Jessica klang sowohl fasziniert als auch skeptisch. „Können Pferde sich denn so verhalten?"

„Ganz ehrlich? Ich weiß es nicht ... wahrscheinlich eher nicht", gestand sie. „Aber ich denke gerne so darüber. Abgesehen davon ist Solomon ohnehin so anders als jedes andere Pferd, das mir je untergekommen ist, dass ich bei ihm nichts ausschließen möchte."

„Hey!", hörten sie plötzlich Ty vom Haus aus rufen. „Wollt ihr zwei denn den ganzen Abend da draußen stehen bleiben und quatschen? Hier warten zwei hungrige Männer auf euch!"

„Manches ändert sich eben nie." Jodi lachte und folgte Jessica ins Haus.

19

Am Samstagmorgen zeigte sich das Wetter von seiner besten Seite. Die Sonne lachte vom wolkenlosen Himmel. *Danke für diesen wunderschönen Tag, Herr.*

Jodi war kurz vor Sonnenaufgang aufgestanden und ging nach einem kurzen Frühstück hinüber zur Ranch, um ihre morgendlichen Arbeiten zu erledigen. Sie betete, während sie arbeitete, und hielt hin und wieder kurz inne, um die warme Frühlingsluft einzuatmen – eine Luft, die voller Versprechen und Neuanfänge zu sein schien.

„Wer hat Hunger?“, rief sie, als sie die Weide betrat.

Die Herde wieherte und schnaubte im Chor. Jodi musste immer wieder lächeln, wenn sie sah, wie sich die Herde zur Fütterung in Reih und Glied aufstellte. Als Ty dieses Verhalten vor Jahren zum ersten Mal aufgefallen war, hatte er gesagt, die Pferde sähen dabei aus wie Grundschüler in der Warteschlange vor der Essensausgabe der Schulmensa.

Zunächst gab sie Solomon zu fressen. Er fraß am liebsten gleich neben dem Wassertrog, was, so vermutete Jodi, wohl dem Kopfende bei einem großen Bankett gleichkam. Nachdem sie allen ihr Futter ausgeteilt hatte, machte sie sich ans Auffüllen des Trinkwassers. Während der Wasserspiegel in dem mit Gummi ausgekleideten Trog allmählich anstieg, fiel ihr auf, wie friedlich dieser Moment war, und ihr wurde warm ums Herz. Das Einzige, das sie hören konnte, waren die Kaugeräusche der Pferde und das Summen der Bienen, die eifrig nach Pollen suchten. Eine solche Zufriedenheit hatte sie bislang nur einige wenige Male verspürt. *Danke, Vater.*

Ihr war, als würde der Himmel ihre Seele umarmen. Jodi wollte sich nicht aus dieser Umarmung lösen. Sie wollte aber auch ihren Tag mit Jessica nicht verpassen und wusste, dass sie nun losmusste. Sie war schon dabei, zum Gatter zu laufen, hielt dann aber inne und ging noch einmal zurück zu Solomon. Sie hatte seine Atmung heute noch nicht überprüft.

„Ich habe völlig vergessen, nach deiner Nase zu sehen, Großer."

Sie kraulte ihn an der Schnauze und achtete währenddessen auf seinen Atem. Seine Nüstern machten einen ganz normalen Eindruck. Es kam nur wenig Ausfluss heraus. Ihr fiel nichts auf, was auf eine erschwerte Atmung hingewiesen hätte. Und gehustet hatte er ihres Wissens heute auch noch nicht.

„Hey, mein Freund. Du klingst schon viel besser." Sie lehnte sich einen Moment lang gegen seine Stirn und gab ihm dann einen Kuss auf die Nase. „Ich werde heute ein bisschen mit Jessica unterwegs sein. Also halt du hier für mich die Augen offen." Solomon schien zustimmend zu nicken und machte sich dann wieder an sein Heu.

Sie beeilte sich, nach Hause zu kommen, um sich umzuziehen. Während sie sich anzog, bekam sie einen Anruf von Tania, die wissen wollte, ob sie ihre Tochter und deren Freundin auf die Ranch mitbringen könnte.

„Sie hat heute bei uns übernachtet, und nun können die Mädchen es nicht erwarten, die Pferde zu sehen", erklärte sie. „Wir werden nicht lang bleiben, aber ich wollte das erst mit dir abklären."

Jodi sagte ihr, dass sie heute den Tag mit Jessica verbringen würde, fügte aber hinzu, dass Tania und ihre Tochter natürlich jederzeit willkommen seien. Dann drehte sie das Radio lauter, in dem gerade eins ihrer Lieblings-Lobpreislieder gespielt wurde, während sie sich fertig anzog. Sie trug noch etwas Lippenbalsam auf und kam just in dem Moment zur Tür heraus, als Jessica in die Einfahrt einbog.

„Hey, Mom."

„Guten Morgen, meine Süße. Vielen Dank noch mal, dass du das organisiert hast. Ich freue mich so auf den Tag!"

Jessica lächelte. „Ich auch."

Jodi musterte das Profil ihrer Tochter, während diese das Auto wieder aus der Einfahrt lenkte. *Wann ist aus meinem kleinen Mädchen diese starke, schöne Frau geworden?*

„Ich nehme mal an, Solomon hat heute ein riesiges Frühstück bekommen, was?", bemerkte Jessica lachend, als sie an der großen Weide vorbeifuhren.

„Hmmm?", gab Jodi zurück, die sich gerade durch ihre Handtasche wühlte. „Ich könnte schwören, dass ich mein Handy hier reingelegt habe ... Ach, da ist es ja." Sie zog das Telefon aus einer Innentasche und ließ es in den Trinkbecherhalter von Jessicas Auto fallen. „Tut mir leid, Liebling. Was hast du gesagt?"

„Ach, nichts. Ich habe nur gesehen, dass Solomon mitten auf der Weide liegt – also, ich glaube zumindest, dass es Solomon war. Jedenfalls dachte ich mir, dass er bestimmt ein großes Frühstück gehabt haben muss. Du weißt schon, wie Dad eben, wenn es sonntags Pancakes gibt."

Jodi musste lächeln, als sie an Ty dachte, wie er mit dem Bauch voller Pancakes tief und fest schlief. „Nun, ich nehme an, so ein Nickerchen nach dem Frühstück gehört zu den vielen Vorteilen, die man als Anführer der Herde genießt."

Auf dem Weg zur Farm entspann sich zwischen Mutter und Tochter eine lockere Unterhaltung. Jodi liebte es, Jessica über ihre Träume und Ziele reden zu hören. Und je mehr sie sie über James sprechen hörte, desto mehr hatte sie den Eindruck, dass dieser in Jessicas zukünftigen Träumen wohl eine große Rolle spielen würde.

Eine Viertelstunde nach ihrer Abfahrt klingelte Jodis Handy. Tanias Name erschien auf dem Bildschirm. Jodi sah zu Jessica, als sie den Anruf entgegennahm. Heute sollte ihr Mutter-Tochter-Tag werden. Jodi verstand nicht, warum Tania ausgerechnet jetzt anrief, doch ihre Frage sollte schnell beantwortet werden.

„Jodi, irgendetwas stimmt nicht mit dem Zaun. In der Nähe des Wassertrogs ist er durchgebrochen, und einige Pfosten sind geknickt und umgebogen. Ich mache mir Sorgen, dass die Pferde abhauen könnten."

„Was?" Jodi war völlig perplex. Ich war doch vor weniger als einer Stunde noch auf der Weide. Was kann denn in der Zwischenzeit passiert sein?

„O...okay ...", stammelte sie und versuchte, die Informationen möglichst schnell zu verarbeiten. „Schalte den Strom am Zaun ab und versuche, die Pfosten irgendwie notdürftig so wieder aufzustellen, dass die Pferde nicht abhauen können. Ich werde nicht lang weg sein." Kaum hatten diese letzten Worte ihren Mund verlassen, sah sie zu Jessica.

„Also eigentlich ... Tania, Ty kommt bald nachhause. Ich werde ihn bitten, den Zaun dann gleich zu reparieren."

„Okay, ich schaue mal, was ich machen kann."

Jodi legte auf und ließ ihr Handy wieder in den Becherhalter fallen.

„Tut mir leid, mein Schatz", sagte sie. „Ich habe keine

Ahnung, was mit dem Zaun passiert sein könnte, aber Tania kümmert sich darum."

„Ich weiß, dass es viel Arbeit ist, HopeWell am Laufen zu halten. Und wenn es dort irgendein Problem gibt, dann musst du darüber Bescheid wissen." Jessica bog nun in die Einfahrt zum Hof der Curtis-Familie ein. „Ich bin nur froh, dass wir das hier gemeinsam tun können."

Die beiden Frauen waren gerade erst ausgestiegen, als Jodis Handy von Neuem klingelte. *Tania.* Einen Moment lang dachte sie darüber nach, sie auf die Mailbox sprechen zu lassen, doch falls Tania mit dem Zaun Hilfe brauchte, musste sie noch ein paar weitere Freiwillige anrufen. Sie sah ihre Tochter entschuldigend an und ging ans Telefon.

„Jodi ..." Etwas an Tanias Stimme klang ganz und gar nicht normal. „Solomon ist tot!"

Moment ... was? WAS? Jodi wusste nicht, ob sie die Worte laut ausgesprochen oder nur innerlich geschrien hatte.

„Ich habe ihn gerade liegend auf der Weide gefunden. Ich dachte, er schläft, aber ... oh, Jodi!" Tanias Stimme brach.

„Ich bin unterwegs." Sie wandte sich zu Jessica. „Solomon ist irgendetwas passiert. Er ist ..."

Sie konnte die Worte nicht aussprechen. Konnte die Worte nicht glauben. Nein, sie weigerte sich, sie zu glauben.

„Ich bringe dich so schnell nach Hause, wie ich kann, Mom."

Es ergab alles keinen Sinn. Es fühlte sich so surreal an. Gerade eben war sie noch mit Solomon auf der Weide gestanden, völlig eingehüllt in tiefen Frieden. Sie hätte doch gemerkt, wenn etwas nicht in Ordnung gewesen wäre. Sie begann am ganzen Körper zu zittern. Stumme Tränen liefen ihr übers Gesicht. Jessica griff nach ihrer Hand und hielt sie fest. „Wir sind gleich daheim."

Jodi sah eine Entschlossenheit auf dem Gesicht ihrer Tochter, die sie dort noch nie zuvor gesehen hatte. Eine Entschlossenheit, die ihr etwas Trost brachte und ihr erlaubte, kurz die Augen zu schließen. Sie versuchte zu beten. Doch jeder Versuch, um Stärke und Hilfe zu bitten, wurde zu einem verzweifelten *Warum?* und einem wütenden *Nein!*.

Als sie an der großen Weide vorbeifuhren, zwang Jodi sich, aus dem Fenster zu sehen – und sah ihren wunderschönen kastanienbraunen Wallach dort liegen.

„Oh Gott ... hilf uns!", betete sie laut, als sie spürte, wie der Schmerz in ihr aufwallte.

Tanias Auto stand in der Einfahrt. *Tania. Die Mädchen!* Jodi hatte völlig vergessen, dass Tania junge Kinder dabeihatte.

„Ich muss für Tania und die Mädchen stark sein", befahl Jodi sich selbst.

„Mom! Sieh mich an. Du musst für *niemanden* stark sein. Du darfst sein, wer du bist, okay? Ich werde bei dir sein."

Jodi drückte Jessicas Hand.

„Wir werden es da durchschaffen."

Sie wusste nicht mehr, ob diese Worte aus ihrem eigenen oder aus Jessicas Mund gekommen waren. Aber sie klammerte sich daran. Sie holte einmal tief Luft, um sich zu beruhigen, und öffnete dann die Autotür.

„Oh Jodi, es tut mir so leid", sagte Tania weinend, lief auf sie zu und nahm sie in den Arm.

Jodi drückte sie fest an sich und dankte ihr dafür, dass sie da war. Eins der Mädchen zupfte an ihrem Shirt.

„Willst du, dass wir mit dir dorthin gehen?", fragte sie und deutete auf die Weide.

Jodi zwang sich zum Anflug eines Lächelns. „Danke, Süße, aber ich werde das schon schaffen."

Sie wandte sich Jessica zu. „Ich muss ihn sehen."

Jessica und Tania nickten und machten einen Schritt zurück, wobei sie die Mädchen sanft mit sich zogen. Jodi atmete zitternd ein und begann dann, auf das Feld zuzulaufen. Von dem beschädigten Teil des Zauns einmal abgesehen schien alles zu sein wie immer. Die Herde stand auf der Weide verstreut und graste oder ruhte sich aus. Der Himmel strahlte im schönsten Blau. Und noch immer war es so still, dass man die Bienen summen hören konnte. Fast hätte sie sich einreden können, dass Solomon einfach nur schlief.

Aber so war es nicht.

Als sie ihm näher kam, zwang die ohrenbetäubende Stille, die von ihm ausging, sie in die Knie. Es gab keinen Zweifel mehr, dass er gegangen war. Ihr geliebter Kamerad. Das Pferd ihres Herzens. *Oh Gott, nein!*

Sie vergrub das Gesicht in den Händen und weinte.

„Was ist passiert?", wimmerte sie.

Sie konnte keine Verletzungen an ihm erkennen. Er wirkte nicht krank. Eigentlich wirkte er sogar sehr friedlich. Die Verletzung muss auf der anderen Seite sein. Wenn Ty heimkommt, werden wir ihn umdrehen. Vielleicht verstehen wir dann besser, was passiert ist. In Gedanken ging sie ihre letzten Minuten mit Solomon durch. Er hatte gefressen. Er hatte gesund ausgesehen. Nun streichelte sie ihm ein letztes Mal über den Hals und ging dann zurück zu Jessica und Tania.

„Mom, es tut mir so leid", sagte Jessica und vergrub ihr Gesicht an der Schulter ihrer Mutter.

„Mir auch, Liebes."

Sie wischte sich die Augen mit ihrem T-Shirt ab.

„Ich muss ein paar Leute anrufen. Ich muss das der Tierschutzstelle melden – oder dem Amt für natürliche Ressourcen? Ich bin mir nicht sicher. Und ich muss Dr. Pol oder Dr. Brenda anrufen. Soll ich den Marshal anrufen? Oder den Sheriff? Wir müssen doch herausfinden, was passiert ist …" Sie hielt kurz inne. „Ich muss Ty anrufen!"

„Jodi, lass mich ein paar Anrufe erledigen, während du auf Ty wartest. Bitte. Ich möchte irgendetwas tun", sagte Tania.

„Mom, ich habe Dad schon angerufen. Er ist unterwegs. Und er hat mich gebeten, mit dir ins Haus zu gehen und dort auf ihn zu warten."

Jodi nickte. Die drei Frauen gingen mit den beiden Mädchen zum Haus. An der Tür umarmte Tania Jodi und nahm ihr das Versprechen ab, sofort nach ihr zu rufen, sollte sie sie brauchen.

„Und zwar aus egal welchem Grund", stellte Tania klar.

Jodi fühlte sich wie taub, als sie ins Haus ging und sich aufs Sofa setzte. Ihre Gedanken rasten, doch keiner davon ergab irgendeinen Sinn. Jessica gab ihr ein Glas Wasser in die Hand.

„Trink einen Schluck", befahl sie. „Warum legst du dich nicht ein paar Minuten hin? Ich warte hier auf Dad."

Jodi wollte protestieren, doch plötzlich merkte sie, wie müde sie war – so furchtbar müde.

„Ich kann mir vorstellen, dass das ein langer Tag wird", sagte Jessica sanft. „Du solltest dich jetzt ausruhen, wenn es noch geht."

Jodi nickte und stellte resigniert fest, dass es ohnehin nichts mehr gab, was sie noch hätte tun können. Schließlich war Solomon gegangen.

Gegangen.

Das Wort schoss ihr immer wieder durch den Kopf, während sie nach oben ins Schlafzimmer ging. Sie streifte die Schuhe noch im Gehen ab und ließ sich aufs Bett fallen. Als die Taubheit schließlich der Trauer wich, vergrub sie ihr Gesicht in einem Kissen und schrie.

„Nicht schon wieder!“, heulte sie in ihr Kissen. „Ich kann da nicht schon wieder durch, Gott! Wieso? Wieso lässt du mich da schon wieder durchgehen?“

Panik stieg in ihr auf, als sie sich an die Dunkelheit erinnerte, die sie vor sieben Jahren in ebendiesem Zimmer befallen hatte. Sie war sich so sicher gewesen, dass Gott Solomon geschickt hatte, um ihr einen Weg aus dieser Dunkelheit zu weisen. Doch nun war er gegangen. *Wie viel soll ich denn noch verlieren?* Sie spürte, wie ihr die Angst vor der unausweichlichen Finsternis die Kehle zuschnürte.

Sie weinte, bis die Erschöpfung sie in einen unruhigen Schlaf fallen ließ.

„Ich verstehe es einfach nicht“, sagte Jodi, als sie und Ty einige Stunden später vor Solomons leblosem Körper standen. „Diese kleine Wunde am Bein kann ihn unmöglich umgebracht haben. Was ist nur passiert?“ Sie schluckte und zwang die Hysterie nieder, die in ihr aufwallte. „Ich *muss* wissen, was passiert ist.“

Ty war angekommen, als Jodi gerade aus ihrem kurzen Nickerchen erwachte. Nachdem sie ihm erzählt hatte, was sie bisher wusste, waren sie gemeinsam zurück aufs Feld gegangen. Ty hatte Solomons Körper zuvor bereits mit dem Frontlader von der Weide geholt und umgedreht. Jodi war froh gewesen, dass sie ihren schönen kastanienbraunen Wallach nicht in der Ladeschaufel hatte sehen müssen.

Nun, da Jodi und Ty außerhalb der Weide standen und die kleine Wunde an Solomons Bein begutachteten, war Jodi noch verwirrter als zuvor. Und dem Rest der Herde ging es genauso. Als sie nach Tanias Anruf auf die Weide gerannt war, hatten die Pferde noch völlig zufrieden gewirkt, doch nun verhielten sie sich so überdreht, wie sie sich fühlte. Jodi war klar, dass es bei all den lauten Maschinengeräuschen des schweren Frontladers und der Tatsache, dass der Anführer der Herde von der Weide entfernt worden war, eine Weile dauern würde, bis sie sich wieder beruhigen würden. Ty begutachtete den Boden an der Stelle, an der der Zaun beschädigt war.

„Siehst du etwas?"

„Na ja, etwas ...", antwortete Ty.

Als sie sich neben ihn stellte, hörte sie eine Autotür zuschlagen, gefolgt von einer zweiten. Der Beamte von der Tierschutzstelle und Dr. Brenda standen auf dem Parkplatz. *Woher wussten sie denn, dass sie herkommen sollten?* Doch dann fiel ihr wieder ein, dass Tania gesagt hatte, sie wolle ein paar Anrufe machen. Doch es war ein verlängertes Wochenende. Jodi hatte nicht erwartet, dass vor Dienstag irgendjemand herkommen würde.

„Es ist doch ein langes Wochenende!", platzte es aus ihr heraus.

Dr. Brenda lächelte. „Aber wir wissen doch beide, dass Tod und Tragödien keine Rücksicht auf Feiertage nehmen."

Brendas Gegenwart erschien Jodi plötzlich wie eine Rettungsleine.

„Jodi, es tut mir so leid", sagte sie und sah sie voller Mitleid an.

Jodi entgegnete nur ein einfaches „Danke" und begrüßte dann den Beamten. Dann führte sie beide zu der Stelle, an der sie Solomons Körper abgeladen hatten.

Nachdem sie eine Stunde lang die Weide auf und ab gelaufen waren, den Schaden am Zaun begutachtet hatten, den

Hufspuren gefolgt waren, die von der Weide wegführten, und die Schnittwunde am Bein des toten Pferdes ebenso in Augenschein genommen hatten wie seine medizinische Vorgeschichte, konnten Dr. Brenda und der Tierschutzbeamte ihnen einen möglichen Vorgang der Ereignisse schildern.

„Ich glaube, am wahrscheinlichsten ist es, dass ein Tier – ich gehe aufgrund der Tageszeit von einem wilden Hund aus – es durch den Zaun geschafft und Solomon entweder überrascht oder angegriffen hat“, sagte der Beamte. „Darauf hat das Pferd reagiert, ist gestiegen und hat die anderen mit Wiehern gewarnt. Wenn ich mir die Hufspuren in der Weide so ansehe, muss die Herde in völlige Panik verfallen sein, und in diesem Chaos ist Solomon dann durch den Zaun ausgebrochen.“

Jodi zog es die Eingeweide zusammen bei dem Gedanken an die Angst und den Schmerz, die Solomon in diesem Moment verspürt haben musste.

Brenda führte die Geschichte fort. „Den Spuren nach zu urteilen, die nördlich der Weide auf und ab führen, und auch angesichts dessen, wie das Gras dort zugerichtet ist, scheint er in vollem Tempo galoppiert zu sein. Ich nehme an, als sein Adrenalinspiegel zu sinken begann, wird er müde geworden sein und sich umgewandt haben, um zurück zur Weide zu laufen.“

Jodi war sowohl dankbar, dass Solomon zurückgekommen war, als auch neugierig, warum er das wohl getan hatte. Natürlich hätte er sich als Herdentier nach der Sicherheit der Herde gesehnt. Doch die Lücke, die er in den Zaun gerissen hatte, war ziemlich klein. Er hätte den genauen Ort wiederfinden müssen – und über eine Stelle gehen müssen, an der er zuvor einen Stromschlag bekommen hatte. Jodi schob diesen Gedanken beiseite, als Dr. Brenda weitersprach.

„Ich glaube, der Stress des Angriffs – die Stresshormone, die ausgestoßen wurden, zusammen mit den Auswirkungen seiner Raserei auf Lunge und Herz – war einfach zu viel für seinen Körper. Wir wissen ja, dass seine Lunge schon unter dem Asthma litt, und nun nehme ich an, dass das auch bei seinem Herz der Fall war."

Jodi versuchte, diese Informationen zu verarbeiten, doch alles, worüber sie nachdenken konnte, war, warum in aller Welt Solomon zurück auf die Weide gekommen war. Sie versuchte zuzuhören, als der Mann von der Tierschutzstelle Ty von wilden Hunden erzählte, die in der Gegend gesichtet worden seien. Doch ihr Verstand weigerte sich. Sie hatte immer wieder dieses Bild vor Augen, wie Solomon mitten auf der Weide lag und der Rest der Herde friedlich grasend um ihn herumstand. *Wenn die Weide doch nur näher am Haus läge. Dann hätte ich vielleicht etwas mitbekommen. Hätte helfen können ...* Während Ty den Beamten in den Wald führte, der an ihr Grundstück grenzte, legte Brenda Jodi eine Hand auf die Schulter.

„Geht's dir einigermaßen gut?" Ihre Augen strahlten Güte aus, während sie sprach.

Jodi versuchte, sich ganz auf Brendas Gesicht zu konzentrieren, als sie antwortete. „Ich denke schon. Ich kann mir nur einfach nicht erklären, wie und warum Solomon zurück zur Weide gegangen ist. Das ergibt doch alles keinen Sinn."

„Komm mal kurz hierher", bat Brenda sie freundlich und führte Jodi zurück zur Weide. Als sie angekommen waren, zeigte Brenda auf die Herde. „Was siehst du?"

„Eine Herde ohne ihren Anführer", erwiderte Jodi bitter.

„Ganz genau", gab Brenda überraschend zur Antwort. „Jetzt stell dir mal vor, wie diese Pferde reagiert haben müssen, als ihr Anführer angegriffen wurde."

Jodi lief ein Schauer über den Rücken, als sie darüber nachdachte – als sie sich vorstellte, wie Solomon vor Schmerz und Schreck wieherte, wie er stieg und dann um sein Leben rannte. Wie seine Raserei diesem Biest von einem Hund Beine machte. Die anderen Pferde wären in Panik verfallen und es hätte das reinste Chaos geherrscht.

„Sie müssen Todesangst gehabt haben", murmelte sie.

„Das glaube ich auch", sagte Brenda. „Und wenn sie jemals einen Anführer gebraucht haben, dann ist das doch genau der Moment gewesen, oder nicht?"

Jodis machte große Augen und blickte zu der Stelle, an der sie Solomon gefunden hatte.

„Jodi", sagte Brenda und wandte sich ihr zu, „du hast mir mehrfach gesagt, dass kein Pferd seine Herde je so geliebt hat wie Solomon die seine." Jodi nickte. „Ich glaube, es ist sehr wahrscheinlich, dass er zu seiner Herde zurückkam, um sie zu beruhigen. Um sicherzustellen, dass sie sicher war. Und vielleicht auch, um sich so zu positionieren, dass er zwischen der Herde und einem weiteren möglichen Angriff lag."

Brenda machte eine Pause und wartete, bis Jodi sie ansah. „Jodi, ich glaube, Solomon kam zurück zur Weide, um sein Leben für die Herde zu geben."

Jodi rang nach Luft.

Was?

Sie dachte darüber nach, wie ruhig die Herde bei ihrer Ankunft gewesen war. Die Pferde hatten um Solomon verstreut gegrast. Sie war davon ausgegangen, dass sie ihn bewachten. Aber was, wenn ... was, wenn sie Trost und Frieden *von ihm* empfangen hatten? Was, wenn es seine Gegenwart gewesen war, die sie entspannte und beruhigte? Dann kam ihr ein finstererer Gedanke. Ein Gedanke, der sie über Solomons

Rückkehr anders und sogar noch trauriger denken ließ. *Wäre der wilde Hund zurückgekommen, hätte er sich sicherlich auf die leichteste Beute gestürzt, die am Boden lag – und die anderen Pferde in Ruhe gelassen.* Jodi zitterte bei dem Gedanken. Sie schüttelte den Kopf und versuchte, das Bild loszuwerden.

„Brenda, hältst du das wirklich für möglich?", fragte sie flüsternd.

Doch schon während sie fragte, fühlte sie die Antwort in ihrer Seele. Wie oft hatte sie es schon erlebt, dass Solomon auf irgendeine Weise wusste, was ein anderes Pferd oder ein Mensch gerade brauchte? Ob es nun ein Kind während einer Therapiestunde war oder ein Pferd, das beschützt werden musste, Solomon schien immer genau gewusst zu haben, was von ihm gebraucht wurde. *Wusste er nicht auch genau, was ich brauchte, bevor es mir selbst klar war?*

Natürlich würde er sich selbst für das Wohl seiner Herde opfern.

„Ja, das tue ich", beantwortete Brenda Jodis Frage.

„Ich auch", sagte Jodi und fühlte gleichzeitig unbändigen Stolz und tiefe Trauer.

Nachdem sie Brenda zu ihrem Auto begleitet und ihr für ihr schnelles Kommen gedankt hatte, wandte sie sich zu Ty um. Noch ehe sie irgendetwas sagen konnte, hob er die Hand.

„Ich werde ihn auf das hintere Feld bringen. Ich habe Bob schon angerufen. Er kommt heute Abend vorbei." Ty machte eine kurze Pause. „Willst du dabei sein?"

Jodi schloss die Augen. Ihr Kinn bebte. Ihr Freund Bob stellte ihnen großzügigerweise stets seine Zeit und seinen Bagger zur Verfügung, wenn sie ein Pferd begraben mussten. Ty würde Solomon mit dem Kompaktlader zum hinteren Teil ihres Grundstücks transportieren, das als Tierfriedhof diente, und Bob würde im Laufe des Nachmittags vorbeikommen, um Solomon zu begraben. Jodi fand den Gedanken unerträglich, dabei zusehen zu müssen, wie ihr geliebtes Pferd in die Erde gesenkt wurde. Sie schüttelte den Kopf.

„Nein, das kann ich nicht ..."

Ty nahm sie in die Arme.

„Warum gehst du nicht heim und erzählst Jessica, was Dr. Brenda gesagt hat?"

Jodi nahm seinen Vorschlag dankbar an.

„Ja", sagte sie und wandte sich bereits in Richtung Haus.

„Hey, Jodi", rief Ty ihr nach ein paar Schritten hinterher.

Sie hielt inne und wandte sich ihm zu. „Hm?"

„Ich werde deinen schönen Hengst wirklich vermissen."

Der Anflug eines Lächelns schlich sich auf Jodis Lippen. „Er ist ein ..." Sie atmete zitternd ein und nickte dann. „Ich auch."

20

Am nächsten Morgen versuchte Jodi, sich zum Aufstehen zu zwingen, wurde aber von einer unerbittlichen Schwere niedergedrückt – als wäre ihr Bettlaken über Nacht tonnenschwer geworden. Sie verspürte weder den Wunsch noch hatte sie die Kraft dieses Laken nun von sich zu schieben. Ty küsste sie auf die Stirn.

„Ich füttere die Mannschaft heute", sagte er.

Jodi warf ihm ein halbherziges dankbares Lächeln zu, drehte sich um und schlief wieder ein. Sie verbrachte einen Großteil des Tages im Bett und wünschte sich nichts mehr als in einen tiefen, besinnungslosen Schlaf zu fallen. Doch Bilder von wilden Hunden und panisch trampelnden Pferden rissen sie immer wieder hoch. Der Nachrichtenton ihres Telefons zeugte wiederholt von besorgten Familienmitgliedern und Freunden, die sich nach ihr erkundigen wollten. Jodi wusste ihre Sorge ebenso zu schätzen wie ihre Gebete, doch letztendlich schaltete sie das Handy aus.

Am Abend kamen Jessica und Richard vorbei, um gemeinsam das jährliche Memorial-Day-Barbecue zu veranstalten, das sie schon Wochen zuvor geplant hatten. Ty hatte angeboten, die Kinder anzurufen und abzusagen, doch Jodi hatte abgelehnt. Sie wollte unbedingt einen Moment der Normalität erleben – auch wenn ihr gerade gar nicht danach war. Während sie das Dinner ausrichtete, kam sie sich vor, als wäre sie auf Autopilot geschaltet. Sie lächelte, wann immer es angemessen schien, und beantwortete jede Frage, die ihr gestellt wurde.

Ja, ihr ging es gut.

Ja, Ty würde den Zaun reparieren.

Nein, sie hatten noch nie zuvor wilde Hunde hier gesehen.

Ja, sie machte sich Sorgen wegen eines weiteren Angriffs, doch da die zuständige Behörde der Meinung war, es habe sich um einen Einzelfall gehandelt, und da der wilde Hund von gestern es sicherlich mit der Angst zu tun bekommen hatte, war sie doch nicht allzu beunruhigt.

Schon am frühen Abend war Jodi völlig erschöpft. Sie entschuldigte sich mit Kopfschmerzen und schleppte sich ins Bett.

„Sie wird schon wieder", hörte sie Ty sagen, als sie schon fast im Schlafzimmer war. „Sie wird nur etwas Zeit brauchen."

Ein zynisches Lachen überkam Jodi. Ha! Als könnte Zeit irgendetwas ausrichten! Als könnte Zeit jemanden zurückbringen! Jedenfalls hatte sie Hope nicht zurückgebracht.

Kämpfe!

Dieses Wort – ein Flüstern irgendwo zwischen ihrem Herzen und ihrem Verstand – kam so plötzlich, dass Jodi erstarrte. Es hörte sich an wie ein Befehl ... und ein Versprechen. *Kämpfen? Wogegen kämpfen?* überlegte sie, während sie die Tagesdecke zurückschlug. *Wen bekämpfen?* fragte sie sich, als sie ihren Kopf auf dem Kissen ablegte. *Es fällt mir doch schon schwer genug, überhaupt aus dem Bett zu kommen – geschweige denn, irgendetwas zu bekämpfen!* Sie versuchte zu beten, doch ihre Gedanken wanderten immer wieder zurück zu einem anderen Memorial Day vor vielen Jahren, an dem sie eine Reihe Zaunpfosten in den Boden gerammt hatte. Trauer schnürte ihr das Herz zu. Diese ersten Zaunpfosten waren im Schmerz aufgestellt worden, und sie hatten nur noch mehr Schmerz gebracht. Mehr Verlust. Mehr Tod. Vielleicht sollte sie einfach aufhören, so zu tun, als ginge es auf HopeWell um irgendetwas anderes als Verlust. Zu erschöpft, um noch weiter nachzudenken ergab sich Jodi dem Schlaf.

Als sie am nächsten Morgen aufwachte, stand Ty mit besorgtem Gesichtsausdruck neben ihr.

„Guten Morgen. Du bist aber früh wach“, sagte sie und zwang sich zu einem schwachen Lächeln.

„Jodi, bitte tu das nicht. Verstecke dich nicht. Versuche nicht schon wieder, diese Maske wieder aufzusetzen.“ Er hob ihr Kinn an, sodass sie ihm in die Augen sah. „Lass mich helfen.“

„Das tust du doch schon.“ Sie setzte sich auf und rieb sich den Schlaf aus den Augen. „Ich wusste gestern nicht, wie ich die Herde ohne Solomon ertragen sollte, also hast du sie gefüttert. Und ich nehme an, das hast du heute Morgen wieder getan. Danke.“

Jodi war sich bewusst, dass sie sich irgendwann mit Solomons Tod würde auseinandersetzen müssen, doch für den kurzen Aufschub war sie dankbar. In ihrem Kopf war Solomon noch immer dort draußen – beschützte seine Herde und wartete darauf, dass sie zu ihm kam. Doch auch wenn sie diese tröstliche Vorstellung jetzt noch zuließ, wusste sie doch, dass sie mit diesem Phantasiebild nur den unausweichlichen Schmerz aufschob, durch den sie würde gehen müssen.

Tys Stimme unterbrach ihre Gedanken. „Ich muss zum Baumarkt. Ich konnte den Zaun vorgestern zwar notdürftig reparieren, aber um ihn wirklich wieder in Schuss zu bringen, brauche ich ein paar Dinge. Mir sind auch noch ein paar andere Schwachstellen aufgefallen. Darum würde ich mich heute kümmern, wenn das für dich in Ordnung ist."

„Danke", sagte sie und merkte gar nicht, wie monoton sie sprach.

Ein Gedanke schoss ihr durch den Kopf.

Mercy.

„Ty? Bringst du Mercy bitte in den Roundpen, bevor du mit der Reparatur anfängst? Sie erschrickt sich leicht vor lauten Geräuschen – besonders vor Gattern, die laut zuknallen."

Ty lächelte und nickte. Jodi hätte schwören können, dass sie ihn „Das ist mein Mädchen" sagen hörte, während er die Treppen hinunterging.

Auch Jodi ging nach unten. Sie aß ein paar Bissen Toast, spülte das Geschirr im Spülbecken ab und setzte sich dann an den Küchentisch. *Hier saß ich, als Ken mich damals wegen Solomon anrief ... ach, Mann. Wieso hat Gott keine Stummtaste in den menschlichen Verstand eingebaut?*

Sie durchquerte die Küche und setzte sich an ihren Computer. Sie musste die Freiwilligen der Ranch über Solomons Tod in Kenntnis setzen – und auch die Familien, die eng mit Solomon zusammengearbeitet hatten. *Soll ich anrufen? Was sage ich denn dann?* Da ihr klar war, dass sie so viele Anrufe niemals durchstehen würde, ließ sie die Idee wieder fallen. Sie fand aber, dass eine Kurznachricht persönlicher wäre als eine E-Mail. Daher verfasste sie eine Nachricht und schickte sie an alle, von denen sie wusste, dass sie von Solomons Tod besonders betroffen sein würden. Morgen, wenn sie wieder im HopeWell-Büro wäre, würde sie eine Rundmail an den weiteren Kreis ihrer Unterstützer schicken und den Vorfall auf ihren Social-Media-Kanälen teilen.

Wenige Minuten, nachdem sie die erste der insgesamt zehn Nachrichten abgeschickt hatte, kamen bereits die ersten Antworten voller Kummer und Anteilnahme zurück. Die dritte war von Shawns Mutter, die schrieb, wie leid es ihr tue, und fragte, ob sie denn vorhätten, irgendetwas zu Solomons Ehren zu veranstalten. Außerdem merkte sie an, wie hart die Nachricht Shawn treffen würde. Dieses Gefühl kannte Jodi gut.

„Wir werden auf jeden Fall etwas auf die Beine stellen", schrieb sie zurück. „Ich möchte allen die Möglichkeit geben, sich zu verabschieden. Bitte richte Shawn aus, wie schön Solomon es fand, ihn zum Freund zu haben."

Nachdem sie noch auf ein paar weitere Nachrichten geantwortet hatte, fühlte Jodi sich emotional wie körperlich völlig ausgelaugt. Also machte sie sich erst einmal ein Sandwich und legte sich dann aufs Sofa. Zwei Stunden später wachte sie mit einem steifen Hals auf. Sie setzte sich auf und rieb einen der Knoten, die sich in ihrer Schulter gebildet hatten. Dabei kam ein ganzer Sturzbach an Fragen über sie. *Welche Auswirkungen würde Solomons Tod auf die Therapiearbeit haben? Was war mit dem kleinen Michael, der doch gerade erst angefangen hatte, eine Bindung zu dem Pferd aufzubauen? Und was war mit den Kindern im Autismus-Spektrum?* Solomon war immer ein Naturtalent im Umgang mit diesen Kindern gewesen. Was, wenn sie kein anderes Pferd mit der gleichen Sensibilität und dem gleichen Verständnis würden finden können?

Alle Müdigkeit war plötzlich verschwunden. Jodi stand auf, band sich die Schuhe und verließ das Haus durch die Hintertür. Ihr Kopf arbeitete auf Hochtouren an den möglichen Auswirkungen von Solomons Tod – und bald waren auch ihre Füße auf Hochtouren unterwegs. Sie lief einmal ums Haus. Dann lief sie durch ihren Gemüsegarten und um ihn herum – wobei sie kurz innehielt, um etwas Unkraut zu zupfen und ein paar welk aussehende Kräuter zu gießen. Danach verspürte sie aber immer noch diese gereizte Nervosität und machte sich auf den Weg zum Kaninchenstall. Doch nicht einmal die flauschigen Häschen konnten ihr die Anspannung nehmen, die ihre Gedanken und Gefühle dominierte. In ihrer Tasche vibrierte ihr Handy. Ty hatte ihr geschrieben.

„Ich musste noch mal schnell zum Baumarkt. Die dritte Fahrt heute! Bin bald wieder da."

Jodi warf einen Blick auf ihre Uhr. *Wann war es denn so spät geworden?* Ty hatte den ganzen Tag am Zaun gearbeitet. Sie hörte die Ziegen meckern und einige Pferde wiehern, was sie daran erinnerte, dass es bald Zeit für die Fütterung war. „Ich kann das nicht ewig aufschieben." Sie ging zum Futterschuppen und begann, die Getreidekörner, Flocken und Nahrungsergänzungsmittel für jedes einzelne Pferd zu mischen. Bei dem Gedanken, die Schüsseln aufzureihen und dann die von Solomon wieder wegnehmen zu müssen, lief ihr ein Schauer über den Rücken. Als sie jedoch alle Schüsseln nebeneinandergestellt hatte, fiel ihr auf, dass Solomons gar nicht da war. Sie sah sich in dem wenige Quadratmeter großen Schuppen um. Da erblickte sie die fehlende Schüssel – sie stand auf einem der unteren Regalbretter. Zweifarbiger Sonnenhut blühte darin.

Ty.

Die Aufmerksamkeit ihres Ehemannes, von der diese Blumen zeugten, berührte Jodi. Sie nahm sie in die Hand und senkte den Kopf, bis die Blütenblätter ihr Gesicht berührten.

„Ich vermisse dich", flüsterte sie. Dann legte sie die Blumen in die Schüssel zurück und fügte hinzu: „Ich hoffe, du darfst jetzt gerade all die Dinge fressen, die du so liebst."

Jodi schloss die Augen und ließ ihrer Vorstellungskraft freien Lauf. Sie stellte sich vor, wie Solomon im Himmel so viele Karotten und Äpfel, so viele Haferflocken und so viele Leckerlis mit Pfefferminzgeschmack bekam, wie er sich nur wünschen konnte, und dann in vollem Galopp auf eine saftig grüne Wiese rannte. Als dann ein kleines Mädchen mit blonden Zöpfen und braunen Cowboystiefeln auf seinem Rücken auftauchte, griff Jodi sich an die Brust. *Hope!* Jodi wünschte sich, dieses wundervolle Bild würde sich für immer in ihrem Kopf einbrennen.

Sie lud alle Schüsseln in die Schubkarre und beschloss, Mercy heute als Erstes zu füttern. Immerhin, so sagte sie sich, lag der Round-Pen ja näher am Schuppen als die Weide.

„Hi Mercy", rief sie. „Hast du Hunger?"

Das dunkle, rötlich braune Pferd sah zu Jodi und drehte dann den Kopf weg.

„Ich lasse deine Schüssel einfach hier. Nimm dir, wenn du so weit bist."

Sie schob die schwarze Schüssel aus Gummi unter dem Zaun des Round-Pens hindurch. „Ich kann dich verstehen, weißt du", sagte sie leise. „Ich bin für vieles auch noch nicht bereit. Ich bin definitiv noch nicht bereit, gleich dort rüberzugehen." Ein Geräusch von etwas, das gegen ein Metallgatter schlug, ließ sowohl Jodi als auch Mercy den Kopf in Richtung Weide drehen. „Aber ich nehme mal an, Bubba Jack sagt mir gerade, dass es Zeit fürs Abendessen ist, egal ob ich dafür bereit bin oder nicht."

Mercy machte ein paar Schritte auf ihre Schüssel zu.

„Da gebe ich dir recht, mein Mädchen", sagte Jodi und packte die Griffe der Schubkarre. „Wir schaffen das."

Sie schob die Schubkarre langsam vorwärts. Sie schien mit

jedem Schritt schwerer zu werden. Sie zwang sich, den Kopf zu heben und Richtung Herde zu sehen – die bereits in Reih und Glied auf ihre Mahlzeit wartete. Vorn stand Victory, an genau der Stelle, an der er immer gestanden hatte, bevor sich Solomon als fähigerer Anführer erwies. Und Jodi wusste, dass er diese Position bis zu seinem Tod behalten würde – oder bis ein jüngeres Pferd sich als ebenso würdig erweisen würde wie Solomon. Sie straffte die Schultern und atmete tief ein, bevor sie Victorys Schüssel vor dessen Nase stellte.

„Da hast du dein Futter, mein Großer", sagte sie und kraulte ihn am Hals, als er ihn senkte.

Sie ging die Reihe entlang und gab jedem Pferd seine jeweilige Schüssel und eine liebevolle Berührung. Dann ging sie mit der leeren Schubkarre zurück, um Heu zu holen. Sie lief denselben Weg wieder zurück, verteilte das Heu auf Raufen und Netze und sammelte die Schüsseln wieder ein. Doch als sie Bubba Jacks Schüssel holen ging – die er aus unerfindlichen Gründen stets über die ganze Weide schleppte –, tauchte ein verstörendes Bild vor ihrem inneren Auge auf. Als sie sich an das Bild von Solomons totem Körper mitten auf der Weide erinnerte, verwandelte sich dieses plötzlich in das Bild ihrer toten kleinen Tochter in ihren Armen.

Diese Bilder trafen sie wie zwei linke Haken. Sie schlang ihre Arme um sich. „Nein!", befahl sie sich selbst. „NEIN!" Sie drückte ihre Augen zu, so fest sie konnte. Dann zählte sie bis zehn. Konzentrierte sich auf ihre Atmung. *Einatmen durch die Nase. Atem anhalten. Ausatmen durch den Mund.*

Das Schnauben eines Pferdes hinter ihr ließ sie sich umdrehen. Es war Lady. Das schwarz-weiße Pferd mit dem entzückend frechen Temperament zauberte normalerweise stets ein Lächeln auf Jodis Gesicht. Doch heute betonte Ladys

Anwesenheit nur Solomons Abwesenheit. Eine unbändige Wut stieg in Jodi hoch. Ihre Hände begannen zu zittern, und ihre Eingeweide zogen sich zusammen. Sie spürte einen Druck auf der Lunge. Sie rannte zurück zum Gatter, während all die Träume und Pläne, die sie für Hope und Solomon gehabt hatte, sie auszulachen schienen.

Sie rannte von der Weide herunter, an der Anbindestelle vorbei, an der Solomon sich damals so furchtbar erschreckt hatte, und hielt gerade auf den Futterschuppen zu, als sie ein heftiges Seitenstechen zwang, stehen zu bleiben. Sie beugte sich in der Taille und rieb die verkrampfte Stelle, während ihre Tränen zu Boden fielen. Sie japste nach Luft, während Trauer, Verlust und Angst sie scheinbar zu ersticken drohten. *Es ist zu viel*, schrie ihr Herz. *Ich kann das nicht mehr ...*

Gib es ab!

Wie schon in der Nacht zuvor war auch dieses Wort mehr ein Gefühl als ein Ton. Und wie schon in der Nacht zuvor reagierte sie skeptisch.

„Abgeben? Ich dachte, ich sollte kämpfen? Kämpfen *und* abgeben? Das ergibt doch überhaupt keinen Sinn!“, schrie sie weinend.

Wäre jemand vorbeigelaufen, hätte er sie sicherlich für übergeschnappt gehalten. Es war ihr egal.

„Gott, ich kann das nicht schon wieder tun! Ich brauche deine Hilfe. Wenn du da bist, dann hilf mir bitte!“

Kaum hatten die Worte ihren Mund verlassen, legte sich der Sturm in ihrem Inneren. Die plötzliche Ruhe in ihrer Seele war so überwältigend, dass sie nach Luft schnappte. Sie wusste, dass dieses Gefühl – diese unerklärliche und unerwartete Ruhe – nur von Gott kommen konnte. Der Urheber allen Friedens flüsterte zu ihrer Seele. Sie konnte zwar nicht verstehen, was er sagte, doch sie hatte über die Jahre schon genug Zeit mit ihm verbracht, um zu wissen, dass sie ihm vertrauen konnte.

„Herr, ich *habe* doch alles abgegeben! Ich habe mich ergeben!", protestierte sie. Sie streckte ihren Rücken und stellte fest, dass der Krampf nachgelassen hatte. Sie richtete sich zu voller Größe auf und ließ ihrem Frust freien Lauf. „Ich habe dir meine Maske abgegeben. Ich habe aufgehört, mich vor den Leuten zu verstellen. Und jetzt verstelle ich mich auch nicht, sondern diskutiere mitten auf einer Ranch mit einem Gott, den ich nicht sehen kann! Was soll ich denn noch abgeben? Hast du mir nicht genug genommen?"

Gib es ab, mein Kind. Leg es nieder!

Jodis Knie versagten. Sie fiel auf ihnen ins Gras. „Das habe ich doch schon getan, Herr", schluchzte sie. „Ich habe meine Maske abgegeben. Ich habe meine Pläne, meine Träume vor dir niedergelegt. Aber es tut immer noch so weh." Sie sah hoch zu einem wolkenlosen Himmel. „Gott, wenn das wirklich deine Stimme ist, die ich da höre, und nicht irgendeine Halluzination durch die Trauer, dann hilf mir zu verstehen, was du von mir willst. Ich verstehe es nicht."

Langsam stand sie wieder auf. Sie fühlte sich ausgelaugt und leer und wünschte sich nichts mehr als ein heißes Bad und Schokolade. Doch dann fielen ihr wieder die leeren Schüsseln und die Schubkarre ein. Als sie so zwischen dem Anbindebalken und dem Schuppen stand und versuchte, die Willenskraft aufzubringen, sie zu holen, spürte sie plötzlich, dass jemand sie ansah. Sie sah nach links. Zwei mandelförmige Augen taxierten sie.

Sie ging auf Mercy zu. Ihr ging das Herz über vor Mitgefühl mit der Stute, die so einsam wirkte. Als sie noch etwa anderthalb Meter vom Round-Pen entfernt war, drehte Mercy sich um und verschwand auf die gegenüberliegende Seite. Sie stand parallel zum Zaun, die Ohren aufgestellt und die Muskeln angespannt.

„Du hast schon so viel mitgemacht, und jetzt auch noch das. Es tut mir so leid. Du bist jetzt sicher."

Sie wollte Mercy beweisen, dass sie es ernst meinte. Also öffnete sie vorsichtig das Tor und betrat den runden Sandplatz. Mercy hob den Kopf und folgte jeder von Jodis Bewegungen mit weit aufgerissenen Augen. Doch Jodi ging nicht auf sie zu, sondern entfernte sich in langsamen, bedächtigen Schritten von Mercy, wobei sie dem Pony den Rücken zudrehte. Sie atmete tief ein und laut aus. Sich selbst dabei zuzuhören, ließ sie traurig lächeln – sie erinnerte sich an all die Atemzüge, die sie gemeinsam mit Solomon getan hatte. Sie konnte nur hoffen, dass sich Mercy hier eines Tages ebenso sicher fühlen würde wie Solomon. Jodi zwang sich, sich zu entspannen. Sie wollte Mercy durch ihre Körperhaltung klar machen, dass sie nichts von ihr erwartete. Sie wollte einfach nur bei ihr sein. Ihr zur Seite stehen, während sie heil wurde und wieder lernte zu vertrauen. Während sie ihren Schmerz abgab.

Gib deinen Schmerz ab!

Jodis letzter Atemzug blieb ihr im Hals stecken, als die Erkenntnis sie mit voller Wucht traf. Die Maske habe ich abgegeben. Die Zukunft, die ich zu haben glaubte, habe ich abgegeben. Aber den Schmerz habe ich festgehalten, stimmt's? Ich habe ihn bewahrt, als wäre er die einzige Verbindung, die ich zu Hope habe.

„Gott, ist das wahr?", flüsterte sie in dem klaren Bewusstsein, dass es genau das war. Den Schmerz über Hopes Tod loszulassen, war, als müsste sie ihr Mädchen ein zweites Mal gehen lassen. Und doch war da eine Entschlossenheit in ihr – als würde eine Welle der Wahrheit über ihr Herz schwappen. Einer Wahrheit, die sie laut aussprechen musste.

„Meine Trauer ist nicht das, was mich mit Hope verbindet. Gott, du bist es. Ich glaube, dass sie jetzt gerade bei dir ist. Und dass du gerade bei mir bist." Plötzlich musste sie breit lächeln. „Oh, Vater ... hilf mir abzugeben, was ich nicht tragen soll, sodass ich tragen kann, was ich tragen soll. Hilf mir, die Finsternis zu bekämpfen, indem ich mich deinem Licht hingebe."

Sie wusste, dass diese Worte die Macht hatten, ihr ausgelaugtes Herz zu heilen. Sie betete weiter, dankte Gott für seine unermessliche Liebe und dafür, dass er ihr sogar inmitten von Pferdedung begegnete. Als sie aufstand, atmete sie wieder ruhig, in einem Frieden, wie nur er ihn geben konnte. Dann spürte sie, wie etwas gegen ihre Schulter stieß.

Mercy.

Jodi konnte es nicht fassen. Doch sie reagierte nicht.

„Nun, hallo, Mercy!"

Sie wünschte sich nichts mehr, als dem Pferd um den Hals zu fallen und das zu feiern, was ein großer Durchbruch für sie beide zu sein schien, doch sie hielt sich zurück. Stumm bat sie, dass Mercy sich ergeben möge. *Gib deinen Schmerz ab, meine Süße! Wir müssen ihn beide nicht mehr mit uns herumtragen.* Jodis Herz fühlte sich leicht und frei an, selbst als sie einen Krampf in den Beinen bekam. Sie würde hier so lange stehen bleiben, bis Mercy verstand, dass ihr nichts Böses drohte.

Kurz darauf fühlte sie eine samtweiche Schnauze auf der Schulter. Mercy schnaubte laut. Als würde sie nach langem Kampf ihren Widerstand ausatmen. Es war wunderschön. Jodi griff hinter ihren Kopf und streichelte Mercy sanft an

Hals und Kinn. Wieder atmete Mercy aus. Dann wurde ihr Kinn auf Jodis Schulter schwer.

„Da hast du es, mein Schatz."

Jodi sprach die Worte laut aus, die Gott in ihre Seele flüsterte. So standen sie und das Pferd einige Minuten beieinander. Hielten sich aneinander fest, während sie ihren Schmerz losließen. Doch Jodi war bewusst, dass sie, auch wenn sie den Schmerz jetzt ablegte, hin und wieder versuchen würde, ihn wieder aufzusammeln. Ebenso klar war ihr, dass Mercy zwar gerade einen großen Durchbruch geschafft hatte, aber hin und wieder noch in ihre alten Angstmuster zurückfallen würde. Sie schwor sich, Mercy dabei zu helfen, Vertrauen in sich und andere zu entwickeln. Gleichzeitig spürte sie, wie Gott sie einlud, mehr Vertrauen in ihn zu entwickeln.

„Herr, ich vertraue dir", sagte sie laut. „Hilf mir, dir mehr zu vertrauen."

Sehr zu ihrer Überraschung begann Mercy, mit den Lippen an ihrem Kragen herumzuwühlen und dabei den Stoff anzuknabbern. Jodi kicherte leise und drehte der Stute ihr Gesicht zu. Sie war sich sicher, dass Mercy weglaufen würde. Doch überraschenderweise tat sie das nicht.

„Tut mir leid, mein Mädchen, ich habe keine Leckerlis dabei. Aber morgen bringe ich dir welche mit, versprochen."

Mercys geschmeidige Lippen wanderten zu Jodis Haarspitzen. Dicke Tasthaare kitzelten sie am Hals. Sie konnte über die Verwandlung, die da vor ihr stattfand, nur staunen: Dasselbe Pferd, das sie zuvor so gemieden hatte, buhlte nun um ihre Aufmerksamkeit. Vorsichtig bewegte Jodi ihre Hand zu Mercys Kopf. Das Pony zuckte weder zusammen noch drehte es sich weg – also fuhr Jodi mit einem Finger sanft die feine weiße Linie an Mercys Schnauze nach.

21

„Ich vermisse Solomon“, sagte Shawn eine Woche nach dem Tod des Tieres zu Jodi. „Ich will, dass er wieder zurückkommt.“

„Ach, Shawn, das will ich auch“, versicherte Jodi ihm. Sie hätte dem Jungen so gern seinen Schmerz genommen, doch aus Erfahrung wusste sie, dass der Heilungsweg unweigerlich durch das Tal des Schmerzes und des Verlustes führen musste. Sie hielt einen kleinen flachen Stein hoch. „Würdest du gern etwas für Solomon machen?“

Sie lenkte Shawns Aufmerksamkeit auf die Kunst-Stationen, die sie und mehrere HopeWell-Freiwillige früh am Morgen aufgebaut hatten. Nachdem sie unzählige Nachrichten von Menschen bekommen hatten, die sie unterstützen wollten oder selbst um Solomon trauerten, hatten sie beschlossen, eine Feier zu seinen Ehren zu veranstalten. Sie hatten überall auf der Ranch Tische aufgestellt, die den Leuten die Gelegenheit geben sollten, Solomon zu gedenken oder einfach ihre Trauer mit etwas Handfestem zu verarbeiten. So gab es zum Beispiel einen Tisch, auf dem Papier, Holzstifte, Filzstifte, Marker und Malfarbe verteilt waren; ein anderer bot Fotos von Solomon, leere Sammelalben, Sticker und Material zum Dekorieren; und auf einem dritten gab es flache Steine, Malstifte, Acrylfarben und Pinsel. Jodi hoffte, dass die vielen unterschiedlichen Materialien denen helfen würden, die ihre Trauer mit ihren Händen verarbeiten wollten. Für diejenigen, die lieber darüber sprechen wollten, standen Jodi, Linda, Tania und Amanda zum Zuhören bereit. Die Besucher waren eingeladen, sich zu den Hasen zu setzen, bei den Ziegen vorbeizuschauen und Zeit mit einigen Pferden zu verbringen, die ihre Freiwilligen von der Weide geholt und auf die verschiedenen Anbindestellen verteilt hatten. Das Wetter spielte mit, und obwohl sie zum Trauern zusammengekommen waren, schienen doch alle den Tag zu genießen.

„Kann ich auch zwei Steine anmalen?“, fragte Shawn. „Ich würde Solomon gern einen geben und den anderen für mich behalten.“

„Ich finde, das ist eine tolle Idee, Shawn.“

Jodis Augen wanderten durch die Menge. Ein paar kleinere Kinder rannten beim Hasenstall herum. Alle Kunststationen waren gut besucht. Linda sprach gerade mit Shontell und zwei anderen Mädchen. Tania machte eine Gruppe Kinder mit Opie bekannt. Und Amanda sprach mit einigen Eltern von Kindern, die gerade auf HopeWell betreut wurden. Jodi drehte den Kopf, um nach der Herde zu sehen; dabei landete ihr Blick automatisch zuerst in der Mitte der Weide, wo sie Solomon gefunden hatten. Ob sie dieses Bild je würde loswerden können?

Als sie dann die restliche Weide begutachtete, fiel ihr auf, dass Mercy am Zaun auf und ab rannte. Der jungen Stute war all die Geschäftigkeit, die heute auf der Ranch herrschte, eindeutig zu viel. Jodi gelang es, Lindas Aufmerksamkeit auf sich zu lenken. Sie deutete erst auf sich, dann auf die Weide und hob fünf Finger hoch. Sie und Linda hatten lange genug zusammengearbeitet, um einander wortlos zu verstehen – und so war der Älteren sofort klar, dass Jodi für fünf Minuten nach Mercy sehen wollte.

So dankbar Jodi auch für all die Menschen war, die heute hergekommen waren, um Solomons Leben zu feiern – und so schön sie es auch fand, das Leben des Pferdes in so besonderer Weise ehren zu können –, so war sie doch dankbar für die paar Minuten, die sie nun für sich selbst hatte. Sie hieß die Stille willkommen und ließ sich davon füllen. Sie würde die Energie für den restlichen Nachmittag brauchen. Kaum hatte Mercy sie entdeckt, rannte sie auf sie zu. Es war kaum zu glauben, dass ebendieses Pony noch vor einer Woche vor ihr *weggelaufen* war. Mercys Begeisterung wärmte Jodi das Herz, auch wenn ihr durchaus bewusst war, dass diese wohl zum größten Teil den Leckerlis in ihrer Tasche geschuldet war – und nicht ihr selbst.

„Hi, meine Süße", rief Jodi ihr zu, als sie sich dem Zaun näherte. „Du bis wohl etwas nervös, was?"

Mercy ließ ihren Kopf über den Zaun hängen und kam Jodi dabei nah genug, um sich eine Belohnung abzuholen. Ihre Lippen öffneten sich und bewegten sich in sämtliche Richtungen. Jodi musste kichern, als Mercy ihre Oberlippe über den großen beigefarbenen Würfel in ihrer Hand stülpte. Die kleine Stute kaute ihre Beute so schnell wie möglich, dann wanderte ihr Kopf wieder über den Zaun auf der Suche nach mehr.

„Freu dich nicht zu früh – ich habe nur noch eins!"

Vergnügtes Kindergelächter schallte aus dem Inneren der Ranch zu ihr herüber. Jodi schloss die Augen und betete – für Shawn, für Mercy und für alle anderen auf HopeWell. Als sie Gott noch einmal für all das dankte, was er in den vergangenen fünf Jahren durch Solomon hier gewirkt hatte, ließ ein plötzliches lautes Geräusch sie zusammenfahren. Mercy wieherte ängstlich. Jemand war wohl über einen der Klappstühle gestolpert. Sie richtete ihre Aufmerksamkeit wieder auf die verunsicherte Stute.

„Es dauert nicht mehr lange“, redete sie beruhigend auf das Tier ein. „Ich verspreche dir, es wird bald wieder leiser.“ Sie bückte sich, um ein Büschel Gras abzureißen, und bot es Mercy an.

„Ein bisschen Stressessen hier und da hat Solomon auch immer geholfen, sich zu beruhigen.“

Sie nahm sich Zeit für den Rückweg zur Abschiedsfeier. Doch als sie sich dem Pavillon näherte, entdeckte sie ein Gesicht, dass sie Tempo aufnehmen ließ.

„Michael!“, rief sie und winkte dem Jungen zu. „Ich bin ja so froh, dass du heute gekommen bist!“

„Hi, Ms. Jodi!“, rief er und schlang seine Arme um ihre Taille. „Es tut mir so leid, das mit Solomon. Er war ein tolles Pferd.“

„Danke, Michael. Und ich weiß mit absoluter Sicherheit, dass Solomon fand, dass du ein richtig toller Junge bist.“

„Mein Dad hat gesagt, dass ihn ein wildes Tier angegriffen hat. Stimmt das?“

Jodi zögerte kurz. Eigentlich wollte sie die Details instinktiv vor den Kindern verbergen. Sie sollten mit solchen hässlichen Dingen nichts zu tun haben müssen. Doch ihr war auch klar, dass die meisten Kinder, mit denen sie auf HopeWell arbeiteten, viel schlimmere Dinge erlebt hatten als den Tod eines Tieres. Viele hatten sogar mehr Schmerz und Verlust erlebt als die meisten Erwachsenen, die Jodi kannte. Als Jodi in Michaels vertrauensvolle Augen sah, wurde ihr klar, dass jeder Versuch, die Wahrheit zu verbergen oder seiner Frage auszuweichen, nur dazu führen würde, dass er mit seinen Fragen im Dunkeln blieb – wo die Angst lange Schatten warf. Sie erinnerte sich selbst daran, dass Michael – so wie jeder andere auch – vor allem eines brauchte: einen sicheren Ort, an dem er über die schlimmen Dinge reden konnte, die ihn beschäftigten, und das Wissen, dass er Gott einladen konnte, sein Licht auf all die Dunkelheit scheinen zu lassen.

Sie legte ihm eine Hand auf die Schulter. „Wir glauben, dass ein wilder Hund auf die Weide gekommen ist und versucht hat, Solomon und die anderen Pferde zu verletzen."

„Ich wette, Solomon hatte große Angst."

„Die hatte er bestimmt", antwortete Jodi, wobei diese Tatsache ihr nach wie vor die Kehle zuschnürte. „Wir glauben sogar, dass er so große Angst bekam, dass er durch den Zaun rannte und lange Zeit galoppiert ist."

„Glaubst du, er hat das fiese Tier verjagt?"

Jodi schüttelte leicht den Kopf. „Das kann ich mir nicht vorstellen. Normalerweise fliehen Pferde vor Gefahr – ganz besonders vor anderen Tieren, die ihnen vielleicht wehtun wollen. Aber was glaubst du, wie es einem wilden Hund wohl geht, wenn ein Fünfhundert-Kilo-Pferd in vollem Tempo rennt?"

Michael machte große Augen. „Der Hund hatte bestimmt eine Heidenangst! Ich wette, er ist weggelaufen wie ein Angsthase."

„Da hast du wahrscheinlich recht, Michael", gab Jodi zurück. „Ich glaube sogar, dass Solomon den Hund so erschreckt hat, dass er nie mehr wiederkommen wird." Michael nickte in eifriger Zustimmung.

Da sie Michael noch etwas mehr erklären wollte, fuhr Jodi fort: „Nachdem Solomon so schnell gerannt war, wie er konnte, hatten seine Lunge und sein Herz Schwierigkeiten, richtig zu arbeiten. Seine Lunge war schon eine Weile krank. Wir glauben, dass er sehr müde war und zurück auf die Weide kam, um sich auszuruhen. Als er dann wieder hier war – und sichergestellt hatte, dass seine Freunde sicher waren –, waren seine Lunge und sein Herz wohl so krank, dass sie einfach aufhörten zu arbeiten und er starb."

Sie machte eine Pause, um Michael Zeit zu geben, alles zu verarbeiten. Seine meerblauen Augen blickten in die ihren, als würde er nach etwas suchen.

„Solomon war sehr tapfer", erklärte der Junge.

„Er war tatsächlich tapfer", stimmte Jodi ihm zu.

Da drehte sich Michael abrupt um und rief: „Hey, Dad!"

Michaels Dad ist hier? Jodi war davon ausgegangen, dass er entweder mit seiner Mutter gekommen war oder sein Vater im Auto auf ihn warten würde. „Dad!", rief Michael wieder. „Solomon war tapfer – so wie du! Er ist zurückgekommen, um seine Freunde zu beschützen. So wie du es gemacht hast!"

Der Junge zog seinen Vater am Arm zu Jodi. „Das ist Ms. Jodi, weißt du noch? Sie hat mir beigebracht, auf Solomon zu reiten."

Chad löste seinen Arm sanft aus Michaels Klammergriff und reichte Jodi die Hand.

„Es ist schön, Sie wiederzusehen, Jodi. Mikey wollte heute unbedingt herkommen."

„Daaaaaaad!", jammerte Michael.

„Tut mir leid, Kumpel. Ich meine natürlich, *Michael* wollte heute unbedingt herkommen", verbesserte sich Chad mit einem Augenzwinkern. „Ich kann mich einfach nicht daran gewöhnen, dass du jetzt heißt wie ein ganz Großer."

Jodi kicherte. „Es ist auch schön, Sie wiederzusehen. Ich freue mich so, dass Sie beide hier sind."

Sie hätte Chad so gerne für seinen Einsatz als Soldat gedankt, doch alle Formulierungen, die ihr einfielen, klangen einfach zu banal. *Wie soll man denn jemandem danken, der sein Leben dem Schutz anderer widmet?*

„Ms. Jodi, kann ich einen Stein anmalen gehen?“, fragte Michael.

„Na klar doch, Michael.“

„Denk dran, den Anweisungen zu folgen und dich zu benehmen, Michael.“

„Ja, Sir.“

„Sie haben da ein tolles Kind“, sagte Jodi, als sie sich wieder an Chad wandte.

„Danke. Er ist wirklich ziemlich fantastisch.“ Er starrte auf den Boden. „Hey, ähm ... danke, dass Sie für meinen Jungen da waren. Ich kann mir vorstellen, dass er Ihnen davon erzählt, wie ... also, die letzten Monate waren ziemlich hart.“ Er räusperte sich. „Jedenfalls wollte ich Ihnen nur ... Sie wissen schon, einfach danken dafür, dass Sie Mikey einen Ort geboten haben, an dem er ein normales Kind sein konnte.“

Dann hob er die Augen und sah Jodi an. „Und, nun ja, es tut mir wirklich leid um Ihr Pferd. Das ist wirklich schlimm.“

Jodi spürte, dass ihm sein Eingeständnis nicht leichtgefallen war. Umso mehr empfand sie seine Worte als wertvolles Geschenk.

„Danke, Chad.“ Sie hoffte inständig, dass er in ihren Augen sehen konnte, wie ernst sie es meinte. „Und ich danke Ihnen vielmals für Ihren Dienst.“

„Oh ja ... nichts zu danken“, antwortete Chad und schob seine Hände in die Hosentaschen.

Chad machte einen Schritt zurück. Seine Augen suchten die Umgebung ab. Sofort überkam Jodi Reue – und Verwirrung. Habe ich etwas Falsches gesagt? Hätte ich ihm vielleicht besser nicht danken sollen? Wieso habe ich überhaupt irgendetwas gesagt? Jodi wollte den offenbar angerichteten Schaden – welcher Art er auch immer sein mochte – unbedingt wiedergutmachen und redete drauflos.

„Also ... nun, heute gibt es hier ganz viele verschiedene Aktivitäten. Also, Möglichkeiten, wie die Leute sich gemeinsam an Solomon erinnern können. Oder sich verabschieden können. Oder ihm danken können für ...“ *Mist, musste ich denn wirklich wieder vom Danken anfangen?* Jodi ärgerte sich kurz über sich selbst, redete dann aber rasch weiter. „Man kann den Hasenstall besuchen. Hasen können einem wirklich helfen, innerlich ruhig zu werden. Oh, und dort drüben sind unsere Ziegen.“ Jodi zeigte in Richtung Ziegengehege, redete dabei jedoch weiter wie ein Wasserfall. „Wir sind so dankbar für das tolle Wetter. Und unsere Pferde auch. Sie lieben dieses Wetter – und die zusätzliche Aufmerksamkeit, die sie heute bekommen. Na ja, außer vielleicht unsere neuestes Pferd, das kann sein. Die ist nicht so zufrieden mit dieser Veranstaltung heute.“ Ihr Blick streifte seinen. Sie wollte auf keinen Fall den Eindruck erwecken, dass sie nicht dankbar für jeden wäre, der heute hergekommen war. „Ich meine, wir sind *natürlich* froh, dass so viele hier sind. So dankbar, dass alle gekommen sind, um Solomon zu würdigen. Ist doch ein toller Tag heute, oder?“

Herr im Himmel! Jodi machte eine Pause, um Luft zu holen – und Gott zu bitten, dass sich der Boden unter ihr auftun und sie verschlingen möge. Viel peinlicher hätte es ja wohl nicht werden können! Wetter? Habe ich gerade wirklich über das Wetter gesprochen?

„Warum ist das neue Pferd denn nicht glücklich?“, unterbrach Chad Jodis Gedankenstrudel.

„Nun, die Kleine wurde vor Kurzem aus sehr schlimmen Umständen gerettet und trägt viele Narben mit sich herum – die meisten davon unsichtbar. Und gerade die gehen ziemlich tief. Außerdem hatten wir bisher noch keine Gelegenheit, sie an die lauten Geräusche zu gewöhnen, die eine solche Veranstaltung auf der Ranch mit sich bringt, daher ist das alles sehr stressig für sie."

Jodi hielt inne, als ein Bild von Solomon vor ihrem inneren Auge vorbeizog. „Solomon hatte tatsächlich eine sehr beruhigende Wirkung auf sie. Ich glaube, er hatte sich selbst zu ihrem Beschützer erklärt." Sie räusperte sich. „Wahrscheinlich ist es für sie besonders schlimm, diesen Tag ohne ihn durchstehen zu müssen."

Chads Aufmerksamkeit wanderte zur Weide.

„Welches Pferd ist denn die Neue?", fragte er.

Jodi deutete auf die kleine Stute mit dem Fell in dunklem Rotbraun und der weißen Blesse, die ganz allein auf der gegenüberliegenden Seite der Weide stand. Chad nickte und wippte auf den Fußballen, während er zu Michael hinübersah, der gerade an einem der Tische einen Stein bemalte. Dann sah er in Richtung Parkplatz. Irgendwie erinnerte er Jodi dabei ein wenig an ein scheues Pferd. In dem Versuch, ihm einen Ausweg zu bieten, bot Jodi ihm eine spontane Besichtigung der Ranch an.

„Natürlich nur, wenn Sie die Zeit haben", fügte sie rasch hinzu. Sie wollte ihn nicht bedrängen.

„Ms. Jodi!" Shontell rannte auf Jodi zu. „Ich vermisse Solomon so sehr. Ich bin so traurig, weil er tot ist!"

Jodi nahm das kleine Mädchen in den Arm. „Das bin ich auch, Schätzchen. Er war ein wirklich gutes Pferd. Und du warst ihm eine gute Freundin. Danke, dass du ihn so sehr lieb gehabt hast."

Shontell drückte Jodi fest. „Er war mir auch ein guter Freund. Und es war so leicht, ihn lieb zu haben! Kommst du mit mir mit zu seinem Grab? Ich will meinen Stein dort hinlegen."

„Natürlich komme ich mit. Lass mich nur kurz ..."

Sie drehte sich um, um Chad zu fragen, ob sie ihre Besichtigung in fünfzehn Minuten machen könnten, doch er war nicht mehr da. Ob sie wohl je eine zweite Chance bekommen würde, mit ihm zu sprechen? Da sie davon ausging, dass er zum Auto zurückgegangen war, nahm sie sich vor, Michael später dorthin zu begleiten, wenn er fertig war.

Zwanzig Minuten nachdem Shontell ihren Stein auf Solomons Grab abgelegt hatte – er war himmelblau bemalt, und in die Mitte hatte sie in rotbrauner Farbe das Kürzel BFF *(„best friends forever" = beste Freunde für immer)* geschrieben –, ging Jodi zurück zum Pavillon. Richard, Jessica und deren Freund James waren angekommen. Jodi umarmte sie und dankte ihnen dafür, dass sie da waren. Viele ehemalige und aktive Freiwillige sprachen ihr Mitgefühl aus und erzählten von ihren Erinnerungen an Solomon. Dr. Pol, seine Frau Diane und sogar sein Sohn Charles waren zusammen mit Dr. Brenda und einigen Mitgliedern der Filmcrew von ihrer Fernsehshow gekommen. Sie boten allesamt ihre Hilfe an. Jodi war tief berührt von der Liebe, die HopeWell heute aus sämtlichen Richtungen zu überfluten schien, und zum ersten Mal in dieser Woche fühlte sie sich wirklich glücklich.

„Danke euch allen, dass ihr heute gekommen seid", sagte Jodi zu der kleinen Gruppe, die sich am Pavillon zusammengefunden hatte. „Und nicht nur heute, sondern jeden Tag – an den guten und den schwierigeren Tagen. Euch allen ist es zu verdanken, dass auf dieser Ranch eine echte Gemeinschaft entstanden ist. Dank euch ist HopeWell eine Familie, die zusammen feiern und zusammen trauern kann."

Ihrer spontanen kleinen Rede folgte zustimmendes Kopfnicken. Es gab Umarmungen und die ein oder andere Träne. Als die Gruppe sich aufzulösen begann, zupfte Michael von hinten an Jodis Shirt.

„Wissen Sie, wo mein Dad ist? Ich möchte ihm gern den Stein zeigen, den ich für Solomon gemacht habe. Aber ich kann ihn nicht finden."

Jodi musste schwer schlucken, als sie das Wort *Held* las, das Michael in roten Buchstaben auf blau-weißen Grund geschrieben hatte. Sie legte einen Arm um den Jungen und musterte die Menge. Da sie Chad nicht ausfindig machen konnte, ging sie mit Michael Richtung Parkplatz. Doch als Michael begriff, wohin Jodi wollte, blieb er stehen.

„Da habe ich schon nachgeschaut. Er ist nicht im Auto."

Nun begann Jodi, sich Sorgen zu machen. *Wo konnte Chad hingegangen sein? Er würde seinen Sohn doch nicht verlassen, oder?* Sie entdeckte Ty in der Nähe des Büros und ging mit Michael in seine Richtung. Doch dann sah sie im Augenwinkel eine Bewegung auf der Weide, die sie innehalten ließ. Kam der wilde Hund etwa zurück? Dann blieb sie wie angewurzelt stehen. Ihr Griff um Michaels Schulter verstärkte sich. Der Junge sah erst zu Jodi und dann zur Weide.

„Ach, da ist er ja!", sagte er und rannte sofort unbekümmert los.

Ihr war, als hätte sie einen Schlag in die Magengegend bekommen. Als sie wieder normal atmen konnte, sah sie deutlich, worauf die Angst ihr gerade noch den Blick verzerrt hatte: Chad stand Mercy gegenüber.

„Dad, schau mal, ich habe einen Stein für Solomon bemalt!", sagte Michael gerade, als Jodi zu ihnen stieß.

„Der ist wirklich schön geworden, Mikey."

Michael grinste von einem Ohr zum anderen. „Ich wollte ihn eigentlich an Solomons Grabstelle legen, aber ..." Er warf Jodi einen hoffnungsvollen Blick zu. „... jetzt will ich ihn doch lieber behalten. Ist das okay?"

„Na klar. Ich finde sogar, das ist eine tolle Idee."

„Was ist das hier denn für ein Pferd?", fragte Michael und zeigte auf das Pony, das ihnen gegenüberstand.

Während sie antwortete, sah Jodi unverwandt zu Chad. „Das ist Mercy. Sie ist unser neuestes Pferd – also, genau genommen ist sie ein Pony. Und heute hatte sie etwas Angst."

Sie machte eine Pause und ließ den Jungen das Tier begutachten. „Aber was für einen Eindruck macht sie denn jetzt auf dich, Michael?"

Michael sah Mercy genau an. Er lehnte sich leicht nach vorn und schürzte hochkonzentriert die Lippen. „Sie sieht ziemlich glücklich aus, glaube ich. Ihr Fuß ist eingeknickt. Die Ohren stehen auf, und sie hält den Kopf gesenkt. Das bedeutet doch, dass sie glücklich ist, oder?"

„Ja, genau das bedeutet es, Michael. Mercy sieht gerade glücklich und zufrieden aus. Ich bin wirklich froh, dass dein Dad ein bisschen bei ihr geblieben ist, während wir uns von Solomon verabschiedet haben. Ich glaube, er hat Mercy geholfen, sich sicher zu fühlen."

Michael klopfte seinem Vater auf den Rücken. „Gut gemacht, Dad!"

„Sie musste wahrscheinlich nur wissen, dass sie hier draußen nicht allein ist, mehr nicht", erwiderte Chad. Er zauste Michael durch die Haare. „Manchmal ist das alles, was man wissen muss."

22

„Ich kann gar nicht glauben, was in nur drei Monaten aus diesem Garten geworden ist", sagte Amanda, als sie HopeGarden betrat. „Ist das wunderschön hier!"

Jodi beschirmte ihre Augen mit der Hand gegen die Sonne, als sie Amanda begrüßte. Sie erhob sich von ihrem Sitzplatz im Dreck und ließ den Garten, um den sie sich nun schon den ganzen Sommer kümmerte, auf sich wirken. Glänzende dunkelgrüne Schneeball-Büsche, gelbgrüner Knopfbusch und blaugrüne Heidelbeersträucher verliehen dem rechteckigen Stück Land Tiefe und Fülle. Schwarzäugiger Sonnenhut, purpurfarbene Seidenblumen und weiß-gelbe Gänseblümchen sorgten für fröhliche Farbtupfer. Es würde dauern, bis der Garten auch nur annähernd dem einladenden Paradies gleichkäme, das sie ihm Sinn hatte. Doch wenn sie zurück an den Flecken nackter Erde dachte, zu dem Ty sie einige Monate zuvor geführt hatte, war die Veränderung doch ziemlich spektakulär. Noch wichtiger war für Jodi jedoch, wie sehr sie sich durch den Garten mit Hope verbunden fühlte – und sogar mit Solomon, da sie gerne mit den Pflanzen sprach, während sie sie goss und beschnitt.

„Dieser Garten ist schon so ein Segen", sagte Jodi und klopfte sich den Dreck von der Hose. Dann fiel ihr auf, dass Amanda ein paar Blätter Papier in der Hand hielt. „Aber ich gehe davon aus, dass ich deinen Besuch weniger den Blättern am Boden als den Blättern in deiner Hand zu verdanken habe."

„Schuldig im Sinne der Anklage. Aber ich glaube wirklich, dass die Leute für diesen Gedenkgarten dankbar sein werden.“

Die Idee eines Gedenkgartens hatte Jodi bei ihrem letzten Mitarbeitermeeting zum ersten Mal geäußert. Sie hatte ihn als einen Ort beschrieben, an den andere gehen könnten, um sich an die geliebten Menschen zu erinnern, die sie verloren hatten. Ein sicherer Ort zum Trauern. Und wer wollte, sollte sogar die Möglichkeit haben, dem Garten in Gedenken an seine Verstorbenen etwas hinzuzufügen. Das Team war von der Idee begeistert gewesen, und sie hatten beschlossen, den Garten im nächsten Frühjahr für alle Besucher von HopeWell zu öffnen.

Jodi freute sich darauf, andere dazu einzuladen, dem Garten ihre eigene persönliche Note zu verleihen, doch die Grundlage wollte sie zunächst selbst schaffen. Mit dem Fortschritt, den sie an diesem Morgen gemacht hatte, war sie erst einmal zufrieden, und so stand sie auf und ging im Geiste ihren Terminplan für den heutigen Tag durch. In einer Stunde würde eine Schulgruppe für eine Tour vorbeikommen; am frühen Nachmittag würde eine Gruppe gefährdeter Kinder folgen; danach standen bis zum frühen Abend Therapiesitzungen auf dem Plan. Es war an der Zeit, ihren Spaten und die Heckenschere beiseitezulegen und stattdessen Halfter und Führstrick zu holen.

Einige Stunden später stand Jodi mit Linda in der Reithalle und sah Michael zu, wie er Mercy an der Bande entlangführte.

„Das machst du toll, Mikey!“, rief Chad ihm vom Tor aus zu.

Jodi konnte es immer noch nicht fassen, wie wohl sich Chad inzwischen auf HopeWell zu fühlen schien. Eine Woche nach der Abschiedsfeier für Solomon hatte er seinen Sohn vom Auto zu seiner Sitzung begleitet und ein paar unverfängliche Fragen nach Mercy gestellt. In der darauffolgenden Woche brachte er Mercy eine Karotte mit. Und als er Michael eine weitere Woche später nach HopeWell brachte, fragte Chad, ob er bei Mercy auf der Weide stehen könne, während Michael seine Therapiestunde hatte. Letzte Woche hatte Jodi ihn dann gefragt, ob er vielleicht mit seinem Sohn bei Mercys Ausbildung helfen wollte.

„Ich trainiere jetzt seit ein paar Wochen mit Mercy", hatte sie ihnen erklärt, „und sie macht sich prima. Aber ich glaube, allmählich wird es ihr etwas zu langweilig, immer nur mit mir und Linda ... Wir könnten wirklich Ihre Hilfe gebrauchen."

Nachdem Jodi ihnen den Ablauf der Desensibilisierung erklärt hatte, hatten Vater und Sohn begeistert zugestimmt zu helfen. Und so verbrachten sie alle vier die darauffolgende Stunde damit, Mercy an quietschende Spielzeuge, Plastiktüten und orangefarbene Verkehrshütchen zu gewöhnen. Zunächst hatte Mercy sehr angespannt auf all die neuen Eindrücke reagiert, doch nachdem sie sich an ihre Umgebung und die Menschen um sich herum gewöhnt hatte, entspannte sie sich etwas. Nach der Stunde hatten Chad und Michael gefragt, ob sie denn auch nächste Woche wieder mit Mercy arbeiten könnten.

Nun, da Jodi Vater und Sohn in der Reithalle beobachtete, schien es ihr, dass Chad ebenso von der Zeit zu profitieren schien, die er hier verbrachte, wie sein Sohn und Mercy es taten. Sie überließ Michael Lindas fähigen Händen und schlenderte hinüber zum Tor.

„Er macht das wirklich gut", sagte Jodi und zeigte auf Michael. „Er scheint die natürliche Gabe zu haben, Mercy zu beruhigen."

„Ja, so eine Gabe hat er wohl wirklich", gab Chad zurück. Jodi hörte den Stolz in seiner Stimme. Doch in seinen nächsten Worten schwangen vor allem Reue und Traurigkeiten mit. „Ich nehme an, das liegt daran, dass er so viel Übung darin hat."

„Darüber scheinen Sie nicht allzu glücklich zu sein."

Chad verlagerte sein Gewicht und lehnte sich gegen das Tor. „Ich meine nur ..." Er machte eine kurze Pause, in der er damit zu ringen schien, was er als Nächstes sagen sollte. „Ich finde es einfach schrecklich, dass er den Eindruck hat, er müsste sich besonders anstrengen, damit ich keinen Anfall bekomme."

Während Michaels vorherigen Sitzungen hatte Jodi bemerkt, dass Chad die Symptome seiner posttraumatischen Belastungsstörung als Anfälle bezeichnete – von denen einige deutlicher schlimmer ausfielen als andere. Jodi behielt ein Auge auf Michael und Mercy, während Chad weitersprach.

„Ich meine, es geht mir ja schon deutlich besser. Ich gehe inzwischen sogar zum Psychodoc im Veteranenkrankenhaus. Aber Mikey ... er glaubt immer noch, er müsste in meiner Gegenwart wie auf Eiern gehen. Er ist doch noch ein Kind! Er sollte laut sein und Dummheiten anstellen dürfen, und zwar ohne Angst haben zu müssen, dass sein alter Herr deswegen durchdreht, verstehen Sie?"

Chads Armmuskeln zuckten, während er sprach. Auf seiner Stirn trat eine Vene hervor. Jodi wünschte sich, sie könnte seinen Schmerz und seine Sorgen irgendwie lindern. Doch dann bemerkte sie, wie er Michael beobachtete, und ihr wurde etwas klar: Chad mochte Dinge erlebt haben, die sie niemals treffen würden, doch gleichzeitig war er auch einfach ein Vater, der sich um seinen Sohn sorgte. Und so tat sie, was sie für alle Eltern tat, die nach HopeWell kamen – und was sie selbst von anderen auf der Ranch empfangen hatte. Sie hörte zu. Sie war da. Und sie bot ihm Raum und Zeit, sich auszusprechen oder auch nur still zu sein.

„Michael ist Ihnen sehr wichtig."

„Ja, das stimmt", sagte Chad mit einem traurigen Lächeln. „Er ist ein tolles Kind – so viel besser, als ich es in seinem Alter war. Und er hat schon so viel ausgehalten. Ich finde es jedes Mal so schön, ihn hier draußen zu sehen. Beim ersten Mal war mir, als würde da wieder etwas von dem Jungen durchschimmern, der er vor meinem letzten Einsatz war. Bevor alles anders wurde. Es war, als hätte es die achtzehn Monate davor einfach nicht gegeben."

Er hörte auf zu sprechen und beobachtete, wie Linda und Michael sich in der Mitte der Halle unterhielten. Mercy stand zufrieden und glücklich neben Michael.

„Habe ich Ihnen schon erzählt, was in der Nacht passiert ist, nachdem ich Mercy zum ersten Mal gesehen hatte?", fragte Chad, ohne den Blick von seinem Sohn zu wenden.

„Nein."

„Ich habe geschlafen." Seine Brust bebte vor Lachen. „Ich meine, ich hatte nicht mehr länger als zwei Stunden am Stück geschlafen seit ... na ja, seit Jahren wahrscheinlich. Bei all den Einsätzen und den Alpträumen und der Schlaflosigkeit, nun, sagen wir, da war es mit den empfohlenen acht Stunden Schlaf pro Nacht nicht mehr weit her. Es war wirklich brutal. Aber als ich dann das erste Mal hier war und Sie mir Mercys Geschichte erzählt haben – ich weiß auch nicht, was es war, aber irgendwie habe ich es verstanden, wissen Sie? Also, ich habe *Mercy* verstanden. Mir war, als *wäre* ich sie."

Er hielt die Augen weiter fest auf Michael gerichtet, sprach aber weiter. „Jedenfalls, als ich an jenem Tag dort draußen am Weidezaun stand, habe ich ihr immer wieder gesagt, dass sie jetzt sicher ist. Dass sie jetzt zu Hause ist und es hier gute Menschen gibt, die ihr helfen werden. Und, ich weiß auch nicht ... an diesem Abend lag ich im Bett, und irgendwie hörte ich immer wieder meine eigenen Worte vom Nachmittag. Das klingt jetzt wahrscheinlich verrückt. Aber während ich so meinen eigenen Worten lauschte, wurde ich müde. Und ehe ich mich versah, war die Sonne aufgegangen und ich hatte neun Stunden am Stück geschlafen. Neun Stunden! Meiner Frau war das wohl nicht ganz geheuer, denn sie sagte, sie hätte immer wieder nach mir gesehen, um sicherzustellen, dass ich noch atmete."

Jodi holte tief Luft. „Oh, Chad, ich weiß gar nicht, was ich sagen soll! Gelobt sei Gott. Das ist wundervoll!"

Chad kicherte wieder. „Gott? Mercy? Frische Luft? Vermutlich war es die Mischung aus allen dreien. Ich weiß nicht, was es war, aber irgendetwas ist passiert – vermutlich komme ich deshalb immer wieder her. Ich hatte ganz vergessen, wie gerne ich schlafe", fügte er mit einem verlegenen Grinsen hinzu.

Jodi hatte sich noch nicht entschieden, ob sie vor Freude schreien oder weinen wollte, als Michael Chad und Jodi zu sich rief und ihre Entscheidung damit überflüssig machte.

„Hey, schaut mal, was Mercy kann!", rief der Junge ihnen zu.

Während Chad und Jodi auf ihn zugingen, hielt Michael sich einen Arm vors Gesicht und begann, diesen vor- und zurückzubewegen. Mercy machte zwei Schritte rückwärts.

„Sie kann rückwärtsgehen!“, sagte Michael strahlend.

„Super gemacht, Michael!“, lobte Jodi ihn.

„Gute Arbeit, Mikey“, stimmte Chad mit ein.

„Kann ich sie noch ein letztes Mal durch die Halle führen?“

Jodi bejahte. Sie war begeistert von dem Selbstvertrauen, das Michael umgab, während er Mercy führte. Als er dann mit ihr das Tor erreichte, an dem Jodi und Chad vorhin gestanden hatten, trat er auf ein quietschendes Spielzeug, das im Weg herumlag. Mercy zog mit dem Kopf am Führstrick und wieherte halbherzig. Michael erstarrte und ließ den Strick fallen.

„Es tut mir leid!“

Jodi und Chad gingen rasch zu ihm. Mercy bewegte sich nicht vom Fleck.

„Was ist denn passiert, Michael?“

„Ich ... ich habe das Spielzeug nicht gesehen! Ich wollte ihr keine Angst machen.“

Chad legte seinem Sohn eine Hand auf die Schulter und tätschelte dann Mercys Rücken. „Ich glaube, sie ist inzwischen schon viel stärker geworden, Mikey. Sieh sie dir an.“

Michael nickte und seine Augen leuchteten. Jodi war derselben Meinung wie Chad und ermutigte Michael daher, Mercy noch bis zur Weide zu führen.

Als Jodi und Linda Vater und Sohn zum Abschied hinterherwinkten, wandte sich Jodi an Linda.

„Ich will hier ein Therapieprogramm für Veteranen aufbauen“, platzte es aus ihr heraus.

„Ein was? Womit willst du ihnen denn helfen?“, fragte Linda mit einem breiten Grinsen. „Sorry“, kicherte sie dann. „Ich weiß schon, was du meinst. Und nachdem ich gesehen habe, wie sich Chad in den letzten Wochen verändert hat, bin ich absolut dabei. Aber was ist aus der ganzen ‚Wir haben doch keine Erfahrung mit dem Leben beim Militär-Sache' geworden? Du wolltest das doch schon mal machen, hast es dann aber wieder fallenlassen. Bist du dir jetzt auf einmal sicher?"

„Ich bin hundertprozentig sicher", erwiderte Jodi.

„Was hat sich geändert?"

„Mir ist klar geworden, dass ich jetzt stärker bin als damals. Und es wird Zeit, dass ich mich auch dementsprechend verhalte."

23

Einen Monat nachdem sie verkündet hatte, ein Therapieprogramm für Veteranen aufbauen zu wollen, besuchte Jodi mit Linda die jährliche Konferenz der *EAGALA*, der amerikanischen Vereinigung für Pferdetherapie. In den vergangenen Jahren hatten sie sich die unterschiedlichsten Therapieformen angesehen, die auf der Konferenz vorgestellt wurden. Doch diesmal hatten sie sich nur für den Teil des Programms eingetragen, der mit dem Militär zu tun hatte. Sie würden sich voll und ganz darauf konzentrieren, so viel wie möglich darüber zu lernen, wie sie Veteranen und deren Familien am besten therapeutisch unterstützen konnten.

Den ersten Vortrag hielt ein Army-Seelsorger, der ihnen nahelegte, sich mit dem militärischen Fachjargon vertraut zu machen. Anschließend stellte er die unterschiedlichen Bereiche des Militärs vor und erklärte, wo deren jeweilige Stärken lagen und wie sie organisiert waren. Jodi schrieb eifrig mit. Schließlich kam der Seelsorger zum Ende seines Vortrags und nahm Fragen aus dem Publikum entgegen.

„Sie haben erwähnt, dass das Kriegsveteranenministerium verschiedene alternative Behandlungsmethoden erforscht. Warum halten sie das für notwendig?“, fragte eine Frau.

Jodi wühlte sich auf der Suche nach einem neuen Stift durch ihre Handtasche.

„Ich habe einmal einen Army-Captain sagen hören, dass man beim Militär zwar lernt, ein Soldat zu sein“, begann der

Kaplan, „aber niemand einem beibringt, wie man wieder Zivilist wird. Das macht es für unsere Veteranen so schwierig, wenn sie wieder in ihr normales Leben zurückkehren. Sie sehen sich in anderen Veteranen, aber sie tun sich schwer, wieder die Person zu werden, die sie vor ihrer Militärzeit waren."

Jodi kritzelte so schnell, wie es nur ging, doch angesichts der Redegeschwindigkeit des Mannes wünschte sie sich, sie hätte ein Diktiergerät mitgenommen.

Er sprach immer schneller. „Und die meisten Familien erwarten, dass dieselbe Person wieder nach Hause kommt, die sie zuvor verabschiedet haben. Deshalb liegt ein enormer Druck auf den Veteranen, so zu tun, als sei das tatsächlich der Fall. Militärische Einsätze können für unsere Männer und Frauen bei der Armee ganz Unterschiedliches bedeuten. Manche sehen furchtbare Dinge, erleiden enorme Verluste. Sie werden körperlich oder moralisch tief verletzt. Dann einfach wieder in ein ‚normales' Leben einzutreten, kann sehr verwirrend sein – und das nicht immer in der Art und Weise, wie Sie vielleicht annehmen würden."

Jodi legte ihre Notizen beiseite und lehnte sich auf ihrem Stuhl nach vorne, völlig fasziniert von der Unmenge an wichtigen Informationen. „Nehmen wir zum Beispiel an, die Ehefrau eines Veteranen macht sich Gedanken darüber, welches Kleid sie zu einer Party anziehen soll. Dann sieht er sie vielleicht verächtlich an, weil er in diesem Moment an die Männer denken muss, die er durch eine improvisierte Sprengvorrichtung verloren hat – und wie banal das Outfit für eine Party im Vergleich dazu wirkt. Das führt dann wahrscheinlich dazu, dass er das Gefühl bekommt, dass er ihre Bedürfnisse inzwischen ebenso wenig verstehen kann wie sie die seinen.

Oder denken wir an Eltern – wenn ein Elternteil vom Einsatz wiederkommt, hat er oder sie Schwierigkeiten, sich wieder an den Entscheidungen zu beteiligen, die tagtäglich für die Kinder getroffen werden müssen. Der andere Elternteil dagegen ist nun schon eine ganze Zeit lang alleinerziehend gewesen und muss sich erst einmal wieder daran gewöhnen, die Erziehung partnerschaftlich anzugehen. Die Rollen müssen neu etabliert werden, und das kann gerade dann schwierig werden, wenn man mit einem Trauma und der Rückkehr ins zivile Leben schon genug zu kämpfen hat."

Er machte eine kurze Trinkpause. „Das waren natürlich zwei Beispiele für den Stress, der durch den Alltag auf Veteranen lasten kann. Und in diesen Beispielen haben wir so vieles noch gar nicht berücksichtigt: das Überlebenden-Syndrom etwa, die Last körperlicher Schmerzen und die Hoffnungslosigkeit, die sich durch emotionale Schmerzen breitmacht. Unseren Veteranen geht es schlecht. Und angesichts der fünfzehn bis zwanzig Veteranen-Selbstmorde pro Tag – und da sprechen wir nur von den *dokumentierten* Fällen – wird klar, dass sie mehr Hilfe brauchen, als das Ministerium ihnen bieten kann. Deshalb sind die alternativen Hilfsangebote – wie beispielsweise die Pferdetherapie – so wichtig. Wie wäre es mit einer Pause, Fortsetzung in fünfzehn Minuten?"

Während Jodi und Linda zum Getränketisch gingen, blieb Jodi sehr still.

„Wie geht's dir?", fragte Linda.

„Etwas überfordert. Zwanzig dokumentierte Suizide pro Tag! Das kann doch einfach nicht wahr sein. Oder? Oh Linda, wenn ich mir das vorstelle ..."

„Also, was denkst du nun, Jodi?"

„Ich glaube, wir sollten etwas tun. *Jetzt*. Wir müssen eine

Gruppe Veteranen zusammentrommeln, die bereit wären, uns zu helfen, ein Programm auf die Beine zu stellen, so schnell es geht!" Ihre Entschlossenheit wuchs mit jedem Wort.

„Ich bin dabei", stimmte Linda ihr zu.

Die beiden Frauen verbrachten das restliche Wochenende damit, so viel wie möglich über die Bedürfnisse von Veteranen zu lernen – welche Probleme sie am meisten belasteten; wie wichtig es war zu begreifen, dass posttraumatische Belastungsstörungen etwas waren, das ihnen *zustieß*, und nicht das, was sie *waren*; die Gefahren sekundärer posttraumatischer Belastungsstörungen für Helfer; und wie das EAGALA-Modell mit interaktiver Teamarbeit Veteranen bei einer Reihe von Problemen effektiv unterstützen konnte.

Jodi verließ die Konferenz mit einem Brennen im Herzen, das sie antrieb, wie es seit Jahren nichts mehr getan hatte. Zuletzt hatte sie dieses Brennen gefühlt, als sie die ersten Pfosten in der Erde ihres damals brachliegenden Feldes versenkte. Sie wusste einfach, dass sie ein Veteranenprogramm starten sollte. Und sie wusste genau, wen sie fragen konnte, um dieses Projekt anzugehen.

„Warum bin ich nur so nervös?", fragte Jodi Linda, als sie am Pavillon auf ihre Gäste warteten.

„Weil es dir wichtig ist", antwortete Linda. „Weil es insgesamt wichtig ist. Punkt", berichtigte sie sich.

Jodi nickte. Ihr Veteranenprogramm zum Laufen zu bringen, war tatsächlich sehr wichtig. Sie sah sich die Bäume an, die auf der Ranch verteilt standen. Die meisten hatten ihre Blätter schon verloren, doch einige besonders hartnäckige Exemplare waren noch übrig – feuerrote, orangefarbene und gelbe Fähnchen, die sich vom tiefblauen Himmel abhoben.

Jodi zog den Reißverschluss an ihrer Jacke hoch, da der herbstliche Wind beißender wurde.

„Ich bin froh, dass wir das heute machen. Sieht so aus, als würde der Winter schon versuchen, sich hier breitzumachen."

Als Jodi und Linda von der EAGALA-Konferenz zurückgekommen waren – es war erst etwa zwei Monate her –, hatten sie noch am selben Tag begonnen, ein Programm und einen Rahmen für ihren Dienst an Veteranen zu entwerfen. Bei Michaels nächster Sitzung erwähnte Jodi Chad gegenüber ihre neue Idee. Chad nannte ihre Pläne zwar großartig, doch als Jodi ihn bat, als Berater in diesem Programm tätig zu werden, wurde er still. Seine Muskeln spannten sich an, und er machte ein paar Schritte rückwärts.

Jodi begriff, dass sie ihm zu viel Druck gemacht hatte, und versuchte zurückzurudern. „Bitte fühlen Sie sich zu nichts verpflichtet, Chad. Ich respektiere Ihre Meinung nur sehr und weiß zu schätzen, was Sie zu sagen haben. Und ich dachte eben, dass Sie vielleicht ... also, Sie müssen natürlich nicht ..." Warum nur fand sie in solchen Situationen niemals die richtigen Worte?

„Warum denken Sie nicht in Ruhe darüber nach und sagen mir Bescheid, wenn Sie sich entschieden haben?"

Jodi wandte ihre Aufmerksamkeit wieder Michael und Mercy zu, die gerade mit Linda in der Halle arbeiteten. Sie bat Gott um Weisheit, wie sie weiter vorgehen sollte, insbesondere für den Fall, dass Chad ablehnte. Sie wollte gerade zu Linda und Michael gehen, als Chad sich räusperte.

„Sind Sie sicher, dass Sie *mich* bei diesem Programm dabeihaben möchten?", fragte er. Sein Blick war voll tiefer Verletzlichkeit.

„Absolut“, versicherte Jodi ihm. „Ich kann mir tatsächlich überhaupt nicht vorstellen, wie ich das *ohne* Sie fertigbringen sollte. Wir wollen das gut machen, Chad. Wirklich gut. Wir wollen für Veteranen und deren Familien hilfreich sein. Und wir haben Gott gebeten, uns Menschen zu schicken, die uns dabei helfen können. Wir sind überzeugt, dass Sie einer dieser Menschen sind.“

Chad presste die Lippen aufeinander. Dann nickte er mehrmals. Er öffnete den Mund. Schloss ihn. Öffnete ihn wieder.

„Danke, Jodi“, sagte er schließlich. „Für alles.“

Und nun standen sie da und warteten auf ihre ersten Veteranen. Chad hatte zugestimmt und würde einen Freund mitbringen. Als zwei Autos auf die Einfahrt einbogen, erklärte Linda feierlich: „Ich glaube, unsere Beta-Tester sind eingetroffen.“

Plötzlich überkam Jodi die Nervosität, und sie zögerte. „Was, wenn es nicht gut läuft? Was, wenn Chads Freund es nicht versteht? Was, wenn wir am Ende mehr Schaden als Nutzen anrichten? Was, wenn ...“

Linda legte ihr die Hände auf die Schultern und sah ihr in die Augen. „Und was, wenn dieses Programm am Ende tatsächlich Menschen hilft? Was, wenn Veteranen, zusammen mit ihren Liebsten, hier draußen Heilung finden? Was, wenn du gerade genau das tust, wozu du in diese Welt gesetzt wurdest?“

Jodi fand Ruhe in diesen Worten. Ihr Vorhaben und all das, was sie mit dem Programm erreichen wollten, hatte den ganzen Tag schwer auf ihr gelastet. Sie wischte sich die Augen ab und schüttelte den Kopf.

„Du hast recht“, sagte sie. „Wir haben darüber gebetet. Wir haben recherchiert und uns vorbereitet. Und nun können wir nur noch unser Bestes versuchen. Danke, Linda. Und danke, dass du diesen Testlauf vorgeschlagen hast."

Linda hatte den Vorschlag damit begründet, dass sie durch einen solchen Testlauf an wertvolles Feedback kommen würden. Dadurch wären sie in der Lage, Fehler und Schwachstellen zu beheben, ehe das Programm im kommenden Frühjahr ein fester Teil der Arbeit auf HopeWell würde. Jodi war von der Idee begeistert gewesen und hatte sofort Chad angerufen, um ihn zu fragen, ob er nicht ihr erster Teilnehmer sein wollte. Chad zögerte zunächst, was in Jodi die Befürchtung hervorrief, er würde ablehnen. Doch dann fragte Chad nur, ob er einen Freund – einen weiteren Veteranen – mitbringen könnte.

„Dann bin ich nicht das einzige Versuchskaninchen."

Sein Vorschlag gefiel Jodi sehr, und sie hatte sich sofort darangemacht, das heutige Treffen mit Chad und dessen Freund Jerry zu organisieren. Nun, da sie die beiden langsam auf den Pavillon zukommen sah – die Köpfe gesenkt und die Hände in den Hosentaschen vergraben – beschlich sie das Gefühl, dass die Männer sich gerade noch einmal überlegten, ob sie wirklich mitmachen wollten.

„Vielen Dank an Sie beide, dass Sie heute Nachmittag hierhergekommen sind", sagte Jodi, nachdem sie sich einander vorgestellt hatten. „Es bedeutet uns wirklich viel, dass Sie bereit sind, uns zu helfen. Wir wollen, dass dieses Programm eine echte Hilfe für unsere Veteranen wird – deshalb sind wir um jede Art von Feedback froh!"

Die beiden Männer nickten. Jerry war älter als Chad, hochgewachsen und sehr schlank, und sein Bart hätte jeden Weihnachtsmann vor Neid erblassen lassen. Er dankte Jodi für die Einladung auf die Ranch.

„Ich bin schon so lange nicht mehr in der Nähe von Pferden gewesen. An das letzte Mal kann ich mich tatsächlich gar nicht mehr erinnern."

„Nun, dagegen können wir mit Sicherheit etwas tun", sagte Jodi mit einem Lächeln.

Während sie gemeinsam über die Ranch spazierten, hörten Chad und Jerry schweigend zu, während die Frauen ihnen einen kurzen Überblick darüber gaben, wie sie sich das Programm vorstellten – und zwar als friedliches, therapeutisches Umfeld, in dem Veteranen ebenso wie Soldaten im aktiven Dienst gemeinsam mit ihren Familien Heilung finden konnten, indem sie mit Pferden interagierten. Dann erklärte Jodi die Ziele, die sie für den Probelauf an diesem Abend hatten: Probleme oder potenzielle Schwachstellen aufzudecken, bevor das Programm nächstes Jahr an den Start ging. Die Männer signalisierten nickend ihr Verständnis, und so bewegte sich die kleine Gruppe auf die große Weide zu.

„Wie genau funktioniert das denn mit der Pferdetherapie?", fragte Jerry, während sie nebeneinanderherliefen. „Ich glaube, ich habe als Kind einmal auf einem Pferd gesessen. Aber das hat sicher nicht mein Leben verändert oder so was. Und ein Riesenar... also, ich meine, eine furchtbare Nervensäge bin ich trotzdem geworden." Er warf Jodi ein schelmisches Grinsen zu.

Sie erwiderte dieses mit einem warmen Lächeln. Auch wenn sie ihm im Grunde dankbar war, dass er auf seine Wortwahl achtete, so wollte sie doch eigentlich, dass er – und ebenso all die anderen Veteranen, denen sie helfen wollten – sich hier wohlfühlten. Und zwar so wohl, dass sie sich auf genau die Art ausdrücken konnten, die ihnen entsprach – solange sie damit niemanden verletzten. Sie nahm sich vor, später mit

Linda darüber zu sprechen, wie sie diesen Aspekt der Wortwahl in die kurze Einführung integrieren könnten, die sie am Anfang solcher Sitzungen abhalten würden.

„Wissen Sie, Jerry, ich sehe das, was wir hier tun, weniger als Therapie an als vielmehr als Gelegenheit, Beziehungen zu bauen, die uns helfen, zu heilen und zu wachsen. Reiten ist zwar ein Teil davon – in etwa wie ein Spaziergang mit einem Freund –, aber es ist nicht der Hauptteil unseres Programms."

Sie blieb an einer der Anbindestellen stehen. „Auf Hope-Well geht es darum, Menschen die Gelegenheit zu geben, eine Verbindung zu einem anderen Lebewesen aufzubauen. Oft fällt das mit einem Tier leichter als mit Menschen – ganz besonders dann, wenn man in der Vergangenheit von Menschen verletzt worden ist. Es kommt oft vor, dass es den Leuten leichter fällt, sich einem Tier zu öffnen als einem anderen Menschen. Und Pferde haben eine ganz besonders einzigartige Fähigkeit, mit Menschen zu arbeiten. Das liegt an der Art und Weise, wie sie mit uns interagieren."

„Was meinen Sie damit?"

Jerrys Neugierde freute sie. „Nun ja, Pferde können für uns wie Spiegel sein – *wenn* wir aufmerksam darauf achten, was sie uns zeigen. Wenn ich zum Beispiel mit einem Pferd arbeite, während ich selbst angespannt bin – vielleicht bin ich gereizt wegen etwas, das an diesem Tag passiert ist –, dann wird das Pferd auch Anspannung zeigen. Oder sagen wir, ich bin ängstlich, während ich beim Pferd bin, dann wird es davon ausgehen, dass es etwas zu fürchten gibt. Wenn ich mich den Pferden nähere, während ich innerlich verärgert und abgelenkt bin, dann werden sie selbst ein schwieriges Verhalten an den Tag legen. Wenn man wissen will, wie man sich gerade wirklich fühlt, sollte man einfach etwas Zeit allein mit einem

Pferd verbringen. Wenn man sie an sich heranlässt, wenn man lernt, etwas Tempo herauszunehmen und aufmerksam zu sein, während man bei ihnen ist, dann können Pferde einiges über einen enthüllen. Und zwar Dinge, die helfen können, Frieden und einen Weg zur Heilung zu finden."

Jerry wirkte skeptisch, und doch schimmerte in seinen Augen ein leiser Anflug von Hoffnung. Obwohl Jodi nicht vorgehabt hatte, über Solomon zu sprechen, wurde der Drang, genau das zu tun, nun doch zu groß.

„Ich habe genau diese Art von Frieden und Heilung vor einigen Jahren hier selbst erlebt, als ich mit einem unserer Pferde arbeitete. Sein Name war Solomon." Sie spürte den Stich der Trauer im Herzen, als sie seinen Namen aussprach. „Er half mir zu begreifen, dass ich meine Gefühle hinter einer Maske verbarg. Dass ich zu den Menschen, die ich liebte und denen ich vertraute, nicht ehrlich war. Und während der Arbeit mit ihm merkte ich, dass diese Maske einfach zu schwer geworden war und mich davon abhielt, Freude und Offenheit in meinen Beziehungen zu erleben."

Jerry schnaubte ungläubig. „Warum um alles in der Welt würde denn jemand wie *Sie* glauben, seine Gefühle hinter einer Maske verstecken zu müssen? Was sollte denn eine gute Frau wie Sie zu verbergen haben?"

Seine Worte klangen mehr nach einer Anklage als nach einer Frage. Doch Jodi sah sie als das an, was sie waren: eine Gelegenheit, tiefer ins Gespräch zu kommen. Sie konnte Chads und Lindas Blicke auf sich spüren, doch sie fokussierte sich weiterhin auf Jerry.

„Ich glaube, wir alle kommen mindestens einmal im Leben an einen Punkt, an dem wir unsere Gefühle so verbergen wollen, Jerry. Meine Maske war es, so zu tun, als wäre alles in Ordnung, während mir in Wahrheit die Trauer das Herz brach. Andere tragen vielleicht eine Maske der Stärke, obwohl sie sich schwach fühlen, oder sie tun so, als würde sie nichts berühren, während sie in Wirklichkeit von Gefühlen überwältigt werden."

Einige Augenblicke lang war Jerry still. Dann zog ein entferntes Wiehern seine Aufmerksamkeit auf sich.

„Sie sind diese Woche schon die Zweite, die mir etwas über das Maskentragen erzählt." Er klang eher verärgert, aber nicht allzu wütend. Er schnalzte mit dem Daumennagel und spuckte dann zur Seite aus. „Aber ich werde Ihnen sagen, was ich dem anderen Typen auch sagte: Was unter dieser Maske liegt, will ganz sicher niemand sehen. Das garantiere ich Ihnen!"

Jerrys Augen verengten sich. Jodi wurde klar, dass sie sich nun vorsichtig weiter vorantasten musste.

„Was wir unseren Veteranen hier bieten wollen, ist unter anderem ein sicherer Ort, an dem sie die Menschen sein können, die sie sind – unter den Masken, jenseits aller Erwartungen. Wir wollen Sie begleiten, während Sie die Ziele verfolgen, die Sie sich selbst setzen." Jerry schwieg, doch seine Augen waren weiter starr auf Jodi gerichtet. „Vielleicht ... ich frage mich, ob eines Ihrer Ziele sein könnte herauszufinden, wer Sie unter dieser Maske sind."

Jodi erwartete noch mehr Schweigen. Stattdessen erlebte sie eine regelrechte Explosion.

„Das soll wohl ein schlechter Witz sein! Sie glauben doch nicht wirklich, dass irgendjemand das Monster hier drin sehen will?", schrie er und schlug sich an die Brust. „Glauben Sie denn, irgendwer will die Dinge hören, die ich gesehen habe? Die ich *getan* habe? Verflixt, schreiend wegrennen würden sie, so weit es geht! Und ich könnte es keinem übel nehmen. Nicht im Geringsten."

Jerrys Atem ging in schweren Stößen. Sein Gesicht war puterrot. Seine Augen waren weit aufgerissen, und es schien, als starre er etwas Furchtbares an, das nur er sehen konnte. Jodi musste sich anstrengen, um nicht zu schockiert auszusehen. Chad legte eine Hand in Jerrys Nacken und drückte sanft zu.

„Es ist alles okay, Mann", hörte sie Chad sagen. „Einfach atmen."

Die Männer senkten den Kopf. Jodi konnte Chads Stimme hören, doch es war nicht auszumachen, was er sagte. Was immer sie sich für diesen Probelauf auch vorgestellt hatte, das hier hatte sicher nicht dazugehört. Zweifel und Unsicherheit überrannten sie aus dem Nichts. *Was hast du dir nur gedacht, was dich qualifizieren könnte, mit Veteranen zu arbeiten? Dieser Abend ist doch der endgültige Beweis, dass du in diesem Bereich absolut nichts zu suchen hast. Entschuldige dich einfach dafür, dass du ihre Zeit verschwendet hast, und schick sie nach Hause.* Doch mitten in diesem mentalen Angriff konnte sie das leise Flüstern eines Versprechens hören. Ein Versprechen, an das sie erst heute Morgen erinnert worden war, als sie das einundvierzigste Kapitel im Buch Jesaja las. Innerlich zitierte sie Vers dreizehn: *Denn ich bin der HERR, dein Gott. Ich nehme dich an deiner rechten Hand und sage: Hab keine Angst! Ich helfe dir.* Sie schloss ihre rechte Hand und bat Gott, dass Sein Wort in ihr zu einem Schild gegen all die Lügen und Angriffe werden möge.

Ihre Angst verlangte, dass sie aufgab.

Gottes Liebe überzeugte sie davon weiterzumachen.

Sie sah auf. Überraschenderweise stand Linda neben ihr.

„Das hast du gut gemacht", sagte Linda leise. „Er ist genau da, wo er sein sollte."

Ihr Herz klammerte sich an diese Worte. „Okay", flüsterte sie.

Kurz darauf sah Jerry entschuldigend zu ihr auf. „Es tut mit leid, Ma'am. Ich wollte nicht so aus der Haut fahren." Er rieb sich die Stirn. „Ich bin einfach ... Ich meine, ich ..."

„Jerry", sagte Jodi und ging einen Schritt auf ihn zu, „Sie sind hier an einem sicheren Ort. Und wir wollen, dass Sie sich ausdrücken können, wie Sie sich wirklich fühlen." Sie schüttelte leicht den Kopf und ließ ein selbstironisches Lachen hören. „Und glauben Sie mir eins, ich hatte hier schon schlimmere Ausraster als Sie eben." Jerry und Chad sahen sie mit großen Augen an. Nun wurde Jodis Lachen ernster. „Das ist ein weiterer Grund, warum ich lieber mit Pferden spreche, wenn ich sehr gestresst bin. Die erzählen es nicht gleich jedem weiter, wenn man weint und schreit und alles rauslässt!"

Kurz darauf folgte ihr die Gruppe durch das Gatter. Mehrere Pferdeköpfe wandten sich ihnen zu.

Jodi machte daraufhin eine Armbewegung. „Gentlemen, darf ich vorstellen: die Pferde von HopeWell."

Sie stellte die Tiere kurz vor – zeigte auf jedes einzelne, nannte ihre Namen und gab einen kurzen Überblick darüber, wie sie nach HopeWell gekommen waren. Dann lud sie die Männer ein, ein wenig herumzugehen und sich den Tieren vorzustellen. Die beiden warfen ihr einen skeptischen Blick zu, machten sich dann jedoch auf den Weg, ein Pferd zu suchen.

Chad hielt bei Samson, Beau und Bubba Jack kurz inne, bevor er zu Mercy ging. Unterdessen näherte Jerry sich zögernd Justice, ging kurz bei Opie vorbei und blieb schließlich bei Victory stehen. Jodi und Linda gingen zum Wassertrog, um den Männern Raum und Zeit mit den Pferden zu geben, die sie ausgewählt hatten. Jerry stand etwas peinlich berührt neben Victory, die Füße in leichtem Abstand zueinander, die Hände auf dem Rücken verschränkt – der entspannte Stand eines Soldaten. Doch sein Blick erinnerte mehr an jemanden, dem eine Wurzelkanalbehandlung bevorsteht.

Victory beschnupperte Jerry flüchtig und ging dann von dannen. Der alte Mann stand nun ganz allein da, weshalb Jodi entschied, dass es an der Zeit wäre einzuschreiten. Doch als sie gerade auf ihn zuging, sah sie Lady von rechts auf Jerry zukommen und verlangsamte ihren Schritt wieder. Jerry schien nicht mit Ladys Annäherungsversuch gerechnet zu haben und machte verdutzt ein paar Schritte zur Seite. Lady blieb stehen, um sich den Fremden genauer anzusehen, der da auf ihrer Weide stand.

Jodi musste ein Kichern unterdrücken, als sie sah, wie Mann und Pferd einander gegenüberstanden. Beide beäugten einander mit schief gelegtem Kopf. Dann machte Jerry einen vorsichtigen Schritt vorwärts. Lady rührte sich nicht. Jerry machte ein paar weitere Schritte in ihre Richtung. Lady reckte den Kopf in seine Richtung. Schon bald war er nur noch wenige Zentimeter von dem schwarz-weißen Pinto entfernt und streckte vorsichtig eine Hand aus, um Lady an sich schnuppern zu lassen. Daraufhin stupste die Stute Jerrys Hand mit der Nase an und begann dann, ihre Schnauze an der Spitze seines langen Bartes zu reiben. Jerry lachte, dass es über die ganze Weide schallte. Linda gab Jodi das Daumen-hoch-Zeichen.

Zwanzig Minuten nach dem Betreten der Weide bat Jodi die beiden Männer, ihre Pferde zu ihr und Linda zu führen. Chad hatte schon einmal eine ähnliche Übung durchgeführt und begann daher einfach, auf die Frauen zuzugehen. Doch Jerry sah sich um.

„Brauche ich dafür nicht eine Leine oder so was?“, rief er ihnen zu.

Jodi schüttelte den Kopf. „Nein, Sie haben alles, was Sie brauchen. Laufen Sie einfach drauflos und laden Sie Lady ein, Ihnen zu folgen.“

Jerry sah von Jodi zu Lady und wieder zurück. Dann ging er ein paar Schritte vorwärts, hielt an und drehte sich zu Lady – die sich zwischenzeitlich nicht einen einzigen Millimeter von der Stelle bewegt hatte. Jodi kicherte leise, als Jerry zu der Stute zurücklief, sich verbeugte und eine einladende Armbewegung nach vorn machte. „Mylady …“

„Als würde ein Holzfäller aus Alaska den Butler Ihrer Majestät mimen“, flüsterte Linda, woraufhin Jodi sich auf die Lippen beißen musste, um nicht in lautes Lachen auszubrechen.

Als Lady sich von Jerrys Einladung unbeeindruckt zeigte, wiederholte er seine Geste. Doch das Pferd bewegte sich immer noch nicht. Jerry sah zu Jodi und zuckte ratlos mit den Schultern.

„Laufen Sie einfach mal los und sehen Sie, was passiert“, rief Jodi ihm zu.

Der Veteran warf Lady einen Blick zu und ging dann auf Jodi zu. Dabei hielt er entschuldigend die Hände hoch.

„Sieht ganz so aus, als hätte meine Einladung sie nicht wirklich überzeugt“, sagte er, als er näher kam. „Hätte wohl doch eine Leine gebraucht.“

Er blieb stehen, als er Chad bemerkte, der sich ihnen näherte – und dem Mercy pflichtbewusst folgte. Während Jerry die beiden beobachtete, machte sich ein trauriger Ausdruck auf seinem Gesicht breit, ganz so, als fühle er sich abgelehnt.

„Sie werden mir beibringen müssen, wie man diese Dinger dazu bringt, einem zu folgen“, sagte er mit einem bitteren Lachen.

„Ich glaube, du hast das ganz gut allein hingekriegt, Kumpel“, kicherte Chad und machte eine Kopfbewegung hinter Jerrys Schulter.

„Na ja, ich werde wohl …“, sagte Jerry, drehte sich um und fand Lady etwa einen Meter hinter sich stehend. Er streckte eine Hand aus und ließ sie über die Schulter des Pferdes gleiten. „Was weißt du schon.“

Sein verblüffter Gesichtsausdruck berührte Jodis Herz. Sie und Linda gesellten sich nahe des vorderen Zauns zu den Männern und deren Pferden. Sie sprachen über die Pferde, die ihnen begegnet waren und warum sie ausgerechnet diejenigen ausgesucht hatten, mit denen sie nun hier standen.

„Sie wissen doch, dass ich was für Mercy übrighabe“, sagte Chad. „Ich wollte die anderen nur nicht beleidigen, bevor ich zu ihr ging.“

Als Jerry an der Reihe war, wirkte er ebenso unentspannt, wie er neben Victory ausgesehen hatte. „Ich bin neben diesem einen Pferd stehen geblieben, weil ich es leid wurde, herumzulaufen und dabei nicht in Pferdemist zu treten. Doch dann ist dieses eine Pferd weggegangen.“ Die Art, wie Jerry diese Worte sprach, klang, als wäre es für ihn von vornherein klar gewesen, dass Victory nicht bleiben würde. Die Gruppe verfiel in peinliches Schweigen. Lady stupste den Arm des Mannes mit der Schnauze an, woraufhin dieser auflachte. „Aber dann ist dieses hübsche Ding zu mir gekommen und, nun ja, sie ist mir bis hierher gefolgt!“

Er streckte wieder die Hand aus, um Lady an ihrem langen Hals zu kraulen. Es berührte Jodi zu sehen, wie verdattert er über das Verhalten des Pferdes zu sein schien.

„Sie wirkten etwas überrascht, als Lady hinter Ihnen auftauchte", bemerkte Linda.

„Und wie!", gab Jerry zu. „Meinen Hund konnte ich immer nur mit einem Stück Fleisch in der Hand dazu überreden, mir zu folgen."

Er musterte Lady, als wäre in ihr ein Geheimnis verborgen, das er erforschen wollte.

„Warum, denken Sie, ist sie Ihnen gefolgt, Jerry?", stieß Linda die Unterhaltung vorsichtig an.

Er musterte Lady noch immer. „Wenn ich das nur wüsste", murmelte er. Seine Augen ließen nicht von dem Tier ab. „Ich hoffe nur, dass es nicht daran liegt, dass ich rieche wie das Hinterteil eines ihrer Freunde."

Die Gruppe lachte mit ihm, doch Linda ließ sich von seinem Versuch, die Richtung des Gesprächs zu ändern, nicht aus dem Konzept bringen.

„Was, glauben Sie, sieht Lady in Ihnen, wenn sie Sie ansieht, Jerry?", fragte sie.

Jerry starrte auf Ladys Füße und hob dann mit traurigen, erschöpften Augen den Blick zu Linda.

Er zog an seinem Bart. „Nun, ich denke mal ... also, ich nehme an, sie sieht einen müden, ramponierten alten Mann mit einem Pferdeschweif im Gesicht!"

Das Bild, das er damit heraufbeschwor, brachte ihm weiteres Gelächter von der Gruppe ein, doch seine Worte klangen auch wie eine Einladung – eine, die Jodi auf keinen Fall unbeantwortet lassen wollte. Doch zunächst zeigte sie den beiden, wie sie die Pferde aufhalftern konnten, um sie dann in die

Reithalle zu führen. Als sie den überdachten Sandplatz einmal betreten hatten, brachte sie Striegel herbei und demonstrierte ihnen, wie man die Pferde damit am besten von Schmutz und Rückständen befreiten konnte. Während sie die Tiere putzten, sprach sie darüber, wie das Striegeln ein Pferd nicht nur gesund und sauber halten, sondern auch zum Vertrauensaufbau zwischen Mensch und Pferd beitragen konnte.

„Einfaches Striegeln wird zu jeder Sitzung gehören, die wir mit unseren Männern und Frauen vom Militär durchführen werden – so, wie es Teil all unserer Therpaiestunden ist. Auf diese Weise kann man wunderbar Vertrauen zu seinem Pferd aufbauen", sagte Jodi.

Linda erklärte ihnen dann, dass es nach dem Striegeln für gewöhnlich irgendeine Art von Aktivität zu tun oder eine Aufgabe zu erledigen geben würde. „Wir könnten Sie zum Beispiel bitten, einen Hindernisparcours für Ihr Pferd zu bauen oder gemeinsam eine Aufgabe zu lösen. Oder sie von einem Bereich in den anderen zu führen, ohne dabei einen Führstrick zu benutzen", fügte sie zwinkernd hinzu.

Jodi reichte den Männern nun je eine weiche Bürste und zeigte ihnen, wie sie damit den verbliebenen feinen Schmutz und Staub aus dem Fell der Tiere entfernen konnten.

„So eine wäre doch auch was für den Schweif in deinem Gesicht", neckte Chad seinen Freund.

Lady ließ einen Laut hören, der sich wie ein schwerer Seufzer anhörte.

„Fühlt sich gut an, den ganzen Dreck loszuwerden, was, Mädchen?", fragte Jerry. „Ich wette, der ganze Mist fühlt sich auf deinem schönen Fell schrecklich schwer an."

Während die Männer sich mit der neuen Bürste ans Werk machten, fragte Chad den Älteren nach seinem Knie. Jodi konnte dem Gespräch entnehmen, dass Jerry in Vietnam eine Knieverletzung erlitten hatte, die ihm noch immer Schmerzen bereitete. Sie erfuhr auch, dass er Chad bei einem Besuch im Veteranenkrankenhaus kennengelernt hatte. Jerry beantwortete Chads Frage, woraufhin sich zwischen den beiden ein Gespräch über die diversen Verletzungen entspann, die sie erlitten hatten, und darüber, wie frustrierend es war, mit dem chronischen Schmerz zu leben und sich wohlmeinenden Freunden und Familienangehörigen darüber mitzuteilen. Schließlich wechselte das Gesprächsthema zu unsichtbaren Wunden und Narben – und die Art und Weise, wie sie damit zurechtzukommen versuchten.

„Trinken half – bis es das nicht mehr tat", sagte Jerry, während er das feine Fell unter Ladys Mähne bürstete. Es war das Einzige, das es einfach … ausschalten konnte, verstehst du?" Chad nickte. Der Schmerz in seinen Augen zeigte Jodi überdeutlich, dass er es viel mehr verstand, als sie es je könnte. „Ich wollte einfach nicht mehr denken, nicht mehr fühlen. Ich wollte einfach taub sein. Habe Jahrzehnte so gelebt. Ich meine, taub zu sein fühlt sich besser an, als zerbrochen zu sein, weißt du, was ich meine?"

„Oh, Mann, das versteh ich gut", erwiderte Chad.

„Jedenfalls", fuhr Jerry fort, „kam ich eines Nachts vor einer Weile aus einer Bar – so voll, wie man nur sein kann – und fuhr mit meinem Kumpel auf dem Beifahrersitz mit Vollgas in einen Baum. Uns hat's ganz schön erwischt! Aber es war echt ein Wunder, dass wir nicht gestorben sind – oder dass ich niemand anderen getötet hab. War meinen Führerschein eine Weile los, hab das ganze Gerichts-Ding durchgemacht. Aber ich konnte nur daran denken, dass ich jemandem echt hätte wehtun können. Das wollte ich nicht. Ich fühlte mich so schon genug als Monster!“ Jerry spuckte über seine Schulter.

„Ich wollte einfach nichts mehr fühlen und dachte ernsthaft darüber nach, mir das Leben zu nehmen. Aber kurz nachdem ich in diesen Baum gekracht war, entschied ich, mit dem Saufen aufzuhören. Jetzt bin ich seit zwei Jahren, sechs Monaten und siebenundzwanzig Tagen trocken.“

Jodi, Linda und Chad begannen zu applaudieren. „Mann“, sagte Jerry und starrte zu Boden. „Die Geschichte hab ich schon lang keinem mehr erzählt.“

Jodi sah die beiden Männer an. „Klingt so, als würden Sie beide schon lange Zeit eine Menge mit sich herumtragen.“

„Das ist wohl so“, sagte Jerry.

„Wünschen Sie sich manchmal, das alles ablegen zu können, und wenn es nur für eine Minute wäre?“, fragte sie.

Die Männer sahen einander kurz an, sahen dann zu Jodi und nickten.

„*Das* ist es, was HopeWell für Sie werden soll. Wir wollen, dass das ein sicherer Ort wird, an dem Sie Ihren Schmerz ablegen können. Und die Masken, von denen Sie glauben, sie tragen zu müssen – und jede Erwartung, von der Sie glauben, ihr gerecht werden zu müssen. Und wenn es nur für eine Stunde ist.“ Jodi zeigte mit einer Handbewegung auf die Pferde, die entspannt hinter den Männern standen. „Und diese besonderen Pferde wollen Ihnen helfen, die Last zu tragen. Immerhin wurden sie genau dafür geschaffen: um Lasten zu tragen.“

„Sicher nicht die Ladung Dreck, die ich mit mir herumtrage.“

Linda machte einen Schritt vorwärts. „Jerry, würden Sie uns vielleicht etwas von dem Dreck erzählen, den Sie mit sich herumtragen?“

Jerry machte eine Kopfbewegung zu Chad. „Er weiß, wovon ich rede."

Chad nickte.

„Dieser Dreck wird Ihnen nicht guttun. Was wir gesehen haben, was wir ...", er räusperte sich, „was wir tun mussten, um einfach am Leben zu bleiben. Sagen wir einfach, es verändert die Sicht auf die Person, die man im Spiegel sieht."

Doch dann erzählten Jerry und Chad ein wenig von den furchtbaren Dingen, die sie im Einsatz erlebt hatten; von den Freunden, die sie verloren hatten; und von den Substanzen, mit denen sie ihren Schmerz betäubt hatten. Jerry sprach auch davon, wie er aus Vietnam zurückgekommen war und den Eindruck hatte, dass sein Land ihn für das hasste, was er getan hatte. „Ich fühlte mich dort wie ein Monster, und dann kam ich nach Hause und stellte fest, dass die Leute hier das genauso sahen."

Jodi wurde von Dankbarkeit geradezu überrollt – doch gleichzeitig brach ihr das Herz. Sie fühlte sich geehrt, weil die beiden Veteranen bereit waren, sich so sehr zu öffnen, wollte aber auch über all das weinen, was sie hatten ertragen müssen. Doch hier ging es nicht um sie – nicht um ihr Unbehagen oder ihren Schmerz. Sie würde ihnen keinen Grund geben, die Realität vor ihr verbergen zu wollen. Sie würde später weinen, wenn sie für sie betete. Doch jetzt in diesem Moment würde sie einfach da sein und zuhören.

Während Jerry über seinen letzten Einsatz sprach, bemerkte Jodi, dass Mercy ihren Kopf senkte. Wenige Minuten später gingen ihre Vorderbeine zu Boden – und sofort folgten ihre Hinterbeine. Als wollte sie mit ihrem Körper demonstrieren, wie man seine Last niederlegt, legte Mercy sich hinter Chad auf den Boden. Er sah zwischen dem Pferd und Jodi hin und her, in seinen Augen ein großes Fragezeichen, ob mit Mercy wohl alles in Ordnung sei. Jodi lächelte und nickte.

Als Jerry fertig erzählt hatte, musste Jodi sehr dagegen ankämpfen, fassungslos die Kinnlade herunterfallen zu lassen, als Lady Mercys Vorbild folgte und sich hinter Jerry in den Sand sinken ließ, wobei sie laut ausatmete. Kaum in der Lage, die Freude in ihrem Herzen zu bändigen, lenkte Jodi die Aufmerksamkeit der Männer auf die Pferde hinter ihnen.

„Was, denken Sie, wollen die Pferde damit gerade sagen?"

„Dass sie hinter uns stehen", sagte Chad schließlich mit belegter Stimme.

„Dass sie, wenn es uns zu schwer wird, die Last auf ihre Rücken laden ..." Jerrys ruppige Stimme brach. Er räusperte sich und fuhr fort, „dass sie dann zu uns herunterkommen, um sie auf sich zu nehmen."

Wow. Auf diese Antwort war Jodi nicht vorbereitet gewesen. Glücklicherweise meldete sich Linda zu Wort. Sie gab Chad und Jerry recht und stieg dann etwas tiefer in das Thema ein, was es bedeutet, einander Lasten abzunehmen. Als Linda verstummte, begann Jodi zu sprechen.

„Darf ich Ihnen sagen, was ich hier sehe?", fragte sie.

Die Männer nickten.

„Ich sehe zwei Pferde, die ihren neuen Freunden sagen möchten, dass ihnen gefällt, wen sie hier sehen. Und sie sehen, wer Sie *wirklich* sind, denn Pferde können die Masken nicht sehen, die wir tragen. Sie sehen nur, was wirklich *ist*. Diese Pferde sehen Sie, und sie haben entschieden, hier zu bleiben – mit Ihnen."

Jodi war schon auf Jerrys Antwort nicht vorbereitet gewesen, doch das war nichts gegen das Weinen, in das er nun ausbrach. Sie fühlte ein wohlbekanntes Verlangen in ihrem

Herzen, das sie dazu drängte, zu ihm zu gehen und ihm etwas zu sagen.

„Jerry", sagte sie sanft und legte dabei eine Hand auf seine Schulter. „Wie diese Pferde Sie sehen, ist ein unvollkommenes Bild dessen, wie Gott Sie sieht. Derselbe Gott, der diese wunderschönen Tiere gemacht hat, die keine Masken sehen können, ist derselbe Gott, der Sie ansieht und Sie als den sieht, der Sie sind. Er sieht Ihr Herz, nicht Ihre Maske. Er sieht keinen zerbrochenen oder müden Mann. Nicht einmal Ihren Schweif von einem Bart", fügte sie neckend hinzu. „Er sieht Sie, Jerry. Sein Kind. Geschaffen nach Seinem Ebenbild. Und geliebt in einem Maß, dass Sie nicht ansatzweise begreifen können. Das, was Sie jetzt gerade von Lady erfahren, ist nichts im Vergleich zu dem, was Gott Ihnen geben möchte."

Jerry senkte den Kopf, als weitere Schluchzer seine Schultern, Hände und seinen Bart erschütterten. Die Pferde bewegten sich nicht vom Fleck.

Eine halbe Stunde nachdem Chad und Jerry die Ranch verlassen hatten, saßen Jodi und Linda im HopeWell-Büro. Sie waren beide emotional und körperlich ausgelaugt, doch zu aufgeregt und beschwingt, um jetzt schon nach Hause zu gehen.

„Das hatte ich nicht kommen sehen", gab Jodi zu. „Ich dachte, wir würden nur die einzelnen Schritte einer Veteranen-Sitzungen durchgehen – nicht tatsächlich eine abhalten. Und schon gar nicht *so* eine!"

„Geht mir genauso", stimmte Linda ihr zu. „Aber wenn wir je Zweifel hatten, ob wir das tun sollen oder nicht, dann haben wir wohl gerade die Antwort darauf bekommen."

Ein angenehmes Schweigen machte sich in dem Raum breit, während beide Frauen in ihren eigenen Gedanken schwelgten.

Nach einigen Minuten sagte Linda: „Wie sollen wir das Programm eigentlich nennen? Wir haben ihm noch gar keinen Namen gegeben."

Es war definitiv wichtig, dass das Veteranen-Programm einen Namen hatte, insbesondere da nun kein Zweifel mehr daran bestand, dass sie das Pilotprogramm im Frühjahr starten würden. Sie konnten es ja wohl kaum das „Pferdetherapie für Veteranen und aktive Mitglieder des Militärs und deren Familien"-Programm nennen!

Jodi schloss die Augen und sah noch einmal Jerry vor sich, wie er in der Reithalle in Tränen ausbrach. Seine Tränen hatten sie so sehr berührt. Vielleicht, weil sie sie an ihre eigenen Tränen erinnert hatten. Tränen, die sie vergossen hatte, während Gott durch Solomon daran gearbeitet hatte, dass sie die Maske ablegte, von deren Existenz sie gar nichts gewusst hatte.

Solomon. Mein lieber, lieber Solomon ...

„Solomon!", platzte es aus Jodi heraus. Linda saß völlig perplex da. „Wie wäre es, wenn wir es nach Solomon benennen?" Sie sprang auf. „Denk mal darüber nach. Er hat mir dabei geholfen, die Maske abzulegen, die ich trug. *Und* er war ein starker, beständiger Anführer, der seine Herde liebte." Die nächsten Worte fielen ihr schwer. „Und der sein Leben gab, um seine Herde zu beschützen."

Eine einsame Träne lief über Lindas Wange, als diese zustimmend nickte.

Jodi schloss die Augen, als eine Flut an Erinnerungen über sie hereinbrach. „Ich sagte Solomon einmal, dass es mir so vorkam, als sei ich sein besonderes Projekt, als wäre er nur für mich hierher gesandt worden. Aber in Wahrheit hat er für so viele Menschen einen Unterschied gemacht."

Jodis Augen weiteten sich. Ihre Zeigefinger schoss in die Höhe.

„Das Solomon-Projekt! Wie wär's, wenn wir es das Solomon-Projekt nennen?"

„Das Solomon-Projekt", wiederholte Linda. Sie lächelte, wiederholte den Namen und erhob sich dann auf ihre Füße. „Das ist perfekt."

„Na, dann ist das ja geklärt. Wir haben einen Namen, wir haben ein Programm. Nun brauchen wir nur noch ein paar Veteranen!"

24

Kaum zu glauben, dass das Solomon-Projekt vor zwei Jahren nur eine Idee war, dachte Jodi, während sie den letzten Wassertrog füllte. Sie genoss das Gefühl des kalten Wassers an diesem warmen Junitag. Natürlich war es genauso schwer zu glauben, dass sie innerhalb desselben Zeitraums in James einen Schwiegersohn gewonnen hatte und dass sie – wenn ihre mütterliche Intuition sie nicht täuschte – bald eine Schwiegertochter namens Rebekah dazubekommen würde. Jodi liebte James und Rebekah und hatte beide in der Familie willkommen geheißen – in einer Familie, die, wie sie hoffte, bald eine Menge Enkelkinder beinhalten würde, in die sie und Ty dann vernarrt sein könnten.

Als der Wasserstand den Rand des Trogs erreichte, drehte sie den Hahn zu. Ihre Beinmuskulatur schmerzte schon bei der kurzen Entfernung, die sie dafür gehen musste – Zeugen eines aktiven und geschäftigen Tages. Sie hatten ein Teambuilding-Event für den Lehrkörper der Mid-Michigan-Universität abgehalten; Dr. Pol hatte der Ranch mit seiner Familie einen Überraschungsbesuch abgestattet, um der Farm eine Spende zu geben; und die Mitarbeiter der Ranch verbrachten schon den ganzen Tag damit sicherzustellen, dass für morgen alles bereit war. Dann sollte nämlich eine Spendenveranstaltung für das Solomon-Projekt in Form eines Grillfests stattfinden. Jodi hatte kaum Zeit gehabt, sich einmal zu setzen.

Inzwischen war so viel geschehen, dass es ihr schwerfiel, sich daran zu erinnern, wie das Leben *vor* HopeWell gewesen war. Sie hörten Zeugnisse von Menschen, die im Zuge der normalen Sitzungen oder durch das Solomon-Projekt eine erhebliche Verbesserung in den Bereichen festgestellt hatten, die ihnen zuvor so große Probleme bereitet und sie überhaupt erst auf die Ranch gebracht hatten. Jodi war dankbar, ein Teil des wundervollen Kunstwerks sein zu dürfen, an dem Gott von Anfang an gearbeitet hatte.

Sie wollte sich gerade auf den Heimweg machen, als ihr Telefon klingelte. Es war Jerry.

„Hi, Jerry. Wie geht es Ihnen?"

Jerry rief nicht oft an, doch wenn er es tat, lag es für gewöhnlich daran, dass entweder er oder ein Freund gerade einen schlimmen Tag durchlebte. Während seiner Zeit im Solomon-Projekt hatten er und Jodi eine Art Code entwickelt, der ihm an seinen schlimmen Tagen half. Jodi fragte immer, wie es ihm denn ginge, und wenn er darauf mit „Wie geht es Lady?" antwortete, schickte sie ihm ein Bild von Lady. Dieses Foto erinnerte ihn dann daran, dass er nicht allein war, dass er gesehen und geliebt wurde und dass sein Leben wichtig war. Im Laufe der letzten zwei Jahre hatte Jodi ihm eine beträchtliche Anzahl an Fotos geschickt.

„Mir geht's gut. Aber ich wollte fragen, ob ich einen Kumpel mit auf die Ranch bringen könnte, damit er ein bisschen bei den Pferden sein kann? Er hat einen ziemlichen schlimmen Tag."

Jodi wusste inzwischen, dass Jerry ein Meister der Untertreibung war. Daher war ihr sofort klar, dass dessen Freund innerlich gerade an einem sehr dunklen Ort sein musste.

„Na klar, Jerry. Kann ich irgendetwas für ihn tun?"

Es herrschte kurz Stille, bevor Jerry antwortete.

„Vielleicht könnten Sie für ihn beten. Russ – mein Freund heißt Russell – und ich, wir haben vor langer Zeit zusammen in der Armee gedient. Jedenfalls habe ich von einem anderen Freund gehört, dass es Russ nicht so gut geht. Also hab ich beschlossen, bei ihm vorbeizufahren und nach ihm zu sehen. Er sah nicht gut aus. Sagte, er sehe keinen Sinn darin weiterzumachen. Zu viel Schmerz seit viel zu langer Zeit. Sagte, er sei fertig mit allem. Ich erkannte diesen Blick in seinen Augen."

Jerry räusperte sich. „Ich sagte Russell er soll sich anziehen, weil ich ihn an einen Ort mitnehmen würde, an dem er etwas Frieden finden würde." Wieder machte er eine Pause. Dann sprach er mit angespannter Stimme weiter. „Und dann … ich glaube, dann habe ich den dümmsten Satz meines Lebens gesagt. Ich sagte ihm, wenn er immer noch tun wolle, was er geplant hatte, nachdem er etwas Zeit hier draußen verbracht hat, dann würde ich ihn nicht davon abhalten."

Jodis Herz setzte kurz aus. *Großer Gott …*

„Ich weiß, ich hätte das nicht sagen sollen, aber Ms. Jodi, ich wusste genau, er würde nicht mitkommen, wenn ich es nicht gesagt hätte. Und irgendetwas musste ich ja tun. Russ hat über die Jahre eine Menge durchgemacht. Das Schicksal hat ihm übel mitgespielt. Der Mann braucht einfach … ich will, dass er das findet, was ich auf HopeWell gefunden habe."

Nach dem Telefonat fiel Jodi neben dem Wasserhahn auf die Knie und sprach ein Gebet für all die Männer und Frauen, die jetzt gerade der Finsternis ins Gesicht blickten. „Oh, Gott", betete sie laut, „leuchte mit dem Licht deiner Gnade und Barmherzigkeit in die Finsternis. Umarme diese einsamen und verletzten Menschen mit deiner Liebe. Umhülle sie mit deinem Frieden. Flüstere deinen Namen in ihre Herzen. Und lass sie einen Ausweg sehen – lass sie einen Blick auf dich erhaschen."

Jodi betete weiter, während sie ihre üblichen Aufgaben erledigte. Jerry hatte gesagt, dass Russ eine Stunde entfernt wohnte, daher erwartete Jodi, nachdem alle Tiere gefüttert und alle Geräte aufgeräumt waren, dass bald ein Auto die Einfahrt hinaufgefahren käme. Sie war unschlüssig, ob sie sie begrüßen sollte oder nicht. Seit das Solomon-Projekt an den Start gegangen war, hatte Jodi viel darüber gelernt, wie wichtig es war, den Veteranen Zeit und Raum zu geben, um ihren Schmerz zu betrauern und zu verarbeiten. Doch andererseits hatte sie auch gelernt, dass sie sich oft einsam, ungesehen und ungeliebt fühlten. Also beschloss sie, dass Jerry seinem Freund die Herde sicherlich ohne ihre Hilfe vorstellen konnte, sie die beiden aber begrüßen und sie wissen lassen würde, wie sehr sie sich von ihrem Besuch geehrt fühlte.

Als die Sonnenstrahlen bereits zwischen den hohen Pinienbäumen hindurchschienen, die die westliche Grenze der Ranch markierten, saß Jodi im Pavillon und wartete auf die Ankunft der beiden Männer. Als sie hörte, wie zwei Autos in die Einfahrt einfuhren, erhob sie sich und machte sich auf den Weg zu ihnen. Jerry kam auf sie zugelaufen und neben ihm ein Mann, der ohne weiteres als Santa Claus hätte durchgehen können. Doch als die beiden näher kamen und Jodi Russ' Augen sehen konnte, wurde ihr klar, dass darin nichts von Weihnachtsfreude und Kinderträumen zu sehen war. Da war nur Leere und Schmerz.

„Jerry, wie schön, Sie zu sehen. Ich bin so froh, dass Sie beide heute hierherkommen konnten", sagte sie und reichte

Russ die Hand. Er ergriff sie und gab ihr einen kurzen Händedruck. Dabei sah er ihr kurz in die Augen und wandte dann den Blick wieder ab.

„Lady wird sich freuen, Sie zu sehen, Jerry." Die beiden hatten eine ziemlich enge Bindung aufgebaut. In Jerrys Augen war Lady der Grund, warum er jeden Morgen von neuem aufstand. Nach acht Wochen im Programm war Jodi bei Jerry eine gewisse Leichtigkeit aufgefallen. Als sie ihm diese Beobachtung mitteilte, hatte er nur die Schultern gezuckt und gesagt: „Ich nehme an, das liegt daran, dass ich hier draußen keine Maske tragen muss. Lady akzeptiert mich – das Gute, das Schlechte, das wirklich Hässliche. Und da ich auch all die anderen hier bislang nicht habe verschrecken können, gehe ich davon aus, dass das auch für Sie gilt."

Jodi hoffte, dass Jerry eines Tages von Herzen würde glauben können, dass auch Gott ihn genauso akzeptierte.

„Fühlen Sie beide sich nur wie zuhause. Ich muss etwas Papierkram aufarbeiten, also bin ich im Büro, falls Sie irgendetwas brauchen."

Jerry hob in einer kurzen Geste sein Baseball-Cap vor Jodi. „Ich hole ein paar Bürsten aus der Sattelkammer, und dann gehen Russ und ich auf die Weide." Als sie davongingen, hörte Jodi, wie Jerry Russ neckte: „Deine weiße Mähne würde sich doch auch ganz hervorragend als Pferdebürste eignen!"

Einige Minuten später sah sie, wie sich die beiden Männer neben Lady unterhielten – ganz in der Nähe der Stelle, an der Solomon gestorben war. Ja, Gott kann Leben aus der Asche des Todes hervorbringen. HopeWell war aus Verlust geboren. Das Solomon-Projekt war aus Verlust geboren. Und beide dienten nun zu neuem Leben.

Leben, geboren aus dem Tod.

Freiheit, ermöglicht durch Loslassen.

Gemeinschaft, geformt aus Einsamkeit.

Jodi warf einen Blick aus dem Fenster, bevor sie sich an ihren Schreibtisch setzte. Jerry zeigte Russ gerade, wie er die Bürste in langen Strichen über Mercys Rücken ziehen konnte.

Mercy.

Von all den Pferden dort draußen war Mercy natürlich dasjenige, das dieser spontanen Sitzung sofort beiwohnen musste. „Danke, Herr."

Anderthalb Stunden später lehnte Jodi sich in ihrem Stuhl zurück und rieb sich die Augen. Ihr Papierkram war ebenso verschwunden wie die Sonne. Sie war zwar dankbar, dass sie so viel Arbeit hatte erledigen können, gleichzeitig tat es ihr aber auch leid, dass sie Jerry und Russ nicht hatte Gute Nacht sagen können.

Als sie aus dem Büro kam, war der Himmel in tiefes Dunkelblau getaucht und es war deutlich kühler als bei der Ankunft der beiden alten Veteranen. Vor einer Stunde hatte Ty angerufen, um sich nach ihr zu erkundigen. Sie hatte ihn über Jerrys Spontanbesuch in Kenntnis gesetzt und erklärt, dass sie sich im Büro um liegen gebliebene Arbeit kümmern würde, während die beiden Männer Zeit mit den Pferden verbrachten. „Ich komme dann heim, um dir mit dem Abendessen zu helfen", hatte sie gesagt.

Doch als sie nun in Richtung Weide sah, sah sie dort die Umrisse zweier Personen. Sie kniff die Augen zusammen und versuchte, genauer hinzusehen. *Jerry und Russ? Ich kann es nicht glauben, dass sie immer noch hier sind.* Die beiden standen am Gatter, als sie näher kam, und sie konnte hören, wie Jerry über Mercy sprach.

„… eine Menge durchgemacht … quasi ganz auf sich allein gestellt … Die Besitzerin hat keinen Finger gerührt, um für sie zu sorgen. Jeden Tag standen die Pferde dort draußen und haben gehungert. Haben getan, was sie konnten, nur um zu überleben. Mercy trägt sogar noch die Narben, die das beweisen. Narben an ihrem Gaumen und ihrer Zunge und der Vorderseite der Beine, womit sie an der Baumrinde gerieben hat, um etwas zu fressen zu haben."

Russ stieß einen Fluch aus, während Jerry weitersprach. „Sie ist durch die Hölle gegangen, Mann. Und ich weiß sicher nicht halb so viel über Pferde wie Ms. Jodi, aber ich wette, sie kam hier rüber, weil sie spürt, dass du da auch warst, weißt du?"

Jodi wollte das Gespräch nicht unterbrechen und blieb daher im Schatten jenseits des Gatters stehen.

„Hier draußen zu sein kann einem echt helfen, Mann", fuhr Jerry fort, während Russ sich mit dem Ärmel übers Gesicht wischte. „Sie einfach nur zu bürsten, wie wir es gerade tun, kann helfen. Es …" Jerry mühte sich, die richtigen Worte zu finden. „Hier wird alles ein bisschen langsamer, weißt du? Hier hast du was, worauf du dich konzentrieren kannst. Manchmal, wenn ich Lady putze, versuche ich, meinen Atem an ihren anzupassen. Oder an die Bürstenstriche. Ich weiß auch nicht … klingt wahrscheinlich komisch."

Russ schüttelte den Kopf. „Nee, du. Ich versteh das schon."

Jerry entdeckte Jodi im Halbschatten. Sie winkte ihm diskret. Daraufhin lud er sie wortlos ein, sich dazuzugesellen.

„Hab ich dir schon davon erzählt, wie ich Lady das erste Mal getroffen hab? Wie sie sich am Schluss hingelegt hat?"

Russ schüttelte den Kopf und lachte. „Hast du sie etwa so gelangweilt?"

Jerrys Bart tanzte im Takt seines Lachens. „Pah! Ich könnte nicht einmal ein Faultier langweilen, das weißt du wohl! Nee, du, wir hatten über die Masken gesprochen, die wir tragen. Hinter denen wir uns verstecken wollen, hinter denen wir so tun, als wären wir nicht die Monster, vor denen wir uns innerlich fürchten." Russ nickte.

„Na ja, nachdem wir ein bisschen über solches Zeug geredet hatten, hat Lady sich hinter mir hingelegt. Es war, als würde sie sagen: ‚Mann, leg das Ding ab. Du brauchst das hier nicht. Leg es einfach genauso ab, wie ich es dir zeige.' Und weißt du was? Sie hatte recht. Ms. Jodi sagt, Pferde können keine Masken sehen. Sie können nur sehen, wer wir wirklich sind. So wie Mercy hier. Sie sieht dein wahres Ich. Und schau doch! Sie ist noch hier, oder?"

„Ja, das ist sie", sagte Russ und sah Mercy dankbar an.

„Ms. Jodi sagt, dass Gott auch so ist. Dass er sich kein Stück um Masken schert. Und dass er auch hier ist. Und weißt du was? Ich denke allmählich, dass sie vielleicht recht hat."

Jodi musste sich zusammennehmen, um auf dieses Geständnis hin nicht laut nach Luft zu ringen.

„Deine Maske ist einfach zu schwer geworden, Mann, das ist alles", sagte Jerry und hatte den Blick dabei fest auf Russ gerichtet. „Aber das ist völlig okay, du brauchst sie doch sowieso nicht."

Russ räusperte sich, als er Jodi sah. Dann warf er ihr ein schüchternes Lächeln zu.

„Es tut mir leid, dass wir schon so lange hier sind."

„Oh, nicht doch", erwiderte Jodi. „Das muss Ihnen nicht leidtun. Ich bin sehr froh, dass Sie noch hier sind. Und Mercy und Lady geht es genauso. Ich hatte schon befürchtet, ich hätte Sie verpasst. Ich wollte nur kurz Gute Nacht sagen."

Jerry und Russ dankten Jodi dafür, dass sie hatten kommen dürfen. „Jerry hatte recht. Das hier ist ein toller Ort. Ich fühle mich jetzt besser als vorhin, als ich hergekommen bin." Dann machte Russ eine kurze Pause, holte tief Lust und fügte hinzu: „Ähm, nun, Jerry hat mir gesagt, Sie haben hier eine Art Programm für Veteranen. Meinen Sie, ich könnte da mitmachen?"

„Sie wären eine tolle Ergänzung zu unserer Veteranenfamilie, Russ. Ich lasse mir von Jerry Ihre Telefonnummer geben und schicke Ihnen alle Informationen."

„Jo, das wäre toll. Aber wäre es vielleicht auch möglich, dass ich ..." Er sah zu Mercy.

„Ja. Mercy wird sich prima für die Arbeit mit Ihnen eignen, wenn Sie herkommen", sagte Jodi.

„Das wäre klasse." Er tätschelte Mercy am Rücken. „Das wäre wirklich klasse."

25

Sanft drückte Jodi eine Handvoll Sonnenblumensetzlinge in den Boden. Sie hatte diese fröhlich aussehenden Blumen schon immer geliebt und fand, dass sie HopeGarden hervorragend ergänzen würden.

„Es ist schon verrückt, dass so kleine Samen in wenigen Monaten zu zwei, drei Meter hohen Pflanzen heranwachsen können", sagte sie zu Jessica, während sie beide die kleinen Pflänzchen im Garten verteilten.

Jodi hielt inne und sah ihre Tochter an. Und wieder stiegen ihr die Freudentränen in die Augen. Sie stand auf und umarmte Jessica zum zehnten Mal, seit sie und ihr Schwiegersohn James ihnen die Neuigkeit verkündet hatten. Jodi und Ty waren begeistert gewesen, als Jessica zum Vatertag ein Picknick auf der Ranch vorgeschlagen hatte. Da Richard am Sonntag arbeiten musste, hatten sie beschlossen, das Picknick einen Tag früher abzuhalten – und die Kinder hatten sogar angeboten, ihr und Ty im Garten zu helfen.

Jodi hätte sich keinen perfekteren Tag vorstellen können ... bis Jessica Ty eine Geschenktüte überreichte, die ein kleines Ultraschallbild enthielt. Jodi war aufgesprungen und auf ihre Tochter zugerannt, sobald sie erkannte, was das für ein Geschenk war, während Ty sitzen blieb – jedoch nicht, ohne dass sich Freude in seinem Blick breitmachte. „Ein Baby ...", flüsterte Jodi andächtig und legte ihrer Tochter eine Hand auf den Bauch. „Oh, danke, Herr!", betete sie laut. „Beschütze

Jessica, beschütze dieses wundervolle kleine Baby. Lass das Kleine gesund und kräftig heranwachsen. Oh, Gott, danke für dieses Geschenk des Lebens."

Nun, da Mutter und Tochter einige Stunden später zusammen im Garten standen – dem Garten, der zu Gedenken an Hope gepflanzt worden war –, hätte Jodi den Rest ihres Lebens damit zubringen können, Gott zu danken, und es wäre noch nicht genug gewesen. Doch versuchen würde sie es.

Sie nahm die Hände ihrer Tochter in die ihren und sagte: „Aber die Veränderung in diesen kleinen Pflanzen ist gar nichts im Vergleich zu dem, was gerade in dir heranwächst. Du wirst Mama! Und ich werde Oma!"

Nachdem sie mit den Setzlingen fertig waren und noch ein paar weitere blühende Büsche um den Garten herum gepflanzt hatten, stellten Jodi und Jessica sich ein paar Schritte entfernt vor ihr Werk, um es zu bewundern.

„Kannst du es sehen, Jessica?", fragte Jodi.

Ihre Tochter warf ihr einen fragenden Blick zu. „Was soll ich sehen? Die Sonnenblumen?"

Jodi lächelte. „Kannst du die Schönheit sehen, die bald in diesem Garten entstehen wird? Die Sonnenblumen, die sich nach ihrem Schöpfer ausstrecken werden. Die Blumen, die Schmetterlinge, Bienen und Hummeln zu einem wahren Festmahl anlocken werden." Sie wandte sich um und legte Jessica wieder eine Hand auf den Bauch. „Kannst du sehen, wie dein Kind hier Blumen pflückt? Schlammkuchen backt? Kaninchen jagt? Dir ganz stolz einen Regenwurm entgegenhält?"

Bei diesem letzten Bild verzog Jessica angewidert das Gesicht; dennoch strahlte sie vor Freude.

„Wie machst du das nur, Mom?", fragte sie bewundernd.

Jodi war so hin und weg von der Vorstellung, wie Jessicas

Kinder in HopeGarden spielen würden, dass sie einen Moment brauchte, um Jessicas Frage zu realisieren.

„Wie mache ich was?"

„Dinge zu sehen, die andere nicht sehen? Zum Beispiel Schönheit und Familie zu sehen, wo andere nur Dreck sehen."

Im ersten Moment brachten Jessicas Worte Jodi nur zum Lachen. Doch als sie dann darüber nachdachte, wurde sie von tiefer Dankbarkeit erfüllt.

„Ich glaube einfach, ich habe in meinem Leben zu oft versucht, mit *diesen* Augen zu sehen", sagte sie, wobei sie mit den Fingern auf ihre Augen zeigte. „Aber durch sie konnte ich nichts als Verlust und Dunkelheit erkennen. Doch an dem Tag, an dem ich den ersten Zaunpfahl in die Erde bohrte – der Tag, an dem HopeWell geboren wurde –, lud Gott mich ein, durch *seine* Augen zu sehen. Und das hat alles verändert. Es war nur ein kurzer Blick – als würde man einen Moment durch ein dreckiges Fenster blicken. Doch es war genug. Und nun ist das die einzige Art und Weise, auf die ich die Dinge sehen will."

„Ist das hier ein Privatgespräch oder darf man dazustoßen?", erkundigte sich Ty scherzhaft, als er sich mit James und Richard den beiden näherte.

„Habt ihr überhaupt noch Erde für die Pflanzen übrig gelassen?", scherzte Jodi mit Blick auf die dreckverkrusteten Schuhe und Handschuhe ihres Mannes.

„Für dich reicht sie noch allemal", gab Ty zurück. „Wir haben den Job erledigt – wir haben nun einen stabil gebauten Lattenzaun um unseren Garten herum. Wie wir das hinbekommen haben, spielt keine Rolle, richtig, Männer?"

Eine Bewegung auf der großen Weide zog Richards Aufmerksamkeit auf sich. „Wer ist denn das dort drüben?"

„Das sind die Männer und Frauen vom Solomon-Projekt", sagte Jodi stolz. „Ihr Treffen Anfang der Woche wurde vom Regen unterbrochen, also haben sie gefragt, ob sie heute hier herauskommen könnten. Nicht für eine offizielle Therapie-Einheit, sondern nur, um bei den Pferden zu sein. Sie sagten, bei ihnen zu sein helfe ihnen, sich fester verankert zu fühlen."

Ty legte seine Arme um Jodis Schultern. „Du hast ihnen eine Familie gegeben, weißt du. Und einen Ort, an den sie gehören." Er sah auf das handgemalte Schild, das Jodi für den Eingang zum Garten angefertigt hatte – HopeGarden. „Unser kleines Mädchen hat hier wirklich Großes bewirkt, findest du nicht?"

Jodi lehnte sich an Tys Schulter. „Das hat sie wirklich."

Ty deutete auf die Gruppe Veteranen. „Und dein hübscher Hengst hat auch ein ziemliches Erbe hinterlassen. Das Solomon-Projekt tut vielen Menschen etwas Gutes."

„Da hast du recht", stimmte Jodi ihm zu und nahm die Szene, die sich vor ihren Augen abspielte, in sich auf. Auf der einen Seite die Veteranen, die das Leben wählten, auf der anderen ihre Familie, die um ein neues Leben bereichert wurde. Licht brach sich Bahn durch die Dunkelheit. Ein Versprechen erfüllte sich, das Gott vor so vielen Jahren in ihr trauerndes Herz geflüstert hatte. Sie fühlte sich, als würde Gott sie mit seiner Gnade, Güte und Treue geradezu überschwemmen.

„Ich kann es sehen, Ty. Ich kann die Leben sehen, die sich hier für immer verändern werden – die Leben, die durch das Programm gerettet werden, die wegen HopeWell gerettet werden. Und ich bin so aufgeregt! Aber eines scheinst du mal wieder vergessen zu haben."

Sie wandte sich Ty zu und sagte mit einem Augenzwinkern: „Er war ein Wallach."

Epilog

Jodi stapfte über die kleine Koppel, um frisches Heu für die Minipferde zu verteilen. Als wäre die Pandemie nicht schlimm genug gewesen, war Michigan im Landesinneren auch noch von der schlimmsten Flut seit hundert Jahren heimgesucht worden. HopeWell war davon zwar größtenteils verschont geblieben, doch die Berichte aus dem Umland zeichneten ein Bild von verheerenden Schäden und Verlust von Eigentum. Sie konnten nun schon seit Monaten nicht mehr ihrem Sitzungsplan folgen – und Jodi hatte keine Ahnung, wann sie wieder mit dem normalen Tagesgeschäft würden starten können. Glücklicherweise waren sie und Linda in der Lage gewesen, einen Online-Lehrplan für die Kinder und Familien mit Internetzugang zusammenzustellen. Und auch wenn das Solomon-Projekt in seinem eigentlichen Rahmen während des Lockdowns nicht weiterlaufen konnte, konnten sie doch immer noch einen sicheren Ort für diejenigen bieten, die während der Pandemie ein wenig aus dem Haus kommen und Zeit mit den Pferden verbringen wollten. Und zu all diesen Veränderungen kam noch hinzu, dass sie ihre jährliche Spendenveranstaltung durch eine Online-Auktion ersetzen mussten. Eine vertraute Sorge machte sich in Jodi breit. *Werden wir genug Geld sammeln können? Wie lange können wir so weitermachen?*

Weitere Bedenken griffen sie an. Würden sie mit dem Heu, das sie noch hatten, lang genug auskommen, zumal es die Überflutungen erschwerten, an neues zu kommen? Was geschah wohl gerade mit den verletzlichsten ihrer jungen Klienten? Wie würden die Veteranen mit der Isolation zurechtkommen? Und – vorausgesetzt, dass irgendwann in naher Zukunft wieder so etwas wie Normalität Einzug halten würde – wie sollten sie es dann jemals schaffen, eine zweite Halle für die Arbeit mit den Veteranen zu finanzieren?

Sich eine Reithalle mit aufgeregten, oft lauten Kindern teilen zu müssen, stellte für viele Veteranen mit posttraumatischer Belastungsstörung eine ziemliche Herausforderung dar. Jodi wünschte sich so sehr, ihnen auf HopeWell ihren eigenen, etwas abgeschirmten Bereich bieten zu können. Sie waren sogar gerade dabei gewesen, eine Spendenveranstaltung dafür zu planen, als sie Pandemie begann. *Wie um alles in der Welt sollen wir denn nun das Geld dafür auftreiben?* Dazu kamen noch die vielen Anfragen von Sanitätern und anderen Ersthelfern, die fragten, ob sie dem Solomon-Projekt beitreten könnten. Jodi wollte von ganzem Herzen Ja sagen. Doch wie sollten sie in der jetzigen Situation zusätzliche Klienten aufnehmen? *Wie sollen wir Pläne für die Zukunft machen, wenn schon die Gegenwart ungewiss ist? Ty und ich werden ja auch nicht gerade jünger. Ist jetzt überhaupt der richtige Zeitpunkt, sich Gedanken um solche Dinge zu machen?*

„Herr, was tun wir hier eigentlich? Und wie sollen wir es schaffen, es auch weiterhin zu tun?", fragte Jodi laut, während sie das Gatter öffnete. „Bitte zeig mir, was ich machen soll. Ich brauche gerade einfach ein Wort von dir."

Trotz ihres Gebets legte sich ein Gefühl der Verzweiflung und erdrückender Müdigkeit über sie. Als sie die Koppel verließ, fing es an zu regnen – schon wieder. In genau diesem Moment klingelte ihr Telefon. *Jerry.* Sie flitzte in die Reithalle, um dem Regenguss zu entkommen.

„Hi, Ms. Jodi. Mein Kumpel Carl ist hier bei mir am Telefon. Wir haben heute Morgen etwas Zeit mit Mercy verbracht, er und ich – bevor dieser dämliche Regen wieder losgelegt hat. Jedenfalls wollte er mit Ihnen sprechen. Ich reiche Sie mal weiter."

„Hi, Ms. Jodi, hier spricht Carl. Ich wollte einfach Danke sagen."

Es blieb lange still. Jodi befürchtete bereits, dass die Verbindung unterbrochen worden sein könnte, da hörte sie, wie Carl sich räusperte.

„Also, wissen Sie ... Ich war ..." Er räusperte sich noch einmal. „Ich wollte heute eigentlich ... meinem Leben ein Ende setzen." Jodi rutschte das Herz bis in die Kniekehlen. „Aber Jerry hat mir das Versprechen abgenommen, erst mit hierherzukommen und ein paar der Pferde kennenzulernen. Ich habe Mercy getroffen. Sie kam einfach auf mich zu, als hätte sie längst gewusst, dass ich komme. Sie ließ sich von mir bürsten, während ich mit Jerry sprach. Ich wollte Ihnen nur sagen, dass mir heute zum ersten Mal seit sehr langer Zeit der Gedanke kam, dass es einen Grund dafür geben könnte, dass ich noch immer hier auf dieser Welt bin. Und ich dachte mir, vielleicht sollte ich mal etwas Zeit damit verbringen herauszufinden, was dieser Grund sein könnte. Deshalb, Ms. Jodi, will ich Ihnen einfach Danke sagen für das, was Sie hier tun. Und sichergehen, dass Sie wissen, dass das, was Sie tun, wirklich einen Unterschied macht. Einen gewaltigen Unterschied."

Jodi brachte nur noch ein „Danke, Carl" heraus, bevor dieser das Telefon an Jerry zurückgab.

„Jerry, vielen Dank. Sie haben ja keine Ahnung ..." Sie verstummte, um nicht augenblicklich in Tränen auszubrechen.

„Ach, Ms. Jodi, wenn Sie mal wieder eine Erinnerung daran brauchen, wie wichtig das ist, was Sie da tun, dann rufen Sie mich einfach an. Oder irgendeinen anderen aus dem Programm. Lassen Sie dieses Licht weiter leuchten. Und denken Sie an das, was Sie mir einmal gesagt haben: Gott liebt Sie; er sieht Sie; und er ist für Sie."

Jodi steckte ihr Handy zurück in die Hosentasche. Dann zog sie sich die Kapuze hoch und trat hinaus in den Regen. Es war Zeit, an die Arbeit zu gehen.

Danksagungen

JODI STUBER

Dieses Buch ist in erster Linie meinem Herrn und Retter Jesus Christus gewidmet. Er wusste, dass jenseits meines Schmerzes Heilung und Hoffnung auf mich warten und mein Leben zu etwas auferwecken würden, das ich nie für möglich gehalten hätte.

Es ist Ty gewidmet, der Liebe meines Lebens, meinem Lieblingsmenschen und meiner nie versiegenden Quelle des Lachens und der Freude.

Jessica und Richard, unseren wunderbaren Kindern, die von Anfang an ein kostbares Geschenk des Herrn sind.

James und Rebekah, die erkannt haben, wie wundervoll Jessica und Richard sind, und sie geheiratet haben. Einen besseren Schwiegersohn und eine bessere Schwiegertochter kann man sich nicht wünschen.

Unseren wunderschönen, kostbaren Enkelkindern, die meinem Herzen jeden Tag Freude bereiten. Ich bete, dass ihr immer in dem Bewusstsein leben werdet, dass ihr Großes tun könnte – auch in jungen Jahren.

Meinen Eltern, die in mir ein Herz prägten, das hart für das arbeiten will, woran es glaubt, den Bedürftigen dient und Mitgefühl und Liebe zeigt, wo immer es kann.

Jennifer Marshall Bleakley, dafür dass sie in mein Leben kam und die Geschichte von HopeWell mit der Welt teilen wollte! Deine unglaubliche Gabe, durch die Brille der Liebe zu schreiben, hat so viele Menschen tief berührt. Danke für deine wundervollen Worte des Lebens und der Hoffnung.

Meinem fantastischen HopeWell-Team – den Mitarbeitern, den Freiwilligen und natürlich unseren Tieren. Ohne euch gäbe es HopeWell nicht! Ich liebe euch alle so sehr! Und danke an alle, die Teil unserer Programme sind. Ihr habt aus mir eine bessere Zuhörerin und einen empathischeren Menschen gemacht.

Wir sind wirklich von Gott gesegnet.

JENNIFER MARSHALL BLEAKLEY

Jodi Stuber, auf HopeWell fand ich nicht nur eine Geschichte, die erzählt werden musste, sondern auch eine geschätzte Freundin. Danke, dass du mir diese Geschichte anvertraut hast. Und danke dafür, dass du stets eine Quelle der Ermutigung, der Freude und des Lichts in meinem Leben und in dem so vieler anderer bist.

Ty, Amanda, Tania und all den anderen Mitgliedern der HopeWell-Familie ein herzliches Danke, dass ihr mir eure Zeit so großzügig geschenkt habt und dieses Projekt so unaufhörlich unterstützt.

Mein besonderer Dank gilt zudem allen, die für mich und dieses Projekt gebetet haben und die immer wieder die Hoffnung und das Licht Jesu in mein Leben bringen.

Darrell, Andrew und Ella, ihr seid mein Herz, mein Zuhause und meine persönliche, geliebte Herde. Danke, dass ihr mein sicherer Ort und mein Lieblingsort seid. Ich liebe jeden Einzelnen von euch so sehr.

Und schließlich möchte ich Dir danken, meinem himmlischen Vater, meinem Gott, dass Du diese Erde mit so vielen Tieren gefüllt hast, die uns helfen, uns lehren, uns Freude bringen und uns immer wieder einen Blick auf unser eigenes Herz erhaschen lassen. Das alles ist für Dich.

MIX
Papier | Fördert gute Waldnutzung
FSC® C014496
FSC
www.fsc.org

Die amerikanische Originalausgabe erschien 2022
unter dem Titel „*Project Solomon: The True Story of a Lonely Horse Who Found a Home – and Became a Hero*“
bei Tyndale Momentum, Illinois

1. Auflage 2023
Bestell-Nr. 817973
ISBN 978-3-95734-973-6

Umschlaggestaltung: Lisa Antonacci
Umschlagfoto Verlagsausgabe: Getty Images
Umschlagfoto Clubausgabe: OlesyaNickolaeva/Shutterstock
Satz: Greiner & Reichel, Köln
Druck und Verarbeitung: GGP Media GmbH, Pößneck
Printed in Germany

www.gerth.de